Paul Brunton,
Munagala Venkataramiah

Bewusste Unsterblichkeit

Gespräche mit Ramana Maharshi

übersetzt von
Gabriele Ebert

Vom Ramanashram autorisierte Übersetzung von:
Conscious Immortality: Conversations with Sri Ramana Maharshi, recorded by;
Paul Brunton & Munagala Venkataramiah,4th ed., Tiruvannamalai, 2013
Verlag: BoD · Books on Demand GmbH, Überseering 33, 22297 Hamburg,
bod@bod.de
Druck: Libri Plureos GmbH, Friedensallee 273, 22763 Hamburg
1. Auflage, 2025
ISBN: 978-3-7693-7861-0

Inhaltsverzeichnis

Ramana Maharshi (1879-1950)

Vorwort zur vierten englischen Auflage

Der Titel „Bewusste Unsterblichkeit" (Conscious Immortality) stammt aus einem Satz im Notizbuch von Paul Brunton, das dem Ashram 1983 von seinem Sohn Kenneth Hurst geschenkt wurde. Der Ashram beschloss, das Notizbuch sofort zu veröffentlichen, und überreichte Herrn Hurst das erste Exemplar, als er 1983 den Ashram besuchte. Aufgrund des Zeitdrucks wurde das Werk hastig herausgebracht und enthielt eine Reihe von Tippfehlern. Eine zweite, verbesserte Auflage mit zusätzlichem Material aus einer anderen Quelle wurde einige Jahre später gedruckt. Eine dritte Auflage wurde 1996 veröffentlicht. Der Inhalt wurde nach Themen geordnet, wobei die Seitenanordnung des ursprünglichen Notizbuchs verloren ging.

Aus verschiedenen Gründen wurde beschlossen, dass „Bewusste Unsterblichkeit" nicht neu aufgelegt werden sollte. Es wurde behauptet, das Originalmanuskript sei in der Druckerei in Bangalore während der ersten Auflage verloren gegangen. In jenen Tagen gab es noch keine Fotokopiergeräte, aber ein Ramana-Anhänger hatte das gesamte Manuskript abgetippt, bevor es nach Bangalore gegangen war, und dies bildet die Grundlage für die dritte und vierte völlig neue Ausgabe.

Es ist bedauerlich, dass das Originalmanuskript verloren gegangen ist, denn dann hätten wir eine klarere Vorstellung davon gehabt, was daraus entfernt wurde. Einige Kapitel sind recht kurz und abrupt, und es fehlen Seiten. Einige der ursprünglichen Kapitel ganz fehlen. Es wird berichtet, dass Kenneth Hurst auch einige Passagen herausgeschnitten hat, die sich mit Brunton persönlich befassten.

Da das Manuskript verloren gegangen ist, können wir nicht sicher sein, dass die Zwischenüberschriften der maschinengeschriebenen Kopie genau mit denen des Originalmanuskripts übereinstimmen. Auf der maschinengeschriebenen Kopie steht: „Unveröffentlichte Kommentare von Sri Ramana

Maharshi (ein Manuskript, das teilweise von Paul Brunton Ph.D. und teilweise von Munagala S. Venkataramiah geschrieben wurde)".[1]

Da es sich bei Bruntons Notizbuch um ein historisches Dokument handelt, wurde beschlossen, das Notizbuch diesmal so genau wie möglich in seinem ursprünglichen Format und Stil nachzudrucken. Die Bearbeitung war daher minimal. So wurden z. B. stilistisch oder strukturell unbeholfene Sätze nicht bearbeitet, wenn der Sinn klar ist. Original-Sätze, die kryptisch sind oder denen wesentliche grammatikalische Elemente fehlen, wurden aus Gründen der Klarheit leicht bearbeitet. Wir haben fast alle Gespräche und Bemerkungen eingefügt, die in den früheren Ausgaben nicht enthalten waren.

Brunton hatte nicht die Absicht, dieses Notizbuch in seiner ursprünglichen Form zu veröffentlichen, und viele der Notizen wurden merklich in Eile geschrieben. Eine plausible Erklärung wäre, dass Brunton Zitate von Bhagavan[2] zusammenstellte, um sie später in einem Buch zu veröffentlichen, was er dann offensichtlich aufgab. Die Tatsache, dass das Notizbuch nach seinem Tod 1981 unter seinen Papieren gefunden wurde, ist ein Hinweis auf den Wert, den er ihm beimaß, insbesondere im Hinblick darauf, dass er viel unterwegs war.

Das Notizbuch enthält, abgesehen von drei Zitaten aus dem Jahr 1938, Gespräche, die zwischen Januar 1935 und Mai 1937 während Paul Bruntons zweitem Besuch im Ashram geführt wurden. Während dieser Zeit hielt Munagala S. Venkataramiah in einem großen Buch den Austausch zwischen Bhagavan und den Anhängern und Besuchern fest, der hauptsächlich in der Alten Halle stattfand. Dieses handschriftliche Kompendium der Dialoge wurde schließlich unter dem Titel „Gespräche mit Ramana Maharshi (Talks with Sri Ramana Maharshi) veröffentlicht. Venkataramiah diente auch als Hauptübersetzer vom Tamilischen ins Englische während Bruntons Besuchen von 1935 bis 1937 und 1939.

---

[1] Das maschinengeschriebene Manuskript s.: https://pbfarchive.s3.amazonaws.com/PB%27s+Writing+-+Scanned+PDFs/Early+Writings/Commentaries+by+Sri+Ramana+Maharshi+-+Web.pdf (Anm. d. Übers.)

[2] Ramana Maharshi wurde ehrfürchtig „Bhagavan" genannt, was so viel wie Herr, Gesegneter, Erhabener, aber auch Gott bedeutet.

Im Zuge der Vorbereitung dieser Ausgabe wurde Bruntons Notizbuch analysiert, und es wurde festgestellt, dass fast 62 % des Materials dem Text der „Gespräche mit Sri Ramana Maharshi" entspricht. Die übrigen 38 % von Bruntons Notizbuch konnten keinem Inhalt aus den Gesprächen zugeordnet werden. Von den 62 % entsprechen 67 % wortwörtlich dem Text der Gespräche, und 33 % drücken dieselbe Begebenheit oder Unterhaltung auf eine andere Art und Weise aus. Ein Vergleich mit dem einzigen erhaltenen handschriftlichen großen Buch von Venkataramiah, das die Gespräche 189 bis 336 enthält, zeigt, dass Bruntons Notizen ihm entsprechen, wobei sie sich an einigen Stellen leicht von der 1955 erstmals veröffentlichten und von Alan Chadwick herausgegebenen Ausgabe unterscheiden.

In Anbetracht der soeben genannten Daten stellt sich die Frage der Zuordnung. Wer war der Hauptautor der aufgezeichneten Dialoge, die in „Bewusste Unsterblichkeit" enthalten sind? Eine Argumentationslinie besagt, dass Brunton das Material in großem Maß aus den handgeschriebenen Büchern von Venkataramiah entlehnt hat. Soweit wir wissen, wurden diese Bücher in der Alten Halle aufbewahrt, und die Anhänger hatten leicht Zugang zu ihnen. Diese Hypothese liefert jedoch keine Erklärung für die 38 % von Bruntons Notizen, die sich nicht auf Inhalte in Venkataramiahs Gesprächen zurückführen lassen, oder für die Abweichungen.

Brunton war von Beruf Journalist, ein wissbegieriger Intellektueller und ein eingefleischter Notizenschreiber. Warum sollte Brunton sich aus den Büchern bedienen, wenn er bei vielen Gesprächen anwesend war? Brunton machte sich selbst Notizen von den Gesprächen in der Alten Halle, bevor es ihm vom Sarvadhikari (dem Ashram-Verwalter) untersagt wurde, und vielleicht könnte dies auch ein Grund dafür sein, dass Brunton ausgiebig von den Büchern abschrieb. Wenn Brunton regelmäßig in der Alten Halle war, könnte es auch sein, dass Venkataramiah die von Brunton gestellten Fragen und die Antworten Bhagavans notiert hat, ohne Bruntons Teilnahme direkt zu erwähnen, wenn es regelmäßig vorkam.

In dieser Hinsicht könnte man damit argumentieren, dass Brunton ab seinem zweiten Besuch eng mit Venkataramiah zusammenarbeitete. Dies wäre nicht überraschend, da Venkataramiah damals der Hauptdolmetscher war und Brunton häufig mit ihm zu tun hatte. Ihr gemeinsames Streben nach Notizen und ihre Verehrung für die Worte Sri Bhagavans müssen eine gewisse gegenseitige Anziehung erzeugt haben. Beide waren hochintelligente und engagierte Männer, die in ihrer gemeinsamen Suche vielleicht eine Freundschaft von Seelenverwandten fanden. Venkataramiah war ein sympathischer, begabter Gelehrter, der in Brunton, dessen 1934 erschienenes Buch „A Search in Secret India" (Yogis – verborgene Weisheit Indiens) ein weltweiter Erfolg war, einen hellen Verstand und eine freundliche Persönlichkeit gefunden haben dürfte. Möglicherweise tauschten die beiden auch ihre Notizen aus, aber das ist nur eine Vermutung auf der Grundlage der wenigen verfügbaren Informationen.

Wenn zwei Personen Notizen über eine Diskussion zwischen Bhagavan und jemand anderem machen, wäre es sehr seltsam, wenn sich die Notizen in irgendeinem signifikanten Ausmaß unterscheiden würden. Es ist jedoch interessant zu sehen, wie sie sich unterscheiden.

Wir können an einigen Beispielen die Diskrepanz sehen, wenn beide an der gleichen Frage- und Antwort-Sitzung teilnahmen, wie z.B. am 29. November 1936 in Gespräch 288, das sich auf *Maya* und *Vedanta* bezog. Bruntons Aufzeichnungen von Bhagavans Erklärungen (auf Seite 85 in dieser Ausgabe) zeigen eine verkürzte und wie es scheint übereilte Dokumentation derselben Begebenheit. Venkataramiahs Aufzeichnung ist viel detaillierter und kohärenter. Ein weiteres Beispiel ist Gespräch 202 (zitiert auf Seite 35 dieser Ausgabe), bei dem Venkataramiahs Frage- und Antwortformat auf eine Zusammenfassung des Gesprächs durch Brunton reduziert wird.

Eine Erklärung für diesen Unterschied ist, dass Venkataramiah sich selbst eher als Sekretär denn als Autor betrachtete und sich um eine genaue Dokumentation bemühte, während Brunton die Gespräche zu seinem eigenen Verständnis aufzeichnete, um sie möglicherweise in verfeinerter Form in ein späteres Buch einfließen zu lassen, das er schreiben wollte.

Nach einer Untersuchung der Übereinstimmungen zwischen „Bewusste Unsterblichkeit" und „Gespräche mit Ramana Maharshi" haben wir mehrere Zeiträume festgestellt, in denen die Zitate identisch sind oder die Ähnlichkeiten zahlreicher sind. Es handelt sich um die Zeiträume ab Januar und Februar 1935 mit 55 Zitaten, als Brunton wahrscheinlich nicht im Ashram war, Januar und Februar 1936 mit 34 Zitaten, Juni bis November 1936 mit 177 Zitaten und Februar und April 1937 mit 40 Zitaten. Nach April 1937 gab es nur noch drei Auszüge, die mit den „Gesprächen" im Zusammenhang stehen. Zwei Zitate stammen vom Februar 1938 und das allerletzte vom Mai 1938.

Wir können aus einer detaillierten zeitlichen Übereinstimmung zwischen den „Gesprächen" und „Bewusste Unsterblichkeit" erkennen, dass Brunton einige Fragen und Antworten kopierte, wenn er zum Zeitpunkt des Austausches mit Bhagavan nicht in Tiruvannamalai anwesend war. Die Gesamtzahl der Zitate, die direkt oder indirekt mit den „Gesprächen" in Verbindung stehen, beträgt etwa 440. (Darin sind auch Zitate enthalten, die in verschiedenen Kapiteln wiederholt werden.)

Soweit wir wissen, kam Brunton Ende 1935 zu seinem zweiten Besuch in den Ashram, blieb dort aber nicht über einen längeren Zeitraum. Im Sommer 1936 reiste er in den Himalaya und war ab Ende 1936 häufig zu Gast beim Maharaja von Mysore und seiner Familie. Im Winter 1937/38 reiste er zurück nach Europa und kehrte im Januar 1939 für einen weiteren Aufenthalt im Ashram nach Indien zurück. Dieser wurde nach drei Wochen abrupt abgebrochen, und er verbrachte dann bis nach dem Zweiten Weltkrieg eine beträchtliche Zeit in Mysore. Er sah Bhagavan nie wieder leibhaftig. Nach Bhagavans *Mahasamadhi* (Tod) im April 1950 kam er im Oktober 1952 für einige Tage in den Ashram zurück und kam danach nicht wieder.

Zusammenfassend lässt sich sagen, dass keine der beiden Seiten des akademischen Streits schlüssige Beweise für die Behauptungen über die Urheberschaft liefern kann. Sicher ist, dass mehr als 60 % des Materials in Bruntons Notizbuch mit Einträgen in den „Gesprächen mit Sri Ramana Maharshi" übereinstimmen. Ob dieses Material von Brunton selbst geschrieben oder lediglich aus Venkataramiahs Büchern kopiert wurde, lässt sich nicht mit Sicherheit sagen. Es handelt sich um eine authentische Aufzeichnung. Beide Männer haben an dem Manuskript mitgewirkt.

Wir sollten uns auch daran erinnern, dass Bhagavans Lehren sich seit dem Beginn seines öffentlichen Wirkens in der Virupaksha-Höhle nicht weiterentwickelt oder verändert haben. Sie mögen sich in Bezug auf das Verständnis des Fragenden oder die spirituellen Themen verändert haben, da Bhagavan in der Sprache des Fragenden antwortete, je nachdem ob es sich um einen *Advaitin*, einen tamilischen *Bhakta* oder einen weltlichen Menschen gehandelt hat. Aber der Inhalt war unverändert. In dieser Hinsicht ist die Chronologie für die beständigen und sich wiederholenden Ratschläge Bhagavans irrelevant.

Auch wenn Brunton einen großen Teil des Materials aus den handschriftlichen Büchern von Venkataramiah entliehen hat, liegt der Wert von seinem Notizbuch in der Anordnung der Themen und der einzigartigen Präsentation der Dialoge. Die Anfangskapitel von Bruntons Notizbuch sind von einer Dringlichkeit, Konsequenz und Entschlossenheit geprägt, die einzigartig ist, während die späteren Abschnitte einen breiteren Fokus haben und ein breiteres Spektrum an Stil und Inhalt.

Brunton gibt das gemeinsame Material in einer komprimierten, anspruchsvollen Weise wieder, die von jedem geschätzt werden kann, der sich für kreatives Denken oder höhere Philosophie interessiert. Der verbleibende Teil von Bruntons Notizen enthält einzigartige Inhalte, die nirgendwo anders zu finden sind. Das ist für die Anhänger Grund genug für eine Wiederveröffentlichung.

Im Originalmanuskript fehlt das Ende von Kapitel 2 und der Anfang von Kapitel 3, ein Teil von Kapitel 17, und das Ende von Kapitel 22 „Östliche und westliche Denker" sowie das gesamte Kapitel 23. Im Originalmanuskript sind die Kapitel 8 und 9 und Kapitel 23 mit dem Titel „Östliche und westliche Denkschulen" nicht vorhanden.

Für diese neue Ausgabe haben wir die ursprünglichen Kapitelnummern 8, 9 und 23 übersprungen und die Kapitelnummern neu gesetzt.

Aus Gründen der Kontinuität haben wir auch das Kapitel 20 „Die Notwendigkeit der Ultra-Mystik" und das Kapitel 21 „Östliche und westliche Denker" mit seinen verschiedenen Anmerkungen zu verschiedenen Lehrern umgedreht.

Wir haben im Text angegeben, wo „Gespräche mit Sri Ramana Maharshi" und „Bewusste Unsterblichkeit" identisch sind oder ausreichend ähnliche Gedanken enthalten, um darauf hinzuweisen, dass sie sich auf dasselbe Gespräch beziehen könnten. Brian Alle vom New Yorker Ashram hat zu diesem Zweck eine sorgfältige Studie beider Texte durchgeführt.

Das Notizbuch enthält eine Fülle von Anleitungen, und der Ashram ist der Meinung, dass die Devotees von dieser neuen Ausgabe unermesslich profitieren können.

V.S. Ramanan
Präsident des Sri Ramanashram

Vorwort zur ersten englischen Auflage

1983 stellte uns Kenneth Hurst, der Sohn von Paul Brunton, einen wertvollen Schatz zur Verfügung. Es war eine Sammlung von Gesprächen mit Sri Ramana Maharshi, die von Paul Brunton und Munagala Venkataramiah aufgezeichnet wurden. Paul Brunton war göttlich inspiriert, als er zum Maharshi kam, und zwei Kapitel in seinem Buch „A Search in Secret India" haben wesentlich zur Verbreitung der Botschaft des Maharshi beigetragen. Munagala Venkataramiah hat für die Nachwelt eine Mitschrift der Gespräche aufbewahrt, die spirituelle Sucher mit Sri Ramana über vier Jahre hinweg, zwischen 1935 und 1939, führten. Die Klarheit und Direktheit und der praktische Nutzen der Lehren, die in dem neuen Material dargelegt sind, veranlassen uns dazu, es im Wesentlichen so zu veröffentlichen, wie es ist, auch wenn einige Teile davon bereits in unseren anderen Publikationen enthalten sind.

Ein Wort zum Titel. Nur durch wachsames, beharrliches und bewusstes Bemühen kann man die Fülle des Bewusstseins entdecken. Die Aufmerksamkeit darf niemals dem entgleiten, was immer existiert. Dann wird die Unsterblichkeit hier und jetzt erfahren.

Sri V. Ganesan inspirierte und drängte zur frühen Veröffentlichung, und Sri A.R. Natarajan gab das Buch heraus.

1. Jenseits von Yoga

„Übernatürliche Ereignisse? Wunder? Hellseherei? Hellhören? Was nutzt das? Das größte Wunder ist es, das Selbst zu verwirklichen. Dies sind lediglich Nebenschauplätze. Der verwirklichte Mensch steht über ihnen. Leadbeater[1] beschreibt hunderte von früheren Leben, die er durch Hellsichtigkeit gesehen hat. Welchen Nutzen hat das? Hilft es ihm oder anderen, das Selbst zu erkennen? Was sind diese Leben anderes als Geburten des Körpers? Die wahre Geburt findet im Selbst statt. Du kannst jetzt (astral) in England sein, aber wird es dir besser gehen? Du wirst der Verwirklichung kein bisschen näherkommen."

„Die Visionen und Klänge, die während der Meditation auftauchen, sollten als Ablenkungen und Versuchungen betrachtet werden. Keine von ihnen sollte den Aspiranten täuschen."

F.: „Treten Visionen oder mystische Klänge auf, nachdem der konzentrierte Geist[2] still und leer ist, oder vorher?"

A.: „Sie können sowohl vorher als auch nachher auftreten. Man muss sie ignorieren und die Aufmerksamkeit nur auf das Selbst richten."

Der Maharshi hat eine unveränderliche Haltung gegenüber übersinnlichen Visionen, die er seine Schüler lehrt. Selbst wenn seine Schüler berichten, dass ihnen sein eigenes Bild erschienen ist, verklärt in strahlendem Licht, rät er ihnen, alle „Form" beiseite zu lassen und sich daran zu erinnern, dass das, was so gesehen wird, vergänglich ist. Es hat einen Ursprung und muss ein Ende haben. Was ergriffen werden muss, ist die intuitive Wahrnehmung des Selbst.

„Der Geist ist die wahre *Kundalini* (Lebenskraft). Die Darstellung der *Kundalini* als Schlange dient lediglich dazu, einfachen Gemütern zu helfen. Die Darstellungsformen der *Chakren* sind ebenfalls eine Illusion.

---

[1] Charles Leadbeater von der Theosophischen Gesellschaft war für seine hellseherischen Fähigkeiten bekannt.
[2] Wenn nichts anderes vermerkt ist, ist mit Geist das englische „mind" gemeint. (Anm. d. Übers.)

Was nützen *Siddhis* (okkulte Kräfte)? Angenommen, du übst all diese wunderbaren Kräfte aus. Du hast ein Verlangen und versuchst, es zu erfüllen, und wenn ein neues Verlangen auftaucht, wendest du deine Energie und Aufmerksamkeit dafür auf. Ist das Endergebnis nicht nur eine Sorge für den unruhigen Geist? Wenn Glück dein wirkliches Ziel ist, musst du letztendlich von deiner Ablenkung durch *Siddhis* zurückkommen und versuchen, dich selbst zu finden, indem du dich fragst, wer es ist, der Glück will."

F.: „Warum hält der Frieden, den ich in deiner Gegenwart fühle, nicht an, nachdem ich gegangen bin?"

A.: „Diese Lichtblitze sind nur Zeichen für die beständige Enthüllung des Selbst. [Talk 293]

„Dieser Frieden ist die wahre Natur. Gegensätzliche Vorstellungen sind nur Überlagerungen. Das ist der wahre Yoga. Man kann jedoch sagen, dass man diesen Frieden durch Üben erlangt. Es sind die falschen Vorstellungen, die durch die Praxis aufgegeben werden."

Die Leute missverstehen oft *Samadhi* (Versunkenheit). Er (Bhagavan) erzählte die Geschichte von dem Yogi, der hunderte von Jahren in Trance am Ganges verbrachte, und als er erwachte, galt sein erster Gedanke dem Wasser, um das er vor dem Eintritt in die Trance gebeten hatte. Die Gedanken hatten ihre Herrschaft wieder aufgenommen.[1] Die Trance war nutzlos.

Maharshi sagte, die wahre Verwirklichung bestehe darin, VOLL BEWUSST zu sein, sich seiner Umgebung und der Menschen um ihn herum bewusst zu sein, sich unter ihnen zu bewegen, aber sein Bewusstsein nicht mit der Umgebung zu verschmelzen. Bleibe in deinem inneren, unabhängigen Bewusstsein von IHM. Das ist das Höchste – nicht in Trance dazusitzen, was den Verstand lediglich anhält. Der Verstand muss vollständig zerstört werden, nicht nur angehalten.

„Der Mensch folgt seinen *Samskaras* (Veranlagungen). Wenn ihm beigebracht wird, dass er das Selbst ist, beeinflusst diese Lehre seinen Geist, und

---

[1] Das Beispiel erzählt von einem Yogi, der seinen Schüler bittet, Wasser zu holen, da er sehr durstig ist. Während der Schüler fort ist, versinkt der Yogi in jahrhundertelanges *Samadhi*. Als er wieder zu sich kommt, gilt sein erster Gedanke dem Wasser. Er ist derselbe wie zuvor. (Anm. d. Übers.)

seine Vorstellungskraft schlägt über die Stränge. Seine okkulten Erfahrungen entsprechen nur seiner Vorstellung von dem Zustand ‚Ich bin das Selbst'. Aber wenn er reif ist, die Unterweisung zu empfangen, und sein Geist im Begriff ist, sich in das Herz zu versenken, wirkt die übermittelte Unterweisung blitzschnell, und er verwirklicht das Selbst. Andernfalls ist es ein Kampf."

„Visionen bringen Begeisterung in die Meditation, aber sie bewirken nichts weiter." [Talk 400]

Zu einem, der erklärte, er sei nach Mathura gegangen und habe *Krishna* in einer Vision gesehen, sagte der Maharshi:

„Der Seher, das Gesehene und das Sehende waren alle eins. Alles war in dir selbst. Niemand sonst hat es gesehen. Es war deine eigene Einbildung. Aber dass du *Krishna* wirklich gesehen hast, ist auch wahr."

„Okkultismus und dergleichen sind Umwege, die zum gleichen Ziel führen. Letztlich werden ihre Anhänger zum Selbst gelangen. Aber ihre Führer lehren sie nicht die Meditation über das Selbst.

So lehrt eine Schule in Nordindien, wie man auf Töne hört und nach ‚Lichtern' Ausschau hält. Die Meditation über das Selbst ist der direkte, schnellste und richtige Weg zur Verwirklichung. Die *Upanishaden* erklären: ‚Das, was nicht sieht, nicht hört, nicht denkt, ist das „Unendliche".' Dennoch weisen diese Lehren die Schüler an, auf Klänge zu hören. Wie erhaben das auch sein mag, es verhält sich mit ihnen genauso wie bei denen, die über den Klang von *Aum* (Om) meditieren. Sie alle meditieren darüber, etwas zu hören, während das Unendliche selbst nicht gehört werden kann. Ähnlich verhält es sich mit jenen okkulten Gruppen, die übersinnliche Visionen, Hellsichtigkeit, *Chakra*-Zentren usw. entwickeln. Sie versuchen, Formen zu sehen, während die Wirklichkeit nicht zu sehen ist.

Bei *Vichara* (der Selbsterforschung) wird nicht versucht, das Reale zu sehen oder zu hören, sondern Es zu erkennen. Die Schule der Klangmeditation ist ein Umweg. Die Schüler streben nach demselben Ziel, aber sie irren umher, um dorthin zu gelangen. Die Meditation über das Selbst ist der gerade, kurze und direkte Weg, der sich nicht mit Ebenen und Graden beschäftigt.

So wie es in einer Schule verschiedene Klassen gibt, niedrigere und höhere, so stellen diese okkulten, psychischen und mantrischen Systeme niedrigere Klassen dar. Die höchste Klasse in der Schule des Lebens ist die, die sich dem *Vichara*, der Erforschung des wahren Selbst, widmet. Das ist praktisch dasselbe wie *Jnana Yoga*. Es ist eine Frage der Reife."

„Das Hauptziel oder die zentrale Lehre von Systemen wie den *Veden*, die der Kosmogonie viel Beachtung schenken, ist, dass *Brahman* wirklich ist und dass die Welt und alle anderen Dinge unwirklich sind. Aber es müssen alle Arten von Aspiranten angesprochen werden, die nicht so Klugen und die Klugen gleichermaßen. Um den nicht so Klugen zu ermöglichen, der zentralen Lehre zu folgen, wird eine abgestufte Kosmogonie gelehrt, nämlich: ,*Brahman* bringt *Prakriti* (die ursprüngliche Natur, die Schöpferin) hervor, woraus *Mahat-Tatvam* (das Prinzip des Verstandes) folgt, dann nacheinander die *Tanmatras* (die subtile Essenz der fünf Elemente), die Elemente, die Welt und der Körper.' Aber den klugen Aspiranten sagen die *Veden*: ,Diese traumhafte, illusorische oder phänomenale Welt entsteht dadurch, dass das Selbst durch *Avarana* oder eine Hülle der Unwissenheit verdeckt ist. In Wirklichkeit ist das Selbst nicht verdeckt. Es scheint nur für das Auge derjenigen verdeckt zu sein, die den Eindruck haben, dass sie der Körper sind.'

Die Evolutionstheorie, die Philosophie der Ebenen und Stufen, die Systeme, die lehren, dass der Geist in die Materie hinabsteigt und sich zurückentwickelt, die Vorstellung, dass sich das Selbst zur Vollkommenheit entwickelt – all diese Dinge sind für (spirituell unkultivierte) materiell gesinnte Menschen gedacht. Sie halten den Geist an Formen und Gegenstände gebunden. Daher liegen sie vom höchsten Standpunkt aus gesehen falsch. Aber für fortgeschrittene, spirituell gesinnte Menschen sind diese Gedanken überflüssig.

In ähnlicher Weise sprechen bestimmte esoterische Schulen von sich entwickelnden Selbsten. Wie kann das sein? Das wahre Selbst ist unendlich, formlos, jenseits der Zeit und damit jenseits der Evolution. Es kann nicht zur Vollkommenheit wachsen, weil es bereits vollkommen, frei und grenzenlos ist. Aber solche Systeme sind nützlich für Anfänger, für diejenigen, die denken: ,Ich bin der Körper' oder ,Ich bin diese Person'. Diese Lehren befinden sich auf der Stufe des Kindergartens. Sie sind Halbwahrheiten. Fortgeschrittene Geister brauchen sie nicht."

„Erkenne die ganze Wahrheit, dass du jetzt frei bist, und sei frei."

„Meditationsformen, die den Hauptverlauf oder die Strömung der Meditation stören, sollten den Geist nicht ablenken dürfen. Bringe dich selbst zurück zum Selbst, den Zeugen, der sich nicht um solche Ablenkungen kümmert. Das ist der einzige Weg, um mit solchen Unterbrechungen umzugehen. Vergiss niemals dich selbst."

„*Asanas* (Körperhaltungen im Yoga) sind für den Weg des *Jnani* nicht nötig. Er kann an jedem beliebigen Ort üben oder eine beliebige Körperhaltung einnehmen."

F.: „Was ist, wenn man ununterbrochen meditiert, ohne zu handeln?"

A.: „Versuche es und sieh. Die Neigungen werden dich daran hindern. *Dhyana* (ununterbrochene Meditation) stellt sich nur schrittweise mit der allmählichen Schwächung der *Vasanas* (latenten Neigungen) durch die Gnade des Gurus ein." [Talk 80]

„Der Verstand (*Buddhi*) ist die Grundlage des Astralkörpers (*Suksma Sarira*). Er ist nur eine Ansammlung von bestimmten Faktoren. Was ist der Astralkörper sonst? In der Tat, ohne den Verstand wird keine *Kosa* (Hülle) wahrgenommen. Wer sagt denn, dass es fünf *Kosas* gibt? Ist es nicht der Verstand selbst?"[1]

„Es gibt keinen Kummer für jemanden, der aufhört, durch seine physischen Sinne zu sehen, und beginnt, alles als sein eigenes Selbst zu sehen. Außerdem weist diese Trauer (über den Verlust der Frau)[2] nicht auf wahre Liebe hin. Die Liebe, die man gegenüber äußeren Objekten und Formen zeigt, ist nicht die wahre Liebe. Echte Liebe wohnt immer im eigenen Selbst."

F.: „In der Meditation gibt es wunderschöne Farben. Es ist eine Freude, sie zu betrachten. Wir können Gott in ihnen sehen."

---

[1] Nach der hinduistischen Philosophie sind die fünf *Kosas* (Körper-Hüllen): der Nahrungskörper, der Energiekörper, der Mentalkörper, der Unterscheidungskörper und der Glückseligkeitskörper. (Anm. d. Übers.)

[2] Vermutlich spricht Bhagavan über ein kürzliches Ereignis, bei dem die Frau eines Verehrers gestorben ist.

A.: „Das sind alles mentale Vorstellungen. Die Objekte, Gefühle oder Gedanken, d.h. alle Erfahrungen in der Meditation, sind nur mentale Vorstellungen." [Talk 244]

„Was diejenigen betrifft, die sogenannte Visionen vom *Nirvana* haben, bedeutet das, dass es ein Subjekt und Objekte gibt. Wie können sie im wahren *Nirvana* (völlige Auslöschung, Vollkommenheit, großer Frieden) existieren?"

Als Sundaresa Iyer, ein ortsansässiger Lehrer, seine Erfahrungen durch die Yoga-Praxis beschrieb, einschließlich Lichtvisionen, Glockengeläut usw., antwortete der Maharshi: „Sie kommen und sie vergehen. Sei nur der Zeuge. Ich selbst hatte Tausende solcher Erfahrungen, aber ich hatte niemanden, zu dem ich gehen und darüber reden konnte."

F.: „Können wir Gott nicht in konkreten Visionen sehen?"

A.: „Ja, Gott wird im Geist gesehen. Die konkrete Gestalt kann gesehen werden. Doch sie befindet sich im Geist des Verehrers. Die Gestalt und die Erscheinung der Gottesmanifestation werden durch die Denkweise des Verehrers bestimmt. Aber das ist nicht endgültig, denn es gibt immer noch das Empfinden von Dualität. Es ist wie eine Traumvision. Nachdem Gott wahrgenommen wurde, beginnt *Vichara* (Nachforschung). Es endet mit der Verwirklichung des Selbst. *Vichara* ist die endgültige Methode."

F.: „Hat Paul Brunton dich nicht in London gesehen? War es nur ein Traum?"

A.: „Ja, er hatte die Vision. Trotzdem hat er mich in seinem eigenen Geist gesehen."

F.: „Aber hat er nicht diese konkrete Gestalt gesehen?"

A.: „Ja, aber es war trotzdem in seinem Geist." [Talk 251]

„Wenn du Gott als alles, was um dich herum ist, in deinem Geist behältst, wird das zu *Dhyana*. Dies ist das Stadium vor der Verwirklichung, die nur im Selbst liegt. *Dhyana* muss ihr vorausgehen. Es ist unerheblich, ob du über Gott oder das Selbst meditierst. Das Ziel ist das gleiche."

F.: „Durch Poesie, Musik usw. erfährt man manchmal ein Gefühl von tiefer Glückseligkeit. Führt diese Praxis zu einem tieferen *Samadhi* und schließlich zu einer vollständigen Sicht des Wirklichen?"

A.: „Wenn man etwas Angenehmes sieht, gibt es Glück. Es ist das Glück, das dem Selbst innewohnt. Dieses Glück ist nicht fremd und weit weg. Du tauchst bei Gelegenheiten, die du als angenehm empfindest, in das reine Selbst ein. Dieses Eintauchen führt zu der im Selbst existierenden Glückseligkeit. Aber die Assoziation von Vorstellungen ist dafür verantwortlich, diese Glückseligkeit anderen Dingen oder Ereignissen unterzuschieben. In Wirklichkeit ist sie in dir. Bei diesen Gelegenheiten tauchst du in das Selbst ein, wenn auch unbewusst. Wenn du dies bewusst tust, nennt man es Verwirklichung. Ich möchte, dass du bewusst in das Selbst eintauchst, d.h. in das Herz." [Talk 254]

„Der Fragesteller ist nicht mit mir einverstanden. Er fragte, wie man das Selbst verwirklicht, und als ich es ihm sagte, war er nicht zufrieden, weil ich ihm die einfache Wahrheit gab. Er will etwas Ungewöhnliches und Unnötiges. Deshalb ist es für mich das Beste, zu schweigen. Soll er seine eigenen Methoden ausprobieren."

F.: „Die heilige Theresa und andere sahen, wie das Bild der Madonna lebendig wurde. Es war äußerlich. Andere sehen die Bilder ihrer Hingabe vor ihrem geistigen Auge. Das ist innerlich. Gibt es in diesen beiden Fällen einen Unterschied im Grad?"

A.: „Beides weist darauf hin, dass die Person die Meditation stark entwickelt hat. Beides ist gut und zeigt einen Fortschritt. Es gibt keinen Unterschied im Grad. Der eine hat eine Vorstellung von der Göttlichkeit, bringt geistige Bilder hervor und empfindet sie. Der andere hat die Vorstellung der Göttlichkeit im Bild und empfindet sie im Bild. In beiden Fällen ist das Gefühl im Inneren." [Talk 407]

F.: „Die heilige Theresia war in ihrer spirituellen Erfahrung einer Madonnenfigur zugetan, die vor ihren Augen lebendig wurde, und sie war glücklich."

A.: „Die belebte Figur bereitete den Geist darauf vor, nach innen zu gehen. Es gibt einen Prozess der Konzentration des Geistes auf den eigenen

Schatten, der zu gegebener Zeit belebt wird und Fragen beantwortet, die ihm gestellt werden. Das ist das Ergebnis von *Manobala* (der Kraft des Geistes) oder *Dhyanabala* (der Kraft der Meditation). Alles, was äußerlich ist, ist auch vergänglich. Solche Phänomene mögen für den Moment Freude erzeugen. Aber dauerhafter Frieden, d.h. *Shanti*, entsteht dadurch nicht. Dieser wird nur durch die Beseitigung von *Avidya* (Unwissenheit) erlangt." [Talk 393]

2. Die Irrtümer der Religion

„Wenn wir Bilder und Formen verehren, dann verehren wir in Wirklichkeit uns selbst in den Bildern."

F.: „Gibt es *Vishnu, Shiva* usw.?"

A.: „Individuelle menschliche Seelen sind nicht die einzigen bekannten Wesen. Aber anstatt in dieser Richtung zu forschen, warum nicht sich selbst erforschen? Wem kommen diese Vorstellungen?"

„Die Schriften sagen, dass Gott dich erschaffen hat. Aber siehst du Gott oder etwas anderes in deinem Schlaf? Wenn Gott wirklich ist, warum erstrahlt Er dann nicht auch in deinem Schlaf? Du bist immer – jetzt bist du derselbe, der du im Schlaf warst. Du bist jetzt nicht anders als im Schlaf." [Talk 238]

„Seele und Gott sind nur mentale Vorstellungen. Denkst du im Schlaf an Gott? Wenn Gott wirklich ist, muss Er immer da sein. Du bist im Schlaf und im Wachsein genau derselbe. Wenn Gott so wirklich wäre wie du selbst, müsste Er im Schlaf ebenso existieren wie das Selbst. Der Gedanke an Gott müsste sowohl im Schlaf als auch im Selbst existieren. Er taucht jedoch nur im Wachzustand auf. Wer denkt? Ist es der Körper? Der Körper spricht nicht. Wenn ja, hat er dann im Schlaf gesprochen? Wer ist dieses Ich? Bist du dir bewusst, dass du im Schlaf im Körper bist? Tatsache ist, dass du weder innerhalb noch außerhalb des Körpers bist." [Talk 244]

3. Die Bedeutung der Religion

F.: „Was die Hilfe Gottes bei meinen Bemühungen betrifft, muss ich sie nicht durch Verehrung usw. erlangen? Wäre das nicht hilfreich?"

A.: „Die Gnade *Ishwaras*, die Verehrung, um sie zu erlangen usw., sind Zwischenschritte, die notwendig sind, solange das Ziel nicht erreicht ist. Wenn es erreicht ist, ist Gott das Selbst."

Ein Besucher bat Sri Bhagavan um *Prasad* (Gabe, Opfergabe) von seinem Mittagessen. Der Maharshi sagte: „Iss, ohne an das Ego zu denken. Dann wird das, was du isst, zu Bhagavans *Prasad*. Wenn ich dir einen Bissen von meinem Teller gebe, wird jeder um einen Bissen bitten. Was bleibt dann für mich übrig, wenn ich den ganzen Teller an andere verteile? Du siehst also, dass das keine Hingabe ist. Es hat keine Bedeutung, einen Bissen von meinem Teller zu essen. Sei ein wahrer Verehrer." [Talk 228]

F.: „Soll ich die Verehrung von Götterbildern fortsetzen?"

A.: „Solange du denkst, dass du der Körper bist, ist es nicht schlimm. Es kann zur Konzentration des Geistes führen. Konzentriere dich auf einen Punkt." [Talk 31]

F.: „Gibt es ein separates Wesen, *Ishwara*, das Tugend belohnt und Sünden bestraft? Gibt es einen Gott?"

A.: „Ja."

F.: „Ist *Ishwara* endlich? Verschwindet *Ishwara* im *Pralaya* (Zeitraum der Ruhe, in dem sich alles auflöst)?"

A.: „*Pralaya* ist die Seele, die von *Maya* festgehalten wird. Wenn du kannst, erhebe dich mit all deinen Fehlern und Begrenzungen durch *Jnana* in die Verwirklichung des Selbst und über alles *Pralaya* und *Samsara* hinweg. Denn ist es nicht vernünftig zu erwarten, dass *Ishwara*, der unendlich viel intelligenter ist als du, über und jenseits von *Pralaya* steht? Erleuchte dich selbst, indem du dich selbst verwirklichst." [Talk 30]

F.: „Sollte ich *Sandhya* (religiöse Riten am Morgen und am Abend) praktizieren?"

A.: „Wenn du es für nötig hältst, dann praktiziere es auf jeden Fall."

„Alles, was in der *Bhagavad Gita* und anderen Schriften steht, ist dazu gedacht, der jeweiligen Veranlagung des Hörers zu entsprechen." [Talk 20]

F.: „Es wurde festgestellt, dass junge Männer, die früh in den Schriften unterrichtet werden, diese später im Leben verabscheuen."

A.: „Der Widerwille ist nicht auf das Alter zurückzuführen, sondern auf ein Missverständnis. Wenn sie richtig angeleitet werden, werden sie die Schriften in ihrem reifen Alter umso mehr schätzen."

„Alle Glaubensbekenntnisse sind für die Massen nur Vorstufen, die zur Wahrheit des Selbst hinführen. Die Religionen sind nicht unbedingt der höchste Ausdruck oder die höchste Weisheit ihrer Gründer, die die Zeit, in der sie lebten, und die geistigen Fähigkeiten der Menschen berücksichtigen mussten. Die höchste Weisheit ist für die meisten Gemüter zu subtil, und so musste ein ganzes Schema von Welten, Göttern, Körpern, Evolution usw. verbreitet werden, weil es den Menschen leichter zu fallen scheint, all diese Dinge zu glauben, als an die einfache Wahrheit der einen Wirklichkeit – des Selbst. So sind Reinkarnation, Astralebenen, Überleben nach dem Tod usw. wahr, aber nur von einem niedrigeren Standpunkt aus. Es ist alles eine Frage des Standpunktes. Vom höchsten Standpunkt aus, dem des wahren Selbst, verschwindet alles andere als illusorisch, und nur die Wirklichkeit bleibt. Es stimmt, dass subtile Astralkörper existieren, denn um in der Traumwelt zu funktionieren, ist ein Körper für diese Welt notwendig, aber auch er ist nur auf seiner eigenen Ebene wirklich, während das eine Selbst immer wirklich, stets und ewig existent ist, ob wir uns dessen bewusst sind oder nicht. Daher ist es besser, dieses zu suchen, denn die anderen Selbst-Körper sind nur bedingt wirklich.

Ein gewöhnlicher Christ ist nur dann zufrieden, wenn ihm gesagt wird, dass Gott in einem weit entfernten Himmel ist, den wir nicht ohne Hilfe erreichen können, dass Christus allein Ihn erkannt hat und er allein uns retten kann. Daher ist er nicht zufrieden, wenn man ihm die einfache Wahrheit sagt, dass das Himmelreich in dir ist, und er wird weit hergeholte Bedeutungen in diese Aussage hineinlesen. Nur reife Gemüter können die einfache Wahrheit in ihrer ganzen Nacktheit erfassen." [Talk 96]

F.: „Was ist mit den Göttern?"

A.: „Sie haben eine tiefe Bedeutung. Ihre Verehrung ist eine Methode zur Konzentration des Geistes. Der Geist ist gewohnt, sich nach außen zu bewegen. Er muss kontrolliert und nach innen gelenkt werden. Er hat die Angewohnheit, bei Namen und Formen zu verweilen, denn alle äußeren Objekte besitzen Namen und Formen. Solche Namen und Formen werden zu Symbolen für geistige Vorstellungen gemacht, um den Geist von äußeren Objekten abzulenken und ihn in sich selbst verweilen zu lassen. Die Götterbilder, Mantras, heiligen Silben, Riten usw. sind alle dazu bestimmt, dem Geist bei seinem inneren Kurs Nahrung zu geben, damit er fähig wird, sich zu konzentrieren, woraufhin allein der höchste Zustand erreicht werden kann." [Talk 405]

„*Ishwara* besitzt Individualität in Geist und Körper, die vergänglich sind, aber gleichzeitig hat Er auch transzendentales Bewusstsein und die Befreiung im Inneren."

„*Ishwara*, ein persönlicher Gott oder oberster Schöpfer des Universums, existiert tatsächlich. (Dies gilt nur vom relativen Standpunkt aus für diejenigen, die die letzte Wahrheit nicht erkannt haben und an die Realität der individuellen Seelen glauben.) Vom absoluten Standpunkt aus kann der Weise keine andere Existenz akzeptieren als das unpersönliche Selbst, das eins und formlos ist."

„*Ishwara* hat einen physischen Körper, eine Gestalt und einen Namen, aber er ist nicht so grobstofflich wie dieser materielle Körper. Er kann in Visionen gesehen werden, in der Form, die der Verehrer geschaffen hat. Die Gestalt und der Name Gottes sind vielfältig und ändern sich mit den Religionen. Seine Essenz ist dieselbe wie unsere. Das wahre Selbst ist nur eins und gestaltlos. Daher sind die Gestalten, die er annimmt, nur Schöpfungen oder Erscheinungen."

„*Ishwara* wohnt in jeder Person und jedem materiellen Objekt im gesamten Universum. Die Gesamtheit aller Dinge und Wesen macht Gott aus. Es gibt eine Kraft, von der ein kleiner Teil zu diesem ganzen Universum geworden ist, und der Rest ist in Reserve. Sowohl diese Reservekraft als auch die als materielle Welt manifestierte Kraft bilden zusammen *Ishwara*. Um diesen Schöpfer zu verehren, muss der Mensch die Natur Gottes und die Beziehung des Menschen zu Ihm verstehen. Alles moralische Verhalten, alles rationale

Denken ist die richtige Verehrung dieses Gottes. Selbst der westliche Skeptiker, der sein begrenztes Bestes tut, um Gott zu verstehen, vollzieht die richtige Verehrung. Die wahre Quelle ist nicht dieser relative Gott, aber sie kann durch diese Art der Verehrung erreicht werden."

4. Die Bedeutung des Mystizismus

F.: „Ist es unbedenklich, weiter zu rauchen?"

A.: „Nein, denn Tabak ist ein Gift. Es ist besser, auf ihn zu verzichten."

F.: „Was sind die Leidenschaften?"

A.: „Sie sind dieselbe Kraft, die in der Meditation verwendet wird, nur in andere Kanäle umgeleitet."

F.: „Empfiehlst du, auf Fleisch und alkoholische Getränke zu verzichten?"

A.: „Ja. Es ist ratsam, auf sie zu verzichten, weil diese Enthaltsamkeit eine nützliche Hilfe für Anfänger ist. Die Schwierigkeit, sie aufzugeben, besteht nicht darin, dass sie wirklich notwendig sind, sondern lediglich darin, dass wir uns an sie gewöhnt haben.

Bis der Geist in der Verwirklichung gefestigt ist, muss er ein Bild oder eine Vorstellung haben, an die er denken kann. Sonst wird die Meditation schnell dem Schlaf oder (wandernden) Gedanken weichen."

„Am frühen Morgen nach dem Aufstehen ist die beste Zeit für die Meditation, weil der Geist dann frei von Gedanken, Sorgen usw. ist."

„Bezüglich der Meditation in einer Gruppe oder allein: Letzteres ist für Anfänger ratsam, aber wir müssen lernen, bis zu dem Punkt vorzudringen, an dem wir unsere geistige Einsamkeit schaffen. Dann ist es egal, wo wir sind. Wir müssen lernen, (geistige) Einsamkeit inmitten der Gesellschaft zu finden. Wir sollten unsere Meditation nicht aufgeben, nur weil wir unter Menschen sind, sondern sie auch dann fortsetzen, aber nicht ostentativ, sondern heimlich (innerlich). Zeige nicht körperlich, dass du meditiert.

Wenn die Aufmerksamkeit auf Objekte und den Verstand gerichtet ist, ist sich der Geist nur dieser Dinge bewusst. Das ist unser gegenwärtiger Zustand. Wenn wir aber auf das Selbst im Inneren achten, werden wir uns nur dessen bewusst. Es ist also alles eine Frage der Aufmerksamkeit. Unser Geist hat sich so lange auf äußere Dinge konzentriert, dass diese ihn versklavt haben und ihn hin und her ziehen."

F.: „Es wird gesagt, dass der Yogi bei der Meditation auf einem Hirschfell sitzen sollte, da dies den Verlust des Magnetismus während der Meditation verhindert."

A.: „Es ist nicht nötig, ein solches zu benutzen. Die Erde wird dich nicht der Wirkung deiner Meditation berauben, weil du zufällig kein Hirschfell benutzt."

„Es ist gut, dass du das Rauchen aufgegeben hast. Die Menschen sind vom Tabak versklavt und können ihn nicht aufgeben. Aber Tabak gibt nur eine vorübergehende Stimulation, auf die mit dem Verlangen nach mehr reagiert werden muss. Er ist auch nicht gut für die Meditationspraxis."

„Wenn der Geist abschweift, müssen wir sofort erkennen, dass wir nicht der Körper sind, und fragen: ‚Wer bin ich?' Der Geist muss zurückgebracht werden, um das Selbst zu erkennen. Auf diese Weise werden alle Übel zerstört, und das Glück wird verwirklicht."

„Du kannst mit offenen oder geschlossenen Augen meditieren, je nachdem, was dir mehr liegt. Das ist bei verschiedenen Menschen unterschiedlich. Die wirkliche Sicht ist, wenn der Geist durch die Augen schaut. Wenn er nicht durch sie schaut, weil er mit inneren Dingen beschäftigt ist, sieht er nichts, obwohl die Augen offen sind. Ähnlich verhält es sich mit Geräuschen. Wenn man ihnen Aufmerksamkeit schenkt, hört man sie. Aber wenn du deine Aufmerksamkeit ständig nur auf das Selbst im Inneren richtest, hörst du sie nicht."

F.: „Der Geist ist wankelmütig und wandert. Wie kann man ihn kontrollieren?"

A.: „Wenn du deine Aufmerksamkeit sofort auf die Frage richtest: ‚Wer ist das Individuum, dem diese Unbeständigkeit widerfährt?', hört das Hin- und Herwandern des Geistes auf."

„In jeder Nahrung ist eine subtile Essenz enthalten, die den Geist beeinflusst. Daher wurden für diejenigen, die sich bemühen, Meditation zu praktizieren, um das Selbst zu finden, diätetische Regeln aufgestellt, die zu befolgen ratsam ist. *Satvische* (reine) Nahrung fördert die Meditation, während *rajasische* (aktivierende, erregbare) Nahrung wie Fleisch und *tamasische* (dumpfe) Nahrung sie behindern."

F.: „Wie werden Lust, Zorn usw. überwunden?"

A.: „Durch *Dhyana*, d.h. durch das Festhalten an einem einzigen Gedanken und das Ausschalten aller anderen Gedanken."

F.: „Worüber soll man meditieren?"

A.: „Über alles, was du willst. Aber du solltest an einer Sache festhalten. Kontemplation bedeutet Kampf. Sobald du mit der Meditation beginnst, werden andere Gedanken eindringen, Kraft sammeln und versuchen, den einzigen Gedanken zu vertilgen. Dieser muss durch wiederholtes Üben an Kraft gewinnen. Dieser Kampf findet immer in der Meditation statt. Der Frieden des Geistes wird durch Kontemplation, durch die Abwesenheit verschiedener Gedanken, erreicht. Wenn *Dhyana* gefestigt ist, kann es nicht mehr aufgegeben werden. Es wird automatisch weitergehen, auch wenn man mit Arbeit oder Spiel beschäftigt ist, und sogar im Schlaf. Es muss so tief verwurzelt werden, dass es natürlich ist." [Talk 371]

F.: „Ist das Herz dasselbe wie das physische Herz?"

A.: „Nein. Es ist lediglich dazu gedacht, dem Aspiranten zu helfen. Es ist nur die Quelle des Ich-Gedankens. Das ist die letzte Wahrheit. Suche deine Quelle. Die Suche führt dich automatisch zum Herzen." [Talk 392]

„Bei der yogischen Übung beginnt man mit dem untersten *Chakra* (Rad oder Zentrum), geht hinunter und steigt dann wieder hinauf, wandert ganz hindurch, bis man das Gehirnzentrum oder den tausendblättrigen Lotos erreicht. Durch die *Jnana*-Praxis lässt man sich direkt im Herzzentrum nieder. Das Herz-*Chakra* der Yogis, das *Anahata* genannt wird (traditionell das vierte *Chakra* an der *Susumna* oder dem zentralen feinstofflichen Kanal in der Mitte der Brust), ist nicht dasselbe wie dieses Herz. Wenn dem so ist, warum sollten sie dann weiter zum *Sahasrara* (dem siebten und obersten subtilen Zentrum, das sich im Scheitel befindet) gehen?

Außerdem stellt sich die Frage des Gefühls des Getrenntseins, das in uns fortbesteht. Wir sind nie von diesem Zentrum entfernt. Bevor man das *Anahata* erreicht oder nachdem man es passiert hat, ist man nur im Zentrum, ob man es versteht oder nicht. Man ist nicht vom Zentrum entfernt. Die Praxis von Yoga oder *Vichara* geschieht nur im Zentrum." [Talk 398]

F.: „Was ist *Pranayama*?"

A.: „*Prana* ist gleichbedeutend mit dem Selbst, der Seele, dem *Atman* usw., da es der Lebensstrom ist, welchen Namen auch immer du ihm gibst. *Pranayama* ist die Kontrolle des Körpers, der Sinne und des Verstandes durch den Atem. Der Geist wird auf diese Weise kontrolliert und stirbt durch diese Praxis. Geist und *Prana* entspringen derselben Quelle. Durch die Kontrolle des Atems sinkt der Geist, und es entsteht ein unbewusster, leerer Zustand, eine Ohnmacht oder ein tranceartiger Tod. Obwohl dieser Zustand der natürliche Zustand ist, ist der Mensch, der seinen Geist nicht kontrolliert hat, benommen und geht in ihm auf. Es ist zwar ein Zustand großen Friedens, aber er ist nur vorübergehend. Wenn er endet, will der Yogi ihn wieder erlangen, und so übt er erneut Atemkontrolle. Es ist nötig, dass er über *Pranayama* hinausgeht, direkte Kontrolle über den Geist erlangt und so einen dauerhaften Frieden, *Sahaja Samadhi*, praktiziert – nicht nur ein vorübergehendes *Samadhi*. Es geht darum, die Fähigkeit zu erlangen, den Geist zur Ruhe zu bringen, ihn zu beschwichtigen und nicht wandern zu lassen. Dazu wird *Pranayama* gelehrt. Das Anhalten des Atems führt zur Kontemplation, aber das ist etwas für den fortgeschrittenen Menschen. Man beginnt mit *Puraka* (einatmen), dann kommt *Khumbaka* (den Atem anhalten) und zuletzt *Rechaka* (ausatmen). *Pranayama* ist nur insofern nützlich, als es hilft, den Geist zu kontrollieren. Für diejenigen, die geistigen Frieden suchen, ist dies ausreichend, aber es gibt ein sehr detailliertes, kompliziertes *Pranayama* für diejenigen, die *Siddhis*, okkulte Kräfte, suchen."

„*Pranayama* ist für jemanden gedacht, der nicht die Kraft besitzt, den Geist zu kontrollieren. Es gibt keinen Weg, der so gut dafür geeignet ist, wie die Gesellschaft mit den Weisen. *Pranayama* muss nicht genau so geübt werden, wie es im *Hatha-Yoga* beschrieben wird. Wenn man Hingabe oder Meditation übt, reicht schon ein wenig Atemkontrolle aus, um den Geist zu kontrollieren. Der Geist ist der Reiter, und der Atem ist das Pferd. *Pranayama* bringt das Pferd unter Kontrolle. Durch diese Kontrolle wird der Reiter kontrolliert. Man muss es nur ein wenig üben.

Das Beobachten des Atems ist eine Möglichkeit, es zu tun. Der Geist wird von anderen Aktivitäten abgezogen und mit der Beobachtung des Atems beschäftigt. Das kontrolliert den Atem (und damit auch den Geist). Wenn du nicht in der Lage bist, *Rechaka* und *Puraka* (aus- und einatmen) zu üben, spielt das keine Rolle. Der Atem kann während der Meditation für eine kurze Zeit angehalten werden. Auch dann stellen sich gute Ergebnisse ein.

Die Regulierung des Atems wird durch die Beobachtung seiner Bewegungen erreicht. In ähnlicher Weise hören auch die Gedanken auf, wenn der Geist beobachtet wird. Das ist es, was die Suche nach dem Geist wirklich ist." [Talk 54]

„Etwas Meditation bewirkt eine Aussetzung des Atems, während umgekehrt der Geist nach der Übung von etwas Atemkontrolle zur Ruhe kommt. Die Kontrolle des Geistes bewirkt spontan die Kontrolle des Atems oder *Khumbaka*.

Denjenigen nutzt die Atemkontrolle besonders, die ohne die Anwesenheit eines Gurus allein praktizieren. Dann wird der Geist als Ergebnis kontrolliert. Aber die Kontrolle des Geistes beginnt spontan in der Gegenwart einer höheren Macht wie einem Guru."

„Wenn das Leben bedroht ist, konzentriert sich das ganze Interesse darauf, es zu retten. In ähnlicher Weise kann es sich der Geist nicht leisten, sich auf seine gewohnten äußeren Objekte zu stürzen, wenn der Atem im *Pranayama* angehalten wird. So kommt er zur Ruhe, solange der Atem angehalten wird. Da die ganze Aufmerksamkeit auf den Atem und seine Regulierung gerichtet ist, gehen andere Interessen verloren." [Talk 27]

„Das Denken und die Atmung sind verschiedene Aspekte desselben individuellen Lebensstroms, von dem beide abhängen. Wenn die Atmung gewaltsam unterdrückt wird, tut das Denken dasselbe und wird auf den üblichen vorherrschenden Gedanken gerichtet. Wenn das Denken gewaltsam verlangsamt und auf einen Punkt fixiert wird, wird die vitale Aktivität der Atmung verlangsamt, wird gleichmäßig und so weit heruntergefahren, dass sie den Fortbestand des Lebens noch ermöglicht. So ergreift der Geist das Subtile und geht darin auf." [Talk 28]

„Die Kontrolle des Atems beruhigt den Geist. Dann sieh, wer sich der Ruhe bewusst ist. Mechanisches *Pranayama* wird einen nicht zum Ziel führen. Es ist nur ein Hilfsmittel. Während du es mechanisch ausführst, achte darauf, im Geist wach zu sein, dich an den Ich-Gedanken zu erinnern und seine Quelle zu suchen. Dann wirst du feststellen, dass dort, wohin das *Prana* sinkt, der Ich-Gedanke aufsteigt. Sie sinken und entstehen zusammen. Der

Ich-Gedanke sinkt zusammen mit dem *Prana*. Gleichzeitig manifestiert sich ein anderes, leuchtendes und unendliches ‚Ich-Ich'. Es ist kontinuierlich und ungebrochen. Das ist das Ziel. Es hat verschiedene Namen – Gott, *Bhakti*, *Jnana* usw. Wenn der Versuch unternommen wird, wird er dich von selbst zum Ziel führen." [Talk 345]

F.: „Was ist der Unterschied und die Wirkung der drei Methoden, nämlich Ergründung, *Bhakti* und Atemkontrolle?"

A.: „*Khumbaka*, das Anhalten des Atems, ist ein Hilfsmittel zur Kontrolle des Geistes, d.h. zur Unterdrückung oder Auslöschung von Gedanken. Man kann *Pranayama*, *Rechaka*, *Puraka* und *Khumbaka* üben oder nur *Khumbaka*. Ein *Jnani* kontrolliert den Geist, und die Kontrolle von *Prana* und *Khumbaka* ergibt sich automatisch. Das Beobachten des Ein- und Ausatmens ist auch *Pranayama*. Es sind nur scheinbar drei Methoden. In Wirklichkeit ist es nur eine, weil sie zum gleichen Ziel führen. Sie werden jedoch je nach dem Stadium, in dem sich der Aspirant befindet, und seinen *Vasanas* (latente Tendenzen, Konditionierung) oder *Samskaras* (Veranlagungen) unterschiedlich angewandt." [Talk 196]

„Atemkontrolle ist für jemanden gedacht, der seine Gedanken nicht direkt kontrollieren kann. Sie funktioniert wie eine Bremse bei einem Auto. Aber man sollte nicht bei ihr stehen bleiben, sondern zu Konzentration und Kontemplation übergehen. Die Yoga-Haltungen helfen bei der Atemkontrolle, die wiederum bei der Kontemplation hilft, daher die Übung von *Hatha-Yoga*, das auch ein Reinigungsprozess ist." [Talk 371]

F.: „Ich höre die übersinnlichen Klänge von *Nada* (göttlicher Klang), Glocken, Echos."

A.: „Wenn du es objektiv betrachtest, wirst du dich wahrscheinlich darin verlieren. Es wird ein Klang nach dem anderen kommen, und dann wird da eine Leere sein. Aber vergiss nicht zu fragen: ‚Wer ist es, der diese Klänge hört?' Wenn du dein inneres Selbst festhältst, ist es unerheblich, ob du sie hörst oder nicht. Behalte das im Blick. *Nada-Yoga* ist sicherlich eine der Methoden zur Konzentration, aber nachdem du die Konzentration erreicht hast, richte sie auf das Selbst. Wenn du das aus den Augen verlierst, führt es dich zu *Laya* oder der Leere." [Talk 148]

Zu jemandem, der seine Aufmerksamkeit oder seinen Blick auf den Punkt zwischen den Augenbrauen fixiert hatte, aber keinen Fortschritt verspürte, sagte der Maharshi, dass der Blick zwar fixiert sei, aber der Seher nicht im Auge behalten werde. Wenn man sich immer an den Seher erinnere, dann werde alles gut sein. [Talk 162]

F.: „Was ist der Unterschied zwischen Meditation und Selbsterforschung?"

A.: „Meditation ist nur möglich, wenn das Ego aufrechterhalten wird. Es gibt das Ego und das Objekt, über das meditiert wird. Diese Methode ist indirekt. Wenn man hingegen die Ich-Quelle sucht, verschwindet das Ich. Was übrig bleibt, ist das Selbst. Diese Methode ist direkt." [Talk 172]

„Eines der Hindernisse, die bei der Meditation zu überwinden sind, ist *Laya* (vorübergehende Stille, Schlaf). Deshalb sagte der Lehrer, der die *Bhagavad Gita* verfasst hat: Praktiziere Mäßigung im Schlaf. Das bedeutet vier bis fünf Stunden Schlaf. Fakire, die versuchten, den Schlaf ganz auszuschalten, gingen zu asketischen Extremen über, die unnötig sind. Übermäßiger Schlaf kann durch Überessen oder Überanstrengung verursacht werden, also mäßige auch diese Dinge."

„Tiefschlaf ist tagsüber nicht möglich, da die Sonnenstrahlen eine besondere Wirkung haben, die ihn verhindert. Wenn man also tagsüber döst, ist es sehr einfach, dies in Meditation umzuwandeln, da es diesem Zustand sehr nahekommt.

Was den Schlaf betrifft, so sei in dem Moment, in dem du aufwachst, aufmerksam und beginne, an Gott (das Selbst) zu denken. Bleibe den ganzen Tag über aufmerksam, d.h. übe dich in der Gegenwart Gottes. Das zweite Hindernis ist die Hinwendung des Geistes zu äußeren Objekten. Wenn das überwunden ist, besteht das dritte Hindernis darin, dass der Meditierende vergisst, dass er hier ist, um Meditation zu üben. Dann tritt das vierte Hindernis auf: Der Geist arbeitet innerlich."

„Wenn es schwierig ist, den Geist zu kontrollieren, gibt es die Kontrolle durch den Atem, die allein durch die Praxis entsteht. Andernfalls kommt der Geist durch die Gesellschaft mit den Weisen spontan unter Kontrolle. Das ist die Größe von *Satsanga* (Gesellschaft mit den Weisen)." [Talk 10]

„Es muss klar verstanden werden, dass es für die Meditation nicht verboten ist, ohne Körperhaltungen, feste Zeiten oder andere Hilfsmittel zu praktizieren."

F.: „Gibt es eine Körperhaltung für Europäer?"

A.: „Das hängt von der geistigen Ausstattung des Einzelnen ab. Es gibt keine feste Regel." [Talk 17]

F.: „Was ist mit denjenigen, die nicht an eine vegetarische Ernährung gewöhnt sind?"

A.: „Gewohnheit ist nur eine Anpassung an die Umgebung. Es ist der Geist, der zählt. Tatsache ist, dass der Geist darauf trainiert wurde, bestimmte Lebensmittel für schmackhaft zu halten. Man kann sich von vegetarischer Kost genauso gut ernähren wie von Fleisch. Aber der Geist des verwirklichten Menschen wird nicht von der Nahrung beeinflusst, die er zu sich nimmt. Doch mach es schrittweise, das heißt, gewöhne dich an den Vegetarismus."

F.: „Aber was das Nicht-Töten betrifft, haben denn nicht auch Pflanzen Leben?"

A.: „So haben auch die Fliesen, auf denen du sitzt, Leben!" [Talk 22]

F.: „Warum trinkst du Milch, isst aber keine Eier?"

A.: „Die domestizierten Kühe geben mehr Milch als ihre Kälber brauchen, und sie empfinden es als angenehm, wenn sie entlastet werden. In Eiern steckt potenzielles Leben." [Talk 24]

F.: „Ich habe *Dhyana* über *Aham Brahmasmi* (Ich bin *Brahman*) praktiziert. In wenigen Augenblicken herrscht Leere vor, mein Gehirn erhitzt sich, und ich bekomme Todesangst. Ich möchte deine Führung."

A.: „Wer sieht die Leere? Das Bewusstsein, das die Leere bemerkt, ist das Selbst. Die Todesangst entsteht erst, wenn der Gedanke auftaucht. Wessen Tod fürchtest du? Für wen existiert diese Angst? Es herrscht die Identifikation des Selbst mit dem Körper vor. Solange es sie gibt, existiert die Angst." [Talk 202]

„Das spirituelle Herz ist etwas anderes als das physische Herz. Das Schlagen ist nur ein Phänomen des letzteren. Das erste ist der Sitz der Erfahrung. So wie ein Dynamo die Antriebskraft für ganze Systeme von Lichtern, Ventilatoren usw. liefert, so liefert die ursprüngliche *Shakti* Energie für das Schlagen des Herzens, die Atmung usw." [Talk 205]

F.: „Was ist mit den *Chakren*?"

A.: „Nur der *Atman* ist zu verwirklichen. Seine Verwirklichung umfasst alles andere in seinem Bereich. Die *Shakti*, die *Siddhis* usw. sind alle in ihm enthalten. Diejenigen, die davon sprechen, haben den *Atman* nicht verwirklicht. Der *Atman* ist im Herzen und ist das Herz selbst. Die Manifestation findet im Gehirn statt. Den Weg vom Herzen zum Gehirn kann man sich als den Weg durch die *Sushumna* vorstellen. Die Yogis sagen, dass der Strom, der zum *Sahasrara* aufsteigt, dort endet. Diese Erfahrung ist nicht vollständig. Für *Jnana* müssen sie zum Herzen kommen. *Hridaya* (das Herz, Zentrum oder der Kern) ist das Alpha und Omega." [Talk 57]

Erläuterung der Erfahrung des „flammenden Lichts" im letzten Kapitel von „A Search in Secret India":

„Es heißt, dass die Yogis im Laufe ihrer yogischen Übungen verschiedene Lichter und Farben sehen, bevor sie das Selbst tatsächlich erkennen. Vor langer Zeit tat Parvati (die Gefährtin von *Shiva*) Buße, um das Ewige zu erlangen. Sie sah bestimmte Lichter. Da sie sie mit ihren Sinnen sah, schloss sie daraus, dass diese Lichter nicht das Ewige waren. Nach einer langen Buße sah sie ein sehr starkes Licht. Sie kam zu demselben Schluss, dass auch dieses Licht nicht das Ewige war. Nach weiterer strenger Buße erlangte sie Frieden und kam zum Schluss, dass das Selbst das Ewige ist.

Die Existenz der Dinge wird nur durch das Licht gesehen. Wie kann es dann falsch sein, zu sagen, dass es dieses Licht ist, durch das man sein Selbst verwirklicht? Das Wissen um die Verwirklichung des Selbst ist dieses Licht. Während dem *Nirvikalpa Samadhi* existiert es als das Wissen, durch das man in der Lage ist, sowohl das Licht zu sehen als auch das, was jenseits dieses Lichts ist. Es ist keine Unwissenheit. Kann man dann sagen, dass es kein Licht ist?" [Talk 200]

„Konzentration bedeutet, nicht an mehr als eine Sache zu denken. Es bedeutet, alle anderen Gedanken zu vertreiben, die die Sicht auf unsere wahre Natur behindern. Jetzt scheint es schwierig zu sein, die Gedanken zu unterdrücken, während es im erneuerten Zustand noch schwieriger ist, sich

Gedanken zu machen! Denn gibt es Dinge, an die man denken kann, wenn es nur das Selbst gibt? Gedanken können nur funktionieren, wenn es Objekte gibt. Wie können überhaupt Gedanken entstehen? Der Gedanke gaukelt uns vor, dass es schwierig ist, mit dem Denken aufzuhören. Wenn der Irrtum erkannt wird, ist man nicht so töricht, sich durch Denken unnötig anzustrengen." [Talk 398]

F.: „Zu welchem Weg rätst du? Wir brauchen deine Gnade."

A.: „Sei still, denke nicht, und wisse, ‚ich bin'."

Als der Maharshi von der Heirat eines Devotees erfuhr, fragte jemand: „Warum hat er das getan? Wird er jetzt nicht zurückfallen?" Der Maharshi lachte und sagte: „Warum sollte die Heirat seinen spirituellen Fortschritt behindern?"

„Ohne die Befriedigung körperlicher Bedürfnisse wie Hunger, Durst, Ausscheidung usw. kann die Meditation nicht fortschreiten." [Talk 266]

„Die Ergebnisse der *Vichara*-Meditation sind Willenskraft, entwickelte Konzentration, Kontrolle der Leidenschaften, Gleichgültigkeit gegenüber weltlichen Objekten, Tugend und Gleichheit mit allen."

„Hypnotische Methoden sind nicht ratsam, um yogisches *Samadhi* hervorzurufen, weil ins Licht zu blicken den Geist betäubt, vorübergehend ein Verharren des Willens hervorruft und keinen dauerhaften Nutzen bringt." [Talk 27]

„Zur Meditation kann eine Gottheit als geistiges Bild verwendet werden, bis der Meditierende mit dem Selbst verschmilzt. Dann wird das Bild von selbst abfallen, und die Gottheit wird als Teil der Welt-Illusion verschwinden. Nur das höchste Selbst sollte das Objekt der Meditation sein.

Meditation bedeutet in Wahrheit, im Selbst zu verharren. Wenn Gedanken den Geist durchkreuzen und man sich bemüht, sie zu beseitigen, nennt man diese Bemühung Meditation. Bleibe, wie du bist. Das ist das Ziel. (Die Technik der) Meditation ist nur insofern negativ, als die Gedanken ferngehalten werden." [Talk 294]

F.: „Ich habe keinen Seelenfrieden."

A.: „Frieden ist unsere wahre Natur. Er muss nicht erlangt werden. Unsere Gedanken müssen ausgelöscht werden. Dafür ist die Methode der *Gita* die richtige Methode. Wann immer der Geist abschweift, bringe ihn wieder zur Meditation zurück."

F.: „Ich kann meinen Geist nicht zur Meditation bewegen."

A.: „Wenn ein Elefant frei ist, schlenkert er seinen Rüssel hin und her und sieht unruhig aus. Wenn man ihm eine Kette gibt, hält der Rüssel sie fest, ohne dass er wie zuvor hin und her schlenkert. Genauso ist der Geist unruhig, wenn er kein Ziel hat. Wenn ein Ziel festgelegt ist, ist der Geist ruhig. Konzentration ist unmöglich, solange es *Samskaras* gibt. Sie behindern auch *Bhakti*. Übung und Leidenschaftslosigkeit sind notwendig. Leidenschaftslosigkeit ist die Abwesenheit von zerstreuten Gedanken. Übung ist die Konzentration auf einen einzigen Gedanken. Feste Beharrlichkeit ist ebenfalls notwendig.

Das eine ist der positive, das andere der negative Aspekt der Meditation. Ja, unser Geist ist schwach. Die Hilfe namens Gnade ist notwendig. Der Dienst für den Guru ist nur dazu gedacht, sie zu erlangen. In der Gegenwart einer Seele mit einem starken Geist (Guru) kommt der schwache Geist leichter unter Kontrolle. Das, was ist, ist Gnade. Es gibt nichts anderes." [Talk 287]

F.: „Was ist der beste Weg, um Gedanken loszuwerden?"

A.: „Ist es der Geist, der versucht, sich selbst zu töten? Wie kann sich der Dieb selbst fangen? Das ist unmöglich. Der beste Weg ist also, zu versuchen, dein wahres Wesen zu erkennen, das, was du wirklich bist. Wenn wir unser Selbst sehen, gibt es keine Gedanken, die wir loswerden müssen." [Talk 146]

F.: „Wie kann der Geist kontrolliert werden?"

A.: „Es gibt zwei Methoden. Die eine ist zu sehen, was der Geist ist. Dann verebbt er. Die zweite ist, an etwas anderem festzuhalten. Damit wird der Geist kontrolliert." [Talk 43]

„Yoga dient dazu, den Geist zu konzentrieren. Der vorherrschende Gedanke hält alle anderen fern. Der Gegenstand (der Konzentration) hängt vom Einzelnen ab." [Talk 52]

F.: „Mein Geist ist in der Meditation nicht beständig."

A.: „Wann immer er abschweift, richte ihn erneut nach innen. Der Geist ist zu schwach. Stärke ihn durch Übung, indem du die Gedanken auf einen einzigen reduzierst." [Talk 290]

F.: „Wie soll man meditieren? Mit offenen oder geschlossenen Augen?"

A.: „Man kann es auf beide Arten tun. Der Punkt ist, dass der Geist in sich gekehrt und in seinem Streben aktiv gehalten werden muss. Manchmal, wenn die Augen geschlossen sind, strömen die verborgenen Gedanken mit großer Kraft hervor. Es kann auch schwierig sein, den Geist mit offenen Augen nach innen zu richten, da dies Stärke des Geistes erfordert. Wenn der Geist Objekte aufnimmt, wird er verunreinigt. Der wichtigste Faktor ist, andere Gedanken fernzuhalten und den Geist in seinem eigenen Streben zu halten, ohne äußere Eindrücke aufzunehmen oder an andere Dinge zu denken." [Talk 61]

F.: „Wie kann man Gedanken kontrollieren?"

A.: „Das Schwanken des Geistes ist auf seine Schwäche zurückzuführen, weil er seine Energie in Form von Gedanken vergeudet. Wenn man den Geist dazu bringt, an einem Gedanken festzuhalten, bleibt die Energie erhalten, und der Geist wird stärker. Die Stärke des Geistes wird durch Übung gewonnen, wie die *Gita* betont. In den früheren Stadien kehrt der Geist nur in langen Abständen zur Suche zurück, aber mit fortgesetzter Übung kehrt er in kürzeren Abständen zurück, bis er schließlich überhaupt nicht mehr wandert. Dann manifestiert sich die schlafende *Shakti*, und der Geist löst sich in den Lebensstrom auf." [Talk 91]

F.: „Wie wird man den Geist los?"

A.: „Ist es der Geist, der sich selbst töten will? Der Geist kann sich nicht selbst töten. Deine Aufgabe ist es also, die wahre Natur des Geistes zu finden. Dann wirst du feststellen, dass es keinen Geist gibt. Wenn man das Selbst sucht, ist der Geist nicht da. Wenn man im Selbst verweilt, braucht man sich nicht um den Geist zu sorgen." [Talk 146]

„Die Erleuchtung wird in der rechten Seite der Brust im Herzen erfahren, wenn das Selbst verwirklicht ist." [Talk 81]

„Die *Kundalini* und die *Chakren* existieren für Anfänger, die diesen Weg des Yoga praktizieren. Aber für denjenigen, der Selbsterforschung praktiziert, existieren sie nicht."

„'*Aham Brahmasmi*' (Ich bin *Brahman*) ist nur ein Gedanke. Wer sagt das? *Brahman* sagt es nicht. Welchen Grund hat es, das zu sagen? Auch das wahre *Aham* (Ich) kann es nicht sagen, denn *Aham* verweilt nur als *Brahman*. Es zu sagen, ist nur ein Gedanke. Wessen Gedanke ist es? Alle Gedanken kommen aus dem Unwirklichen, d.h. aus dem Ego. Bleibe ohne Gedanken. Solange es Gedanken gibt, gibt es Angst. Solange es Gedanken, sogar den Gedanken '*Aham Brahmasmi*' gibt, gibt es Vergessenheit.

Aham Brahmasmi ist nur eine Hilfe zur Konzentration. Es hält andere Gedanken fern. Dieser eine Gedanke allein bleibt bestehen. Sieh, wer diesen Gedanken hat. Es wird sich herausstellen, dass er vom Ich kommt. Woher kommt der Ich-Gedanke? Untersuche es, und der Ich-Gedanke verschwindet. Das höchste Selbst leuchtet von selbst. Es gibt keine Anstrengung. Wenn das eine, wahre Ich allein übrig bleibt, sagt es nicht: ‚Ich bin *Brahman*.‘ Sagt ein Mensch ‚Ich bin ein Mensch‘? Warum sollte er erklären, er sei ein Mensch, wenn er nicht herausgefordert wird? Verwechselt ihn jemand mit einem Tier, sodass er sagen muss: ‚Nein, ich bin kein Tier, ich bin ein Mensch‘? Ähnlich ist es mit *Brahman* oder dem Ich. Da es allein ist, gibt es niemanden, der es anfechten könnte, und so gibt es keine Notwendigkeit zu sagen: ‚Ich bin *Brahman*.‘" [Talk 202]

F.: „Warum sollte ich über das Herz meditieren?"

A.: „Weil du Bewusstheit suchst. Wo sonst kannst du es finden? Kannst du es außen erreichen? Du musst es im Innern finden. Deshalb bist du nach innen gerichtet. Das Herz ist nur der Sitz des Bewusstseins."

F.: „Worüber sollten wir meditieren?"

A.: „Wer ist der Meditierende? Stelle diese Frage zuerst. Bleibe als der Meditierende. Dann gibt es keine Notwendigkeit zu meditieren. Es ist das Gefühl, etwas zu tun, das ein Hindernis für *Dhyana* ist." [Talk 205]

F.: „Warum versinkt der Geist nicht im Herzen, selbst wenn man meditiert?"

A.: „Ein schwimmender Körper sinkt nicht ohne weiteres, es sei denn, man wendet ein Mittel an, um dies zu erreichen. *Pranayama* macht den Geist ruhig. Der Geist muss lebendig sein, und die Meditation muss unablässig fortgesetzt werden, auch wenn er in Ruhe ist. Er sinkt ins Herz. Oder der schwimmende Körper wird mit Gewichten beladen und zum Sinken gebracht. So lässt auch *Satsanga* den Geist ins Herz sinken.

Satsanga ist sowohl äußerlich als auch innerlich. Der äußerlich sichtbare Guru drängt den Geist nach innen. Er ist auch im Herzen des Suchenden und zieht den nach innen gekehrten Geist ins Herz. Diese Frage stellt sich erst, wenn der Mensch zu meditieren beginnt und auf Schwierigkeiten stößt.

Er soll nur ein wenig *Pranayama* üben. Dann ist der Geist gereinigt. Er sinkt jetzt nicht ins Herz, weil die *Samskaras* es verhindern. Sie werden durch *Pranayama* oder *Satsanga* beseitigt. Tatsächlich ist der Geist immer im Herzen. Aber er ist störrisch und wandert aufgrund der *Samskaras* umher. Wenn die *Samskaras* unwirksam gemacht werden, ist der Geist ruhig und friedlich.

Durch *Pranayama* kommt der Geist nur vorübergehend zur Ruhe, weil die *Samskaras* noch da sind. Wenn der Geist zu *Atmakara* (jemand, der im *Atman* verweilt) gemacht wird, verursacht er keine Probleme mehr. Das wird durch Meditation erreicht." [Talk 223]

„Man muss bewusst sein, während man die Gedanken kontrolliert. Andernfalls führt es zum Schlaf. Bewusstsein ist der wichtigste Faktor. Das wird durch die Betonung von *Pratyahara* (Zurückziehen der Sinne), *Dharana* (Auf-Eins-Gerichtet-Sein), *Dhyana* (Meditation, völlige Konzentration) und *Samadhi* (Versunkensein, Vereinigung) deutlich, das nach dem *Pranayama* erfolgt. *Pranayama* macht den Geist ruhig und unterdrückt Gedanken. Warum ist das nicht genug? Weil Bewusstsein der einzig notwendige Faktor ist.

Solche Zustände werden durch die Einnahme von Morphium, Chloroform usw. nachgeahmt, aber sie führen nicht zur Befreiung." [Talk 191]

„Die Meditation ist eine Methode, die andere Gedanken vertreibt. Der eine Gedanke an Gott dominiert über die anderen. Das ist Konzentration. Das Ziel der Meditation ist also dasselbe wie beim *Vichara*." [Talk 251]

F.: „Was ist das Herz?"

A.: „Es ist der Sitz des Selbst (wenn man das so sagen kann). Es ist nicht das physische Herz." [Talk 41]

F.: „Wie überwindet man die Unannehmlichkeiten des Körpers, wenn man meditiert, wie z.B. die Belästigung durch Moskitos?"

A.: „Du willst Konzentration erlangen? Dann kümmere dich nicht darum, was mit dem Körper geschieht. Behalte die gleiche Denkrichtung bei. Das körperliche Unbehagen wird vergehen. Denke also nicht an das Unbehagen, sondern halte den Geist fest auf deine Meditation gerichtet. Wenn du nicht stark genug bist, den Angriffen der Stechmücken zu widerstehen, wie kannst du dann hoffen, Verwirklichung zu erlangen? Es ist, als würdest du darauf warten, dass die Wellen des Meeres abklingen, bevor du ein Bad nimmst. Sei stark und halte die ständige Anstrengung aufrecht." [Talk 150]

Ein Devotee, der um die Gnade des Maharshi bat und dem gesagt wurde: „Du hast sie", spürte ein Pochen in der Mitte seiner Brust, wie einen leichten Druck. Er fühlte sich glücklich und außerordentlich friedlich. Er fragte den Maharshi später danach, und dieser sagte: „Halte diese Empfindung fest, wann immer der Geist abgelenkt ist. Du brauchst nicht mehr dein Mantra aufzusagen."

„Es wird *Sphurana* genannt und wird bei verschiedenen Gelegenheiten gefühlt, z.B. bei Angst, Aufregung usw. Es ist tatsächlich immer da und wird im Herzzentrum empfunden. Es wird mit vorangegangenen Ursachen in Verbindung gebracht und gewöhnlich mit dem Körper verwechselt. In Wirklichkeit ist es allein und rein. Es ist das Selbst. Wenn der Geist darauf fixiert ist und der Mensch es kontinuierlich und automatisch wahrnimmt, ist es Verwirklichung. Jetzt ist es ein Vorgeschmack der Verwirklichung." [Talk 62]

F.: „Wie geht es einem Haushälter auf dem Weg?"

A.: „Warum denkst du, dass du ein Haushälter bist? Wenn du als *Sannyasin* (Entsagter) hinausgehst, werden dich ähnliche Gedanken heimsuchen, nämlich dass du ein *Sannyasin* bist. Ob du zuhause bleibst oder in den Wald gehst, dein Geist verfolgt dich. Das Ego ist die Quelle der Gedanken. Es erschafft den Körper und die Welt und lässt dich glauben, du seist ein Haushälter. Wenn du entsagst, wird es nur den Gedanken ‚Haushälter' durch ‚Sannyasin' ersetzen und die Umgebung des Zuhauses durch den Wald. Aber die geistigen Hindernisse sind immer da. Der Wechsel der Umgebung ist keine Hilfe, denn der Geist muss an beiden Orten überwunden werden. Wenn man es im Wald tun kann, warum nicht auch zu Hause? Warum die

Umgebung wechseln? Du kannst dich auch jetzt bemühen, wo immer du bist. Die Umgebung verlässt dich nie. Sieh mich an. Ich habe mein Zuhause verlassen. Was findest du jetzt hier vor? Ist es anders als bei dir zu Hause? Das ist der Grund für die Betonung von *Sahaja Samadhi*. Man sollte in spontanem *Samadhi* sein, d.h. in seinem ursprünglichen Zustand, auch inmitten verschiedener Umgebungen." [Talk 54]

„Yoga ist nur ein Mittel zur Konzentration."

F.: „Ich finde Konzentration schwierig."

A.: „Übe weiter. Deine Konzentration muss so leicht wie das Atmen sein. Fixiere dich auf eine Sache und versuche, sie festzuhalten. Alles wird gut werden." [Talk 31]

F.: „Es werden sechs *Chakren* erwähnt. Es heißt, dass der *Jiva* im Herzen wohnt. Ist das so?"

A.: „Das Herz darf nicht als das körperliche Herz verstanden werden. Es spielt keine Rolle. Wir befassen uns mit nichts anderem als dem Selbst. Darüber haben wir Gewissheit in uns selbst, keine Zweifel oder Diskussionen. Die Zentren dienen dem Zweck der Konzentration. Sie werden symbolisch gedeutet. Wir selbst sind der Strom der *Kundalini*." [Talk 29]

F.: „Das weltliche Leben ist für Aspiranten so ablenkend."

A.: „Erlaube dir nicht, dich ablenken zu lassen. Erforsche, für wen es Ablenkung gibt. Nach ein wenig Übung wird sie dich nicht mehr plagen."

F.: „Aber selbst der Versuch ist unmöglich."

A.: „Mache ihn, und du wirst sehen, dass er nicht so schwierig ist." [Talk 44]

F.: „Es heißt, dass die *Kundalini* von der Basis der Wirbelsäule aufsteigt."

A.: „Diese Strömung sind wir selbst."

„Meditation ist das Festhalten an einem Gedanken. Dieser eine Gedanke hält andere Gedanken fern. Ein zerstreuter Geist ist ein Zeichen für seine Schwäche. Durch ständige Meditation gewinnt er an Stärke, d.h. er gibt seine Schwäche der flüchtigen Gedanken auf." [Talk 293]

F.: „Wenn man über einen Gegenstand meditiert, ist das Dualität. Kann es Gott sein?"

A.: „Jemand, der solche Fragen stellt, sollte besser den *Vichara Marga* (Weg der Erforschung) einschlagen. Form ist nichts für ihn."

F.: „In meiner Meditation tritt eine Leere auf. Ich sehe keine Gestalt."

A.: „Natürlich nicht. Wer sieht die Leere? Du musst da sein. Es gibt ein Bewusstsein, das die Leere wahrnimmt."

F.: „Bedeutet das, dass ich immer tiefer gehen muss?"

A.: „Ja. Es gibt keinen Moment, in dem du nicht existierst." [Talk 221]

Ein Devotee nahm nur eine sehr leichte Mahlzeit am Tag zu sich. Da meinte der Maharshi beim Frühstück scharf: „Warum hörst du nicht auch auf, Kaffee zu trinken?" Damit wollte er die übermäßige Bedeutung tadeln, die der Verehrer der Ernährung beimaß.

F.: „Was ist Entsagung?"

A.: „Das Aufgeben des Egos."

F.: „Ist es nicht der Verzicht auf Besitz?"

A.: „Auch auf den Besitzer." [Talk 164]

F.: „Wie soll man den Gedanken an Sex ausrotten?"

A.: „Indem man die falsche Vorstellung ausrottet, dass der Körper das Selbst ist. Es gibt keinen Sex im Selbst. Sei das wahre Selbst. Dann quält dich der Sex nicht." [Talk 169]

F.: „Kann Fasten Sex heilen?"

A.: „Ja. Aber es ist nur vorübergehend. Geistiges Fasten ist die wahre Hilfe. Das Fasten ist kein Selbstzweck. Es muss mit einer geistigen Entwicklung einhergehen. Vollständiges Fasten macht den Geist zu schwach. Man kann nicht genügend Kraft für die spirituelle Suche aufbringen. Die spirituelle Suche muss während des Fastens aufrechterhalten werden, wenn es spirituell von Nutzen sein soll." [Talk 170]

F.: „Welche Körperhaltung ist die beste?"

A.: „Irgendeine – möglicherweise *Sukha Asana* (eine angenehme Haltung). Aber die Haltung ist für den *Jnana*-Weg unerheblich. Haltung bedeutet eigentlich einen festen Standort im Selbst. Sie ist innerlich." [Talk 17]

F.: „Welche Zeit ist für die Meditation am besten geeignet?"

A.: „Was ist Zeit? Sie ist nur eine Vorstellung. Was auch immer du dir darunter vorstellst, das ist es. Zeit ist für den *Jnana*-Pfad unerheblich. Aber manche Zeiten sind gut für Anfänger." [Talk 17]

„Es sind die Anhaftungen, die schädlich sind. Die Handlungen an sich sind nicht schlecht. Es ist nicht schlimm, drei- oder viermal täglich zu essen. Aber sag nicht: ‚Ich will diese Art von Nahrung und nicht jene.' Außerdem nimmst du diese Mahlzeiten in den zwölf Stunden des Wachzustandes ein, während du in den zwölf Stunden des Schlafes nichts isst. Führt der Schlaf zu *Mukti* (zur Befreiung)? Es ist falsch anzunehmen, dass einfache Untätigkeit einen zu *Mukti* führt." [Talk 226]

„Solange man denkt, dass man ein *Sannyasin* ist, ist man keiner. Solange man nicht an die Welt-Illusion denkt, ist man nicht weltlich, sondern ein echter *Sannyasin*." [Talk 283]

„Der Patient muss selbst die vom Arzt verschriebene Medizin einnehmen, damit er von seiner Krankheit geheilt wird. Auf dieselbe Weise beschreibt der Guru den Weg, aber der Aspirant muss ihn selber gehen."

F.: „Ist es für das Erreichen der Erlösung besser, verheiratet oder zölibatär zu sein?"

A.: „Was auch immer du für besser hältst. Da gibt es keinen Unterschied." [Talk 59]

„Die Gedanken müssen aufhören, und das Denkvermögen (*Manas*) muss verschwinden. Das Gefühl ist der wichtigste Faktor in der Meditation, nicht der Verstand. Es sollte in der rechten Seite der Brust entstehen, nicht im Kopf, denn dort ist das Herz. Es muss festgehalten werden.

Deine gegenwärtige Erfahrung des Stillstands der Gedanken ist auf den Einfluss der Atmosphäre zurückzuführen, in der du dich gerade befindest. Kannst du die gleiche Erfahrung auch außerhalb dieser Atmosphäre machen? Sie ist sporadisch. Bis sie dauerhaft wird, ist Übung nötig. Nachdem man sich in der Wahrheit gefestigt hat, fällt die Praxis auf natürliche Weise weg." [Talk 24]

F.: „Ist Meditation analytisch oder synthetisch?"

A.: „Analyse und Synthese liegen im Bereich des Verstandes. Das Selbst transzendiert den Verstand." [Talk 365]

„Was ist Meditation? Es bedeutet, an eine Sache zu denken. Versuche also in der Meditation, an einem Gedanken festzuhalten, und alle anderen Gedanken werden allmählich verschwinden. Sie mögen eine Zeit lang präsent sein, aber wenn du entschlossen an einem einzigen Gedanken festhältst, werden sie dich nicht stören. Unser Geist ist aus Gewohnheit schwach und unfähig, sich zu konzentrieren. Wir müssen den Geist stark machen, um an einem einzigen Gedanken festzuhalten." [Talk 453]

„Die Abwesenheit von geistigen Tätigkeiten ist Einsamkeit."

„Es gibt verschiedene Körperhaltungen entsprechend den verschiedenen Graden. Die beste Körperhaltung ist, im Selbst zu sein! All diese Fragen zur Körperhaltung und zum *Hatha-Yoga* stellen sich nur denen, die Körperbewusstsein haben, d.h. denken: ‚Ich bin der Körper.' Die Yogis sagen jedoch: ‚Nimm die Körperhaltung ein, in der dir die Meditation erfahrungsgemäß am leichtesten fällt.' Aber du musst nicht unbedingt eine Yogahaltung einnehmen. (Ich habe dem Maharshi gesagt, dass viele dieser Körperhaltungen für einen Europäer unmöglich einzunehmen sind.) Wenn es dir am leichtesten fällt, auf einem Stuhl zu sitzen oder zu gehen, um zu meditieren, sind das die richtigen Körperhaltungen für dich. *Hatha-Yoga* ist für Anfänger gedacht. Finde das Selbst und verbleibe darin, und du musst dich nicht um Körperhaltungen kümmern."

F.: „Warum ist es so schwierig zu meditieren und den Geist zu überwinden?"

A.: „Wegen der vergangenen *Vasanas*, die uns daran hindern. Aber wir müssen es immer wieder versuchen." (Neigungen aus früheren Geburten werden *Vasanas* genannt.)

„Diejenigen, die Opium oder alkoholische Getränke zu sich nehmen, suchen unbewusst nach der glückseligen Gedankenlosigkeit des wahren Selbst. Sie bekommen durch die Drogen eine Ahnung von dieser Glückseligkeit, aber danach müssen sie wieder in ihren normalen Zustand zurückkehren, und das

Verlangen kehrt stärker zurück, bis sie zu chronisch Süchtigen und Sklaven werden. Nach all diesen künstlichen Erhebungen muss es einen Rückfall geben."

„Wenn der Geist unterworfen ist, ist alles besiegt."

„Wo ist die Entsagung? Sie ist nicht außerhalb von uns, sie ist hier. (Er zeigt auf das Herz.) Wo ist die Einsamkeit? Im Geist. Alexander Selkirk[1] war allein auf einer Insel, aber er wollte weg. Das war also keine Einsamkeit. Wir müssen diese Dinge in uns selbst erreichen. Das Himmelreich ist in uns selbst zu finden."

F.: „Welche Abhilfe kann es geben, wenn die Bemühungen um Meditation durch vergangenes *Karma* behindert werden?"

A.: „Man lähmt sich selbst, wenn man sich in solchen unrealistischen Ängsten ertränkt. Schicksal und vergangenes *Karma* beziehen sich auf die äußere Welt."

„Tauche mutig in dein Inneres ein. Sie werden dich nicht behindern. Es ist das Denken an Hindernisse, das ein ernsthaftes Hindernis darstellt.

Wir müssen alle zu unserer Quelle zurückkehren. Jeder Mensch ist auf der Suche nach seiner Quelle und muss eines Tages zu ihr zurückkehren. Wir sind aus dem Inneren gekommen. Wir sind nach außen gegangen. Jetzt müssen wir uns nach innen wenden. Was ist Meditation? Sie ist unser natürliches Selbst. Wir haben uns mit Gedanken und Leidenschaften überdeckt. Um sie loszuwerden, müssen wir uns auf einen Gedanken konzentrieren – das Selbst."

„Wann ist *Mouna* (Schweigen) nötig? Es ist nur eines der Hilfsmittel, um die Verwirklichung zu erreichen. Sobald die Verwirklichung vollkommen ist, kann es beiseitegelegt werden, denn es ist dann nicht mehr von Nutzen. Verwirklichung ist *Mouna*. Sprache wird von den *Mounis* als eine Verschwendung von Energie betrachtet, die sie nach innen auf das Selbst richten."

---

[1] Alexander Selkirk kommt im Gedicht „On Solitude" von Tolbion Cooper vor. Auf ihm beruht auch der Roman „Robinson Crusoe" von Daniel Defoe.

„Eine Methode, geistige Aktivitäten vorübergehend einzustellen (*Manolaya*), ist die Verbindung mit Weisen. Sie sind Meister in *Samadhi*, und es ist für sie leicht, natürlich und beständig geworden. Diejenigen, die sich in engem Kontakt mit ihnen befinden, nehmen allmählich die *Samadhi*-Gewohnheit von ihnen an." [Talk 34]

„Was ist geistige Konzentration außer Meditation? Das sprachliche *Japa* wird geistig, was dasselbe wie Meditation ist." [Talk 220]

Der Maharshi bemerkte kritisch zu einem Yogi, der stundenlang mit geschlossenen Augen so ruhig wie ein Fels dasaß: „Willst du wirklich Meditation lernen? Die bloße Körperhaltung ist nicht genug. Es kommt darauf an, wo dein Geist ist. Also lerne von dem jungen Mann dort drüben." Er wies auf einen jungen Absolventen der Annamalai Universität, der seit fast einem Jahr arbeitslos war. Er besuchte den Ashram nun ständig.

Der Maharshi fuhr fort: „Auch er sitzt mit geschlossenen Augen da, aber sein ganzer Geist ist darauf ausgerichtet, eine Arbeit zu finden. Er betet unablässig in der Stille zu mir, ihm eine Arbeit zu geben. Aber wo kann ich den Menschen Arbeit geben?"

Der Maharshi wollte damit sagen, dass die eigene Haltung des Geistes von entscheidender Bedeutung ist.

F.: „Wie kannst du sagen, dass das Herz auf der rechten Seite ist, wenn die Anatomen es auf der linken Seite lokalisieren?"

A.: „Es wird nicht geleugnet, dass das physische Organ auf der linken Seite liegt. Das ist ganz richtig. Aber das Herz, von dem ich spreche, befindet sich auf der rechten Seite. Das ist meine Erfahrung. Es ist keine Autorität erforderlich. Dennoch kannst du eine Bestätigung in der *Sita Upanishad* finden. In letzterer gibt es ein Mantra, das dies besagt." [Talk 4]

„Der gesamte Kosmos ist in einem nadelgroßen Loch im Herzen vereint." [Talk 263]

„Ein winziges Loch im Herzen bleibt immer verschlossen und wird durch *Vichara* (Selbsterforschung) geöffnet. Das Ergebnis ist das ,Ich-Ich'-Bewusstsein, das das gleiche wie *Samadhi* ist."

F.: „Wie kann der allimmanente Gott im Herzen wohnen?"

A.: „Wohnen wir nicht an einem Ort? Sagst du nicht, dass du in deinem Körper bist? In ähnlicher Weise wird von Gott gesagt, dass er im Herzen wohnt. Das Herz ist kein Ort. Für den Ort Gottes wird irgendein Name genannt, weil wir denken, dass wir im Körper sind. Diese Art von Belehrung ist für diejenigen gedacht, die nur relatives Wissen schätzen können.

Da Gott überall immanent ist, gibt es keinen Platz für Ihn. Weil wir denken, dass wir im Körper sind, glauben wir auch, dass wir geboren sind. In unserem tiefen Schlummer denken wir jedoch weder an den Körper noch an Gott oder an die Methode der Verwirklichung. Doch im Wachzustand halten wir am Körper fest und denken, wir seien in ihm. Der Körper wird aus dem *Paramatman* geboren, lebt in ihm und löst sich in ihm auf.

Wir denken jedoch, dass wir im Körper wohnen. Daher wird diese Anweisung gegeben. Die Anweisung bedeutet: ‚Schau nach innen.‘" [Talk 269]

„Das Herz ist nicht physisch. Die Meditation sollte nicht auf die rechte oder linke Seite gerichtet sein, sondern auf das Selbst. Jeder weiß: ‚Ich bin‘. Wer ist das Ich? Es ist weder innen noch außen, weder rechts noch links. ‚Ich bin‘ – das ist alles. Das Herz ist das Zentrum, aus dem alles entspringt.

Weil du jetzt die Welt, den Körper usw. siehst, wird gesagt, dass es für sie ein Zentrum gibt, das Herz genannt wird. Aber wenn wir tatsächlich darin sind, dann ist das Herz weder das Zentrum noch der Umfang, denn es gibt nichts anderes." [Talk 273]

Eines Tages kam eine Gruppe von Musikern, um dem Maharshi vorzuspielen. Zu den Instrumenten gehörten eine Flöte, eine Geige und ein Harmonium. Danach gab es eine Diskussion über die Vorzüge der verschiedenen Instrumente, welches am schönsten sei usw. Der Maharshi sagte, dass er auf nichts anderes als auf das Harmonium höre, da sein gleichmäßiger, monotoner Rhythmus dazu beitrage, dass man im Selbst zentriert bliebe.

„Was bist du? Bist du der Körper? Nein. Du bist reines Bewusstsein. Rückzug bedeutet Verweilen im Selbst, nichts weiter. Es bedeutet nicht, dass man eine Umgebung verlässt, um sich in einer anderen zu verstricken, und es bedeutet auch nicht, dass man die konkrete Welt verlässt und in der mentalen

49

Welt schwelgt. Die Geburt des Sohnes, sein Tod[1] usw. sind auch im Selbst. Die Frage der Vereinbarkeit stellt sich nicht." [Talk 251]

Das kleine Eichhörnchen wartete auf eine Gelegenheit, hinauszulaufen. Der Maharshi sagte: „Alle wollen hinausstürmen. Es gibt dafür keine Grenze. Das Glück liegt im Inneren und nicht außerhalb." [Talk 229]

F.: „Was ist die Bedeutung des Punktes zwischen den Augenbrauen?"

A.: „Das ist, als wolle man sagen: ‚Sieh nicht mit deinen Augen.' Der Geist funktioniert sowohl als Licht als auch als Objekte. Wenn er von den Dingen getrennt wird, bleibt nur das Licht übrig."

F.: „Muss man wissen, dass es ein solches Licht gibt?"

A.: „Sehen oder Erkennen gehört zum gegenwärtigen Zustand, weil es Licht gibt. Das Licht ist die wesentliche Voraussetzung für das Sehen. Es ist in unserem täglichen Leben offensichtlich. Unter den Lichtern ist das Sonnenlicht das wichtigste. Daher spricht man von der Herrlichkeit von Millionen von Sonnen."

F.: „Welchen Einfluss hat es auf das Subjekt, ob die Objekte gesehen werden oder nicht?"

A.: „Wenn das Licht, d.h. der Erkennende oder das Bewusstsein, gesehen wird, gibt es kein Objekt, das gesehen werden kann. Das reine Licht, d.h. das Bewusstsein, bleibt allein übrig. Es genügt nicht, dass das Licht gesehen wird. Es ist auch nötig, dass der Geist mit einer einzigen Aktivität beschäftigt ist, wie im Beispiel vom Elefantenrüssel und der Kette."

F.: „Warum ist die Regulierung des Atems nötig?"

A.: „Die Konzentration des Atems oder seine Regulierung dient nur dazu, den Geist zu kontrollieren, damit der Geist nicht umherwandert." [Talk 404]

F.: „Gibt es einen Unterschied zwischen innerem und äußerem *Samadhi*?"

A.: „Ja, den gibt es. Äußeres *Samadhi* ist Stille, während man die Welt beobachtet, ohne von innen auf sie zu reagieren. Das äußere *Samadhi* ist wie

---

[1] Die Antwort galt einer Frau, die ihren Sohn verloren hatte. (Anm. d. Übers.)

ein stilles Meer, und das innere *Samadhi* wie eine beständige Flamme. *Sahaja Samadhi* ist die Identität der Flamme mit dem Meer."

F.: „Verliert man im *Samadhi* nicht sein Körperbewusstsein? Wenn ja, wie kann es da einen Unterschied geben?"

A.: „Was ist Körperbewusstsein? Analysiere es. Es muss einen Körper und ein auf ihn beschränktes Bewusstsein geben, die zusammen das Körperbewusstsein ausmachen. Diese müssen in einem anderen Bewusstsein liegen, das absolut und unbeeinflusst ist. Halte daran fest. Das ist *Samadhi*. Es existiert, wenn es kein Körperbewusstsein gibt, weil es letzteres transzendiert. Es existiert auch, wenn es das Körperbewusstsein gibt. Es ist also immer da. Was spielt es für eine Rolle, ob der Körper verloren geht oder erhalten bleibt? Wenn er verloren geht, ist es inneres *Samadhi*. Wenn er erhalten bleibt, ist es äußerer *Samadhi*. Das ist alles."

F.: „Aber der Geist versinkt nicht einmal für eine Sekunde in *Samadhi*."

A.: „Es ist eine starke Überzeugung nötig, dass ‚ich das Selbst bin‘, das den Geist und die Erscheinungen transzendiert."

F.: „Dennoch ist der Geist bei meinen Versuchen, ihn zu versenken, wie ein Korken."

A.: „Was macht es schon, wenn der Verstand aktiv ist? Er befindet sich schließlich auf der Grundlage des Selbst. Halte am Selbst fest, auch während der geistigen Aktivitäten."

F.: „Ich kann nicht tief genug nach innen gehen."

A.: „Es ist falsch, das zu sagen. Wo bist du jetzt, wenn nicht im Selbst? Wohin solltest du gehen? Alles, was nötig ist, ist der feste Glaube, dass du das Selbst bist. Sag lieber, dass die anderen Aktivitäten einen Schleier auf dich werfen." [Talk 406]

F.: „Ist es schädlich, wenn ich das *Japa* auf diese Weise fortsetze, oder ist es wichtig, dass ich nur die Frage ‚Wer bin ich?‘ stelle?"

A.: „Nein, du kannst die Wurzel eines jeden Gedankens, *Japas* oder Mantras zurückverfolgen und damit fortfahren, bis du eine Antwort auf deine Frage hast. Das ist an sich schon Meditation in die richtige Richtung, die dich zum gleichen Ziel wie die Frage ‚Wer bin ich?‘ führt.

„Der Mensch braucht täglich nur eine feste Mahlzeit zur Mittagszeit und eine leichte flüssige Erfrischung morgens und abends."

„Die beste Haltung ist, den Guru fest in dein Herz zu pflanzen."

F.: „Wie soll der Geist zur Ruhe kommen?"

A.: „*Vichara* allein genügt." [Talk 394]

„Du siehst den Körper im Herzen. Du siehst die Welt darin. Es gibt nichts, was davon getrennt ist. Also sind alle Arten von Bemühungen nur dort verortet." [Talk 403]

„Es gibt verschiedene Wege nach Tiruvannamalai, aber Tiruvannamalai ist dasselbe, auf welchem Weg auch immer man es erreicht. In ähnlicher Weise variiert die Annäherung an das Selbst je nach Persönlichkeit. Und doch ist das Selbst dasselbe." [Talk 354]

F.: „Warum bist du als Jugendlicher von zu Hause weggelaufen, obwohl du den Menschen nicht rätst, zu entsagen?"

A.: „Irgendeine Macht hat mich weggeführt." [Talk 251]

„Es ist nicht gut, die Arbeit aufzugeben. Erst wenn ein Mensch (das Selbst) verwirklicht hat, hört die Welt auf, für ihn zu existieren. Das bedeutet nicht, dass wir unsere Arbeit aufgeben sollen."

F.: „Warum kann der Geist trotz wiederholter Versuche nicht nach innen gekehrt werden?"

A.: „Es geschieht durch *Abhyas* (Übung) und *Vairagya* (Leidenschaftslosigkeit), und es gelingt nur langsam. Der Geist, der so lange daran gewöhnt war, nach außen zu gehen, ist nicht leicht nach innen zu wenden. Eine Kuh, die daran gewöhnt ist, diebisch auf den Wiesen anderer zu grasen, lässt sich nicht leicht in ihrem Stall einsperren. Doch ihr Halter lockt sie mit saftigem Gras und feinem Futter. Beim ersten Mal lehnt sie es ab. Dann nimmt sie ein wenig, aber ihre angeborene Neigung, herumzustreunen, macht sich bemerkbar, und sie macht sich davon. Nach wiederholten Versuchen des Besitzers gewöhnt sie sich an den Stall. Schließlich streunt sie nicht mehr herum, selbst wenn man sie freilassen würde. Ähnlich verhält es sich mit dem Geist. Wenn er einmal sein Glück im Inneren gefunden hat, wird er nicht im Äußeren verweilen." [Talk 213]

F.: „Wie hören alle Gedanken auf, wenn der Geist im Herzen ist?"

A.: „Durch Willenskraft und einen starken Glauben an die diesbezügliche Lehre des Meisters." [Talk 27]

„Das Gedankenleben ist um das Gehirn zentriert, wohin wir es zurückverfolgen können, und damit das Ego. Dort wird es durch das Blut aus dem Herzen gespeist. Daher kommen die Gedanken letztendlich aus dem Herzen. Bei der Meditation der Selbsterforschung gibt es einen neutralen Grund des Schlafes, des Komas, der Ohnmacht usw., in dem die mentalen Tätigkeiten nicht existieren, während das Bewusstsein des Selbst nicht vorherrscht.

Der Geist muss zuerst von seiner Unruhe befreit werden. Er muss befriedet und von Ablenkungen befreit werden. Er muss trainiert werden, gewohnheitsmäßig nach innen zu schauen. Der erste Schritt ist daher die Gleichmütigkeit gegenüber der äußeren Welt, der nächste die Gewohnheit der Innenschau. Die Einsicht in die Vergänglichkeit der äußeren Phänomene führt zu dieser Gleichmütigkeit. So wird Verachtung für Reichtum, Ruhm, Vergnügen usw. erzeugt. Dann muss der Ich-Gedanke durch Nachfragen untersucht und seine Quelle im Herzen aufgespürt werden." [Talk 27]

F.: „Gibt es im *Samadhi* Gedanken?"

A.: „Es gibt nur das Gefühl, dass ‚ICH BIN', und keine anderen Gedanken."

F.: „Ist ‚Ich bin' nicht ein Gedanke?"

A.: „Das egolose „ICH BIN" ist kein Gedanke. Es ist die Verwirklichung." [Talk 226]

„Ein Mensch, der jahrelang an einem Ort verharren und die nach außen gehenden Impulse der Natur meistern kann, kann ein wahrer Weiser werden, denn das ist eine Herkulesaufgabe und bringt die Belohnung für die Überwindung der Natur mit sich."

F.: „Sollte ich mich von Frau und Familie trennen?"

A.: „Welchen Schaden richten sie an? Finde zuerst heraus, was du bist."

F.: „Sollte man nicht Haus, Frau, Reichtum usw. aufgeben, da alles *Samsara* ist?"

A.: „Lerne zuerst, was *Samsara* ist. Ist das alles *Samsara*? Sollen denn Menschen, die in ihrer Mitte leben, keine Verwirklichung erlangen?" [Talk 31]

F.: „Ist nicht *Brahmacharya* (das Zölibat) nötig?"

A.: „*Brahmacharya* bedeutet ‚Leben in *Brahman*'. Es hat nichts mit dem Zölibat zu tun, wie man es gemeinhin versteht. Ein echter *Brahmachari* findet Glückseligkeit in *Brahman*, das mit dem Selbst identisch ist."

F.: „Aber ist das Zölibat nicht ein Sine-qua-non für Yoga"

A.: „So ist es. Es ist eine Hilfe zur Verwirklichung unter so vielen anderen Hilfen."

F.: „Ist *Brahmacharya* nicht unerlässlich? Kann ein verheirateter Mann das Selbst verwirklichen?"

A.: „Sicherlich kann ein Mensch, ob verheiratet oder unverheiratet, das Selbst verwirklichen, denn es ist hier und jetzt da. Es ist eine Frage der Eignung des Geistes. Hat es nicht Männer gegeben, die inmitten von Frau und Familie lebten und dennoch die Verwirklichung erreichten?" [Talk 17]

„'Sei still und wisse, dass Ich Gott bin.' Sobald du versuchst, diesen Rat zu befolgen, beginnt ein regelrechter Krieg mit deinen Neigungen, mit den tief verwurzelten natürlichen Gewohnheiten."

F.: „Befürwortest du die Enthaltsamkeit?"

A.: „Ein *Brahmachari* ist einer, der in *Brahman* verweilt. Dann gibt es keine Frage von Begierden mehr."

F.: „Ist die Ehe ein Hindernis für den spirituellen Fortschritt?"

A.: „Das Leben als Haushälter ist kein Hindernis, aber der Haushälter muss sein Äußerstes tun, um Selbstbeherrschung zu üben. Wenn ein Mensch ein starkes Verlangen nach dem höheren Leben hat, dann wird die sexuelle Neigung nachlassen. Wenn der Geist zerstört ist, werden auch die anderen Begierden zerstört."

„Das Verweilen in Gott ist das einzig wahre *Asana*." [Talk 234]

„Wenn wir *Tapas* (Enthaltsamkeit, Buße) üben, ist unser Geist auf das gerichtet, was wir äußern. Wozu ist *Tapas* gut? Es dient der Selbstverwirklichung. Man braucht zur Kontemplation eine Gestalt. Aber das ist nicht genug, denn kann jemand ein Bild immer betrachten? Also muss die Betrachtung mit *Japa* (die Wiederholung eines Gottesnamens) ausgeführt werden. *Japa* hilft, den Geist auf das Bild zu richten, wenn es zum Betrachten hinzukommt. Das Ergebnis dieser Bemühungen ist Konzentration des Geistes, womit man schließlich das Ziel erreicht.

Manche sind mit dem Namen des Bildes zufrieden. Jede Gestalt muss einen Namen haben. Dieser Name steht für alle Eigenschaften Gottes. Ständiges *Japa* schaltet alle anderen Gedanken aus und fixiert den Geist. Das ist das gewünschte *Tapas*. Die Frage, was *Tapas* ist, wurde gestellt, um zu erfahren, welchem Zweck es dient. Es wird die Form annehmen, die für den Zweck erforderlich ist. Sind körperliche Entbehrungen nicht auch *Tapas*? Sie sind auf *Vairagya* zurückzuführen. Ich habe einen Mann gesehen, der sein Leben lang den Arm hochgehoben hat." [Talk 401]

F.: „Warum sollte man seinen Körper auf eine solche Weise quälen?"

A.: „Du denkst, es sei eine Qual, während es für den anderen ein Gelübde ist, eine Errungenschaft und ein Vergnügen. *Dhyana* kann äußerlich, innerlich oder beides sein.

Japa muss geübt werden, bis es natürlich wird. Es beginnt mit Anstrengung und wird fortgesetzt, bis es sich von selbst einstellt. Wenn es natürlich ist, ist es Verwirklichung. *Japa* kann auch während einer anderen Arbeit ausgeführt werden. *Bhakti*, *Vichara*, *Japa*, sie alle lösen sich schließlich in der einen, einzigen Wirklichkeit auf. Sie sind nur verschiedene Arten des Bemühens, die Unwirklichkeit fernzuhalten.

Die Unwirklichkeit ist gegenwärtig eine Besessenheit. Die Wirklichkeit ist unsere wahre Natur. Wir verharren fälschlicherweise in der Unwirklichkeit, nämlich in Gedanken und weltlichen Aktivitäten. Die Beendigung dieser Aktivitäten offenbart die Wahrheit. Unsere Bemühungen sind darauf gerichtet, sie fernzuhalten. Obwohl es so aussieht, als ob wir an die Wirklichkeit denken, läuft das, was wir tun, in Wirklichkeit auf die Beseitigung von Hindernissen für die Offenbarung unseres wahren Wesens hinaus. Die Meditation ist also ein Weg zu unserem wahren Wesen." [Talk 401]

F.: „Wie kann der rebellische Geist unter Kontrolle gebracht werden?"

A.: „Entweder man sucht seine Quelle, damit er verschwindet, oder man unterwirft ihn, damit er niedergeschlagen wird." [Talk 398]

Savikalpa and Nirvikalpa Samadhi

Äußerlich	Innerlich
Der Geist springt von einem Objekt zum anderen. Halte ihn ruhig, fixiert auf die Wirklichkeit dahinter.	Der Geist wird von Begierde, Lust, Ärger usw. geplagt. Erkenne, woher sie kommen und wie sie entstanden sind. Halte an ihrer Quelle fest.
Es gibt die äußeren Phänomene, von denen es heißt, sie hätten ihren Ursprung in der einzigen Wirklichkeit. Suche nach ihr und halte dich an ihr fest, indem du in der einen Wirklichkeit, die allen Phänomenen zugrunde liegt, aufgehst und dich der vergänglichen Manifestationen nicht bewusst bist. Dieser Zustand wird mit einem wellenlosen Meer verglichen, dessen Wasser ruhig und friedlich ist.	Es gibt verschiedene Arten von Gedanken, die aus der inneren Wirklichkeit aufsteigen und sich manifestieren. Halte an dieser Wirklichkeit fest, verschmelze mit dem innersten Wesen, das die eine Wirklichkeit ist, die alle Gedanken usw. hervorbringt, und sei dir alles anderen nicht gewahr. Dieser Zustand wird mit einer Flamme verglichen, die nicht durch Luftströme zum Flackern gebracht wird, sondern ruhig und gleichmäßig brennt.
Alle diese vier Arten von *Savikalpa Samadhi* sind mit Anstrengung verbunden.	Wenn diese beiden Arten von *Nirvikalpa Samadhi* nicht mit Anstrengung verbunden sind und man erkennt, dass das wellenlose Meer des äußeren *Samadhi* und die stetige Flamme des inneren *Samadhi* identisch sind, spricht man von *Sahaja Samadhi*.

F.: „Es heißt, dass jemand, der einundzwanzig Tage in *Nirvikalpa Samadhi* verweilt, notwendigerweise den physischen Körper aufgeben muss."

A.: „*Samadhi* bedeutet, darüber hinauszugehen. Die Nichtidentifikation des Körpers mit dem Selbst ist unumstößlich. Es soll Menschen geben, die seit tausend Jahren oder mehr in *Nirvikalpa Samadhi* versunken sind.

(1.) Das Festhalten an der Wirklichkeit ist *Samadhi*.

(2.) Das Festhalten an der Wirklichkeit mit Anstrengung ist *Savikalpa Samadhi*.

(3.) In der Wirklichkeit zu verschmelzen und sich der Welt nicht bewusst zu sein, ist *Nirvikalpa Samadhi*.

(4.) In der Unwissenheit zu verschmelzen und sich der Welt nicht bewusst zu sein, ist Schlaf (der Kopf ist geneigt), aber nicht in *Samadhi*.

(5.) Das Verbleiben im ursprünglichen, reinen, natürlichen Zustand ohne Anstrengung ist *Sahaja Nirvikalpa Samadhi*." [Talk 391]

F.: „Es heißt, dass Menschen, die Meditation usw. üben, neue Krankheiten bekommen. Jedenfalls spüre ich Schmerzen. Man sagt, dies seien Prüfungen Gottes. Stimmt das?"

A.: „Es gibt keinen Bhagavan (hier Gott) außerhalb von dir, und deshalb auch keine Prüfung. Was du als Prüfung oder neue Krankheit infolge spiritueller Praktiken ansiehst, ist in Wirklichkeit die Belastung, die jetzt durch die fünf Sinne auf deine Nerven usw. ausgeübt wird. Der Geist, der bisher durch die *Nadis* arbeitete, um äußere Objekte wahrzunehmen, und so eine Verbindung zwischen sich selbst und den Wahrnehmungsorganen usw. aufrechterhielt, muss sich jetzt aus dieser Verbindung zurückziehen. Dieser Vorgang des Rückzugs kann natürlich eine Belastung verursachen, wie eine Verstauchung, die mit Schmerzen einhergeht. Wenn du deine Meditation fortsetzt und deinen einzigen Gedanken auf das Verstehen deiner selbst oder die Selbstverwirklichung richtest, werden all diese Beschwerden verschwinden. Es gibt kein größeres Heilmittel als dieses kontinuierlichen Yoga oder die Vereinigung mit Gott oder dem *Atman*."

F.: „Ist Einsamkeit für einen *Jnani* nötig?"

A. „Einer mag inmitten der Welt sein und Gelassenheit bewahren. Ein solcher ist in Einsamkeit. Ein anderer mag sich in einsamen Wäldern aufhalten und unfähig sein, seinen Geist zu kontrollieren. Von ihm kann man nicht sagen, dass er in Einsamkeit ist. Ein Mensch, der dem Verlangen anhängt, kann keine Einsamkeit finden, wo immer er auch sein mag. Ein losgelöster Mensch ist immer in Einsamkeit. Selbst jemand, der mit Losgelöstheit arbeitet, arbeitet in Einsamkeit, und seine Arbeit berührt ihn nicht. Wenn die Arbeit mit Anhaftung ausgeführt wird, ist sie eine Fessel. Einsamkeit gibt es nicht nur in Wäldern. Man kann sie inmitten weltlicher Beschäftigungen haben." [Talk 20]

Als der Maharshi Herrn G. in seinem Schaukelstuhl sah, meinte er: „Welcher Grund zur Sorge bei solchem Luxus! Wenn ein anderer diesen Platz einnehmen würde, würde der Besitzer es nicht mögen. Ist das Schaukeln wirklich so angenehm? Es ist einfach ein verschwendeter Gedanke an Vergnügen."

„*Shiva* übergab *Vishnu* all seinen Besitz, wanderte in den Wäldern, der Wildnis und auf den Friedhöfen umher und lebte von der Nahrung, die er erbettelte. Seiner Ansicht nach ist Nicht-Besitz auf der Glücksskala höher als der Besitz von Dingen. Das höhere Glück besteht darin, frei von Ängsten zu sein. Besitz erzeugt Ängste, wie z.B. seine Bewahrung, seine Nutzung. Nicht-Besitz bringt keine Ängste mit sich. Deshalb übergab *Shiva* alles an *Vishnu* und ging glücklich weg. Der Verzicht auf Besitz ist das höchste Glück."

(Bhagavan erklärte: „Während meiner Trance, von der in „Self-Realization"[1] erzählt wird, hatte ich eine sehr klare Erfahrung. Plötzlich kam ein Licht von einer Seite und löschte die Weltsicht allmählich aus, bis es sich rundherum ausbreitete. Dann war die Sicht der Welt völlig verschwunden. Ich spürte, dass das Muskelorgan des Herzens aufgehört hatte zu arbeiten. Ich wusste, dass der Körper wie ein Leichnam war, dass der Blutkreislauf aufgehört hatte und der Körper blau und unbeweglich wurde. Vasudeva Sastri umarmte mich (den Körper), weinte über meinen Tod, aber ich konnte nicht sprechen. Die ganze Zeit über hatte ich das Gefühl, dass das Herzzentrum auf der rechten Seite so gut wie immer funktionierte. Dieser Zustand dauerte zwanzig Minuten. Dann schoss plötzlich etwas von rechts nach links, das einer in der Luft explodierenden Rakete glich. Der Blutkreislauf setzte wieder ein, und der normale Zustand war wiederhergestellt. Das Herz ist also das Zentrum des Körpers. Es kann in Abwesenheit des Körpers gefühlt werden, aber man sagt, es sei ein Zentrum, weil wir daran gewöhnt sind zu denken, dass wir im Körper sind. In Wirklichkeit befinden sich der Körper und alles andere nur in diesem Zentrum. Bei dieser Erfahrung war

---

[1] „Self-Realization" von B.V. Narasimha Swami, 2010, S. 253 f. Ramana erlitt einen Kreislaufzusammenbruch und machte dabei seine zweite Todeserfahrung. (Anm. d. Übers.)

ich nicht, wie im Buch beschrieben, unbewusst, sondern war mir die ganze Zeit über bewusst. Ich konnte spüren, wie die Tätigkeit des physischen Herzens aufhörte und die des Herzzentrums unbeeinträchtigt blieb." [Talk 408]

F.: „Es wird gesagt, dass das Herz rechts, links oder in der Mitte ist. Wie sollen wir bei solchen Meinungsverschiedenheiten über das Herz (*Hridaya*) meditieren?"

A: „Du weißt, dass du existierst. Und es ist eine Tatsache, dass *Dhyana* von dir und in dir ausgeführt wird. Es muss dort geschehen, wo du bist. Es kann nicht außerhalb von dir sein. Du bist also das Zentrum von *Dhyana*, und das ist das Herz. Es wird ihm jedoch nur in Bezug auf den Körper ein Ort zugewiesen. Wo bist du? Du bist im Körper und nicht außerhalb von ihm, aber nicht im ganzen Körper. Obwohl du den ganzen Körper durchdringst, gestehst du doch ein, dass es ein Zentrum gibt, von dem alle deine Gedanken ausgehen und in dem sie abklingen. Selbst wenn die Gliedmaßen amputiert sind, bist du immer noch da. Und auch mit verletzten Sinnen bist du immer noch da. Es muss also eingeräumt werden, dass es ein Bewusstseinszentrum gibt. Es wird das Herz genannt. Das Herz ist nur ein anderer Name für das Selbst. Die Zweifel entstehen nur, wenn man es mit etwas Greifbarem und Physischem identifiziert. Das Herz ist keine Vorstellung, kein Objekt für die Meditation. Aber es ist als Sitz der Meditation das Selbst und existiert allein." [Talk 403]

F.: „Ist Konzentration ein *Sadhana* (eine spirituelle Praxis)?"

A.: „Konzentration bedeutet, nicht an mehr als eine Sache zu denken. Es ist das Abstellen aller anderen Gedanken, die die Sicht auf unsere wahre Natur behindern. All unsere Bemühungen sind nur darauf gerichtet, den Schleier der Unwissenheit zu lüften. Jetzt scheint es schwierig zu sein, Gedanken zu unterdrücken, während man im erneuerten (geläuterten) Zustand feststellen wird, dass es noch schwieriger ist, Gedanken herbeizurufen! Warum sollten wir an Dinge denken, wenn es nur das Selbst gibt? Gedanken können nur funktionieren, wenn es Objekte gibt. Wie können dann überhaupt Gedanken entstehen? Die Gewohnheit lässt uns glauben, dass es schwierig ist, mit dem Denken aufzuhören. Wenn man den Irrtum erkennt, ist man nicht so töricht, sich unnötig mit Denken zu verausgaben."

F.: „Aber der Geist entgleitet unserer Kontrolle?"

A.: „Soll er. Denke nicht an ihn. Wenn du dich wieder besinnst, bringe ihn zurück und wende ihn nach innen. Das genügt. Niemand hat ohne Anstrengung Erfolg. Gedankenkontrolle ist kein Geburtsrecht. Die wenigen Erfolgreichen verdanken ihren Erfolg ihrer Beharrlichkeit." [Talk 398]

Der Maharshi sagte zu einem Bücherwurm: „Das, was du suchst, ist in dir selbst. Die Bücher sind außerhalb. Warum solltest du dann in die falsche Richtung schauen, indem du sie studierst? Sei es."

F.: „Welche Vereinigung bedeutet Yoga?"

A.: „Du bist der Suchende. Ist dieses ‚Etwas‘, mit dem die Vereinigung gesucht wird, außerhalb von dir? Du bist dir bereits des Selbst bewusst. Suche es, und es wird sich ins Unendliche ausdehnen. Sei es." [Talk 221]

F.: „Gibt es eine Droge, die die Meditation fördert?"

A.: „Nein, weil derjenige, der sie einnimmt, danach nicht mehr meditieren kann, ohne sie gewohnheitsmäßig zu nehmen."

F.: „Wie meditiert man?"

A.: „Alles, was du lernen musst, ist, deine Augen zu schließen und dich nach innen zu wenden."

5. Die Bedeutung der Philosophie

„Erzähl diesen Weg nicht allen. Nur den wenigen, die den Wunsch haben, die Wahrheit zu erfahren, und den Eifer zeigen, sie zu finden, soll man es sagen. Bei allen anderen sei still und halte ihn geheim."

F.: „Warum werden so viele Methoden erwähnt? Sri Ramakrishna sagt zum Beispiel, dass *Bhakti* das beste Mittel für *Mukti* sei."

A.: „Es kommt auf den Standpunkt des Aspiranten an. *Krishna* beginnt in der *Bhagavad Gita* (Kap. 2.12) mit den Worten: ‚Es gab keine Zeit, in der ich nicht existierte oder du oder diese Könige der Menschen. Es wird danach keine Zeit geben, in der einer von uns aufhören wird, zu sein. Denn das, was unwirklich ist, existiert niemals. Das Unwirkliche existiert nie, das Wirkliche existiert nie nicht. Alles, was jemals war, ist auch jetzt und wird immer sein.'

Später fuhr Krishna fort: ‚Ich lehrte *Vivasvat* (dem Sonnengott) diese Wahrheit. Er lehrte sie *Manu* (den Stammvater der Menschheit) usw.' (Kap. 4.1) *Arjuna* fragte: ‚Wie kann das sein. Du wurdest später geboren als die anderen?' Darauf antwortete *Krishna* (Kap. 4.4): ‚Oh *Arjuna*, ich habe viele Geburten durchlaufen und du auch. Ich kenne sie alle, aber du kennst die deinen nicht. Ich erzähle dir, was in diesen vergangenen Geburten geschah.'

Sieh, dieser *Krishna*, der am Anfang sagte: ‚Es gab keine Zeit, in der weder ich noch du noch diese Könige nicht existierten', sagt jetzt, dass er mehrere Geburten hinter sich hat. *Krishna* widerspricht sich nicht selbst, auch wenn es so aussieht. Er passt sich der Sichtweise *Arjunas* an und spricht zu ihm von seiner Ebene aus. In der Bibel gibt es eine parallele Stelle, in der Jesus sagt, dass er Abraham die Wahrheit gelehrt habe und Abraham Moses und so weiter. Die Lehren der Weisen sind der Zeit, dem Ort und der sonstigen Umgebung angepasst." [Talk 189]

„Wenn ein Mensch sich dem göttlichen Herrn als Sklave hingibt, erkennt er am Ende, dass alle seine Handlungen die Handlungen Gottes sind. Er verliert sein Mein. Das ist es, was mit ‚den Willen Gottes tun' gemeint ist. Dies ist *Siddhanta* (die endgültige Sichtweise, die feststehende Schlussfolgerung). Wenn ein Mensch erkennt, dass er sein *Ahamkara* (Ich-Sein) verloren hat und sich nicht von *Ishwara* unterscheidet, ist er ein *Jnani*. Das ist *Vedanta*. Aber sieh! Das Ziel ist dasselbe.

Es gibt zwei Wege, die einem offenstehen: *Bhakti* und *Jnana*. Ein *Bhakta* gibt sich Gott hin und ruht sicher in Seinem Schutz. Ein *Jnani* weiß, dass es nichts außer dem Selbst gibt, und bleibt daher glücklich. Man muss sich fest an einen dieser beiden Wege halten.

Dieser Pfad ist der höchste von allen und nur für fortgeschrittene Aspiranten geeignet. Diejenigen, die anderen Wegen folgen, sind nicht reif dafür, bis sie auf ihren eigenen Wegen fortgeschritten sind. [Siehe Spirituelle Unterweisung 2.2[1]]

Sie werden also wirklich durch die Gnade, sei es die des Gurus, des Selbst usw., auf diesen höchsten Pfad gebracht. Natürlich kann es sein, dass sie in früheren Existenzen die anderen Wege praktiziert haben und so reif für diesen geboren wurden. Andere probieren die anderen Wege aus und wenden sich schließlich, nachdem sie Fortschritte gemacht haben, der Selbsterforschung zu. Aber die letzten Etappen aller Wege sind die gleichen – die Hingabe des Egos.

Dies ist die einzig direkte Methode. Auch die anderen Methoden werden letztlich jeden zur Erforschung des Selbst führen.

Die anderen Methoden sind für diejenigen gedacht, die sich nicht auf die Erforschung des Selbst einlassen können." [Talk 266]

F.: „Welche Art von Lehre ist für junge Männer geeignet? Werden sie die nackte Wahrheit verstehen?"

A.: „Ihre Aufmerksamkeit kann gelegentlich in geeigneter Weise auf die Wahrheit gelenkt werden."

F.: „Was sagt Maharshi über *Hatha-Yoga* oder die tantrischen Praktiken?"

---

[1] F.: „Können alle Sucher diesen Weg der Ergründung einschlagen?"
A.: „Er ist nur für die reifen Seelen geeignet. Die anderen sollten verschiedenen Methoden folgen, je nach ihrem Geisteszustand." (Anm. d. Übers.)

A.: „Der Maharshi kritisiert keine der existierenden Methoden. Alle sind gut für die Reinigung des Geistes, denn nur der gereinigte Geist ist in der Lage, diese Methode zu begreifen und an ihrer Praxis festzuhalten."

F.: „Welches ist das beste der verschiedenen Yogas?"

A.: „Siehe Vers zehn in *Upadesa Saram*.[1]

Die anderen Yogas sind mindere Wege. Dies ist der höhere und direkte Pfad. Alle anderen Wege sind für diejenigen gedacht, die unfähig zur Selbstergründung sind. Auch sie führen letztlich zum *Vichara*." [Talk 189]

F.: „Warum ist *Atma Vichara* nötig?"

A.: „Wenn du kein *Atma Vichara* machst, dann schleicht sich *Loka Vichara* (die Erforschung der Welt) ein. Das, was man nicht sieht, wird gesucht, aber nicht das, was offensichtlich ist. Wenn du einmal gefunden hast, wonach du suchst, hört auch das Forschen auf, und du ruhst darin." [Talk 186]

F.: „Welche Meditation wird mir helfen?"

A.: „Keine Meditation über ein Objekt ist hilfreich, und zwar aus diesem Grund. Du musst lernen, Subjekt und Objekt als eins zu erkennen. Wenn du über ein Objekt meditierst, sei es konkret oder abstrakt, zerstörst du dieses Gefühl der Einheit und schaffst Dualität. Meditiere nur über das Selbst. Versuche zu erkennen, dass der Körper nicht du bist, die Emotionen nicht du sind, der Intellekt nicht du bist. Wenn all diese Dinge zur Ruhe kommen, wirst du feststellen: Etwas anderes ist da. Halte es fest, damit es sich offenbart."

F.: „Aber wenn ich alles beruhigt habe, schlafe ich fast ein?"

A.: „Das spielt keine Rolle. Versetze dich in einen Zustand, der so tief wie Schlaf ist, und wache dann. Schlafe bewusst. Dann gibt es nur das eine Bewusstsein."

F.: „Ist Yoga eine gute Methode der Annäherung?"

---

[1] „Den Geist in seinem ursprünglichen Zustand (der stillen Ruhe) im Raum des Herzens zu festigen, ist zweifellos die (Essenz aller) Yogas – *Karma-*, *Bhakti-*, *Raja-* und *Jnana-Yoga*."

A.: „Am Ende gibt es nur einen Zugang zum Ziel, nämlich durch die Verwirklichung des Selbst. Warum also Zeit auf anderen Wegen verschwenden, die bestenfalls zum endgültigen Pfad führen? Es ist besser, die ganze Zeit auf dem endgültigen Pfad zu sein, als auf einem Nebenweg. Meditiere darüber, was das Selbst ist. Das ist alles. Es gibt nichts anderes, als die Antwort darauf zu finden. Sieh das Selbst in allem. Handle sozusagen spontan. Lass ‚es' anwesend sein, und es wird immer verfügbar sein. Kümmere dich nicht um Ergebnisse. Tu was richtig ist und belasse es dabei."

6. Der Verstand

„Zweifel oder Ungewissheit gehören zum Geist oder Verstand und haben keinen Platz in dieser Vollkommenheit der Verwirklichung."

„Der Stolz auf das Lernen und der Wunsch nach Anerkennung werden verurteilt, nicht das Lernen selbst. Bildung und Lernen führen zur Suche nach der Wahrheit, und Demut ist gut." [Talk 253]

F.: „Ist dann all unser intellektueller Fortschritt nichts wert?"

A.: „Wessen Verstand macht Fortschritte? Finde es heraus."

F.: „Was sind die Hindernisse für die Verwirklichung der Wirklichkeit?"

A.: „Vor allem das Gedächtnis, Denkgewohnheiten und angesammelte Neigungen."

F.: „Wie kann man sich von diesen Hindernissen befreien?"

A.: „Finde auf diese Weise das Selbst durch Meditation. Verfolge jeden Gedanken bis zu seinem Ursprung zurück, der der Geist ist. Erlaube niemals, dass der Gedanke weitergeht. Wenn er das tut, wird es unendlich sein. Bringe ihn zurück zu seiner Quelle, die der Geist ist, und sie (die Gedanken und der Geist) werden durch Untätigkeit sterben, denn der Geist existiert nur durch Gedanken. Nimm den Gedanken weg, und es gibt keinen Geist. Wenn Zweifel und Depression aufkommen, frage dich: ‚Wer ist es, der zweifelt? Wer ist es, der deprimiert ist?' Reiß alles aus, bis nur noch die Quelle übrig ist. Lebe nur in der Gegenwart."

F.: „Wie kann ich Fortschritte machen?"

A.: „Warum sollte man das Ego zurechtstutzen? Das ist genau das, was es will – das Zentrum der Anziehung sein!"

7. Die Merkmale der philosophischen Übung

F.: „Warum fällt es mir manchmal so leicht, mich auf das Selbst zu konzentrieren, und ein anderes Mal ist es hoffnungslos schwer?"

A.: „Wegen der *Vasanas*. Aber eigentlich ist es einfach, denn wir sind das Selbst. Alles, was wir tun müssen, ist, uns daran zu erinnern. Wir vergessen es immer wieder und denken daher, wir seien dieser Körper oder dieses Ego. Wenn der Wille und der Wunsch, sich an das Selbst zu erinnern, stark genug sind, überwinden sie schließlich die *Vasanas*. Es muss die ganze Zeit ein großer innerer Kampf geführt werden, bis das Selbst verwirklicht ist. Dieser Kampf wird in den heiligen Schriften symbolisch als der Kampf zwischen Gott und Satan beschrieben. In unserer *Sruti* (vedischen Offenbarung) ist es ein *Mahabharata*-Krieg, in dem die *Asuras* (Dämonen) unsere schlechten Gedanken und die *Devas* (Götter) unsere erhebenden Gedanken darstellen."

F.: „Wie kann man diese Verwirklichung beschleunigen?"

A.: „In dem Maße, wie man sich bemüht, das wahre Ich zu erkennen, fallen die Anhaftung an Objekte, die schlechten und erniedrigenden Gedanken allmählich ab. Je weniger man das Selbst vergisst, desto mehr erhabene Eigenschaften haben wir. Die Verwirklichung wird schließlich kommen."

F.: „Warum heißt es in einer *Upanishad*: ‚Derjenige, den der *Atman* erwählt, dem allein offenbart er sich, nicht den anderen'? Erscheint dies nicht willkürlich?"

A.: „Nein. Es ist richtig. Er wählt nur diejenigen aus, die sich Ihm hingeben, die Seine Verehrer werden. Es zieht solche Anhänger nach innen zu sich selbst. Man muss sich nach innen wenden, um den *Atman* zu finden. Wer an Ihn denkt, wird von Ihm angezogen.

Alle Gedanken wie ‚Die Verwirklichung ist schwer' oder ‚Die Selbstverwirklichung ist weit weg von mir' oder ‚Ich muss viele Schwierigkeiten überwinden, um die Wirklichkeit zu erkennen', sollten aufgegeben werden, denn sie sind Hindernisse. Sie werden von diesem falschen Selbst, dem Ego, geschaffen. Sie sind unwahr. Zweifle nicht daran, dass du die Wirklichkeit bist. Lebe in diesem Verständnis. Stelle es niemals in Frage, indem du deine Verwirklichung auf einen zukünftigen Zeitpunkt verschiebst. In der *Gita* heißt es, dass nur wenige von Millionen Menschen das Selbst erkennen, weil die Menschen Opfer solcher falschen Gedanken sind und von ihnen hypnotisiert werden.

Die Ordnung der *Asramas* (vier Lebensstufen) wurde als allgemeines Prinzip eingeführt, d.h. um die allmähliche Entwicklung der normalen Menschheit zu regeln. Aber im Fall eines hochgradig reifen Menschen, der voll und ganz für *Atman Vichara* reif ist, gibt es keine abgestufte Entwicklung. In diesem Fall sind *Jnana Vichara*, d.h. die Selbsterforschung und das Erblühen von *Jnana*, unmittelbar und schnell.“

F.: „Bin ich würdig, ein Verehrer zu sein?“

A.: „Jeder kann ein Verehrer sein. Die spirituelle Nahrung ist allen gemeinsam und wird niemandem verwehrt.“

An einen verzweifelten Devotee: „Man muss fragen: ‚Wer ist verzagt?‘ Es ist das Phantom des Egos, das solchen Gedanken zum Opfer fällt. Im Schlaf ist der Mensch nicht betrübt. Der Schlafzustand ist der normale Zustand. Erforsche ihn und finde es heraus. Findet man in der Meditation nicht eine Art von Frieden? Das ist das Zeichen des Fortschritts. Dieser Friede wird mit fortgesetzter Praxis tiefer und anhaltender. Er führt auch zum Ziel.“ [Talk 73]

„In dem Maße, in dem du sagst, dass du unwissend bist, bist du weise, und das macht deinen Weg zur Beseitigung der Unwissenheit leichter. Ist derjenige ein Verrückter, der sagt, dass er verrückt ist?“ [Talk 398]

„Die Kontrolle des Verlangens und die Meditation hängen voneinander ab. Sie müssen Hand in Hand gehen. *Abhyasa* und *Vairagya* bringen das Ergebnis hervor. *Vairagya* bedeutet, den nach außen gerichteten Geist zu kontrollieren. *Abhyasa* bedeutet, ihn nach innen gerichtet zu halten. Es gibt einen Kampf zwischen Kontrolle und Meditation. Er findet ständig im Inneren statt. Die Meditation wird zu gegebener Zeit erfolgreich sein.“ [Talk 220]

„Wenn du Gott von ganzem Herzen suchst, dann kannst du sicher sein, dass die Gnade Gottes auch dich sucht.“

F.: „Was ist zu tun, wenn wir vom Weg abgekommen sind?“

A.: „Es wird am Ende alles gut. Es gibt die beständige Entschlossenheit, die dich nach einem Sturz oder einer Unterbrechung wieder auf die Beine bringt. Allmählich werden die Hindernisse schwächer und dein Strom stärker. Am Ende wird alles gut. Man braucht stetige Entschlossenheit." [Talk 29]

F.: „Die Neigungen lenken mich ab. Kann man sie loswerden?"

A.: „Ja. Andere haben das getan. Deshalb glaube es. Sie haben es getan, weil sie glaubten, dass sie es tun können. Es kann durch Konzentration auf Das geschehen, was frei von Veranlagungen und doch ihr Kern ist." [Talk 28]

„Wenn die Sehnsucht da ist, wird die Verwirklichung erzwungen, auch wenn du sie nicht willst." [Talk 265]

F.: „Ist es nötig, Eigenschaften zu entwickeln?"

A.: „Nur Anfängern wird gesagt, dass sie verschiedene Eigenschaften entwickeln sollen. Für die Fortgeschrittenen reicht es aus, in ihr Wesen zu schauen. Dies ist die direkte Methode. Bei den anderen Wegen ist das Ego beteiligt. Diese Methode allein beantwortet die Frage, was das Ego ist. Das *Yoga Vasistha* sagt, dass die Frage ‚Wer bin ich‘ die Axt ist, die an die Wurzeln des Egos gelegt wird und es zerstört."

F.: „Ich fürchte, dass es nicht leicht ist, dieses endgültige Ziel zu erreichen."

A.: „Warum solltest du dich durch Angst oder Sorge um den Erfolg oder Misserfolg deines Kurses lähmen lassen? Mach weiter.

Gib dich der tiefen Meditation hin. Wirf alle anderen Überlegungen des Lebens von dir. Das berechnende Leben wird nicht von spirituellem Erfolg gekrönt sein."

„Ja, vollständige Hingabe ist am Anfang unmöglich. Teilweise Hingabe ist sicherlich für alle möglich. Im Laufe der Zeit wird sie zur vollständigen Hingabe führen. Wenn eine teilweise Hingabe unmöglich ist, was kann dann getan werden? Dann gibt es keinen Seelenfrieden. Du bist hilflos, ihn herbeizuführen. Er kann nur durch Hingabe erreicht werden." [Talk 224]

„In der Tat mag es kein einziges Individuum auf der Welt geben, das alle Eigenschaften in Vollkommenheit besitzt, die für einen *Mumukshu* (eine reife Seele) notwendig sind, wie es in den *Yoga Sutras* etc. erwähnt wird.

Dennoch sollte das Streben nach *Atman Jnana* nicht aufgegeben werden. Jeder ist das Selbst durch *Aparoksha* (unmittelbares oder direktes Wissen), obwohl er sich dessen nicht bewusst ist, sondern das Selbst mit dem Körper identifiziert und sich elend fühlt." [Talk 192]

„Wann immer du einen Gedanken an eine Schwierigkeit hast, entledige dich seiner, indem du versuchst herauszufinden, woher er kommt."

F.: „Kann ich das Selbst verwirklichen? Es sieht so schwierig aus."

A.: „Du bist bereits das Selbst. Deshalb ist die Verwirklichung für jeden möglich. Die Verwirklichung kennt keinen Unterschied zwischen den Aspiranten. Genau dieser Zweifel, ob ich verwirklichen kann, oder das Gefühl, dass ich nicht verwirklicht habe, sind die Hindernisse. Sei auch von diesen frei."

F.: „Wie kann ich von diesen widersprüchlichen Gedanken frei werden, wenn ich die Erfahrung nicht gemacht habe?"

A.: „Auch diese sind im Geist. Sie sind da, weil du dich mit dem Körper identifiziert hast. Wenn diese falsche Identität wegfällt, verschwindet die Unwissenheit, und die Wahrheit wird enthüllt." [Talk 251]

F.: „Stimmst du dem Gleichnis von Jesus zu, in dem die Frau die verlorene Münze sucht, bis sie sie findet?"[1]

A.: „Warum nicht? In diesem Gleichnis wird deutlich, dass Gott sich um die Seelen kümmert. Seine Gnade ist immer für die menschliche Seele verfügbar. Der Mensch muss sie nur annehmen. Du weißt, dass die Sonne scheint. Wenn du deine Augen schließt und sagst, es gäbe keine Sonne, ist das deine Schuld, nicht die der Sonne. Wenn du die Gnade Gottes nicht wahrnimmst, heißt das nicht, dass Gott nicht gewillt ist, sondern dass du dich Ihm nicht vollständig hingegeben hast. Gott ist Gnade.

---

[1] Das Gleichnis von der verlorenen Drachme: „Wenn eine Frau zehn Drachmen hat und eine davon verliert, zündet sie dann nicht eine Lampe an, fegt das Haus und sucht sorgfältig, bis sie die Drachme findet? Und wenn sie diese gefunden hat, ruft sie die Freundinnen und Nachbarinnen zusammen und sagt: ‚Freut euch mit mir, denn ich habe die Drachme wiedergefunden, die ich verloren hatte!' Ebenso, sage ich euch, herrscht bei den Engeln Gottes Freude über einen einzigen Sünder, der umkehrt." – Lukas 15,8-10 (Einheitsübersetzung 2016) (Anm. d. Übers.)

Du wirst je nach deinem *Pakkuvam* (deiner Entwicklung, Bereitschaft, Reife) die Gnade erkennen."

8. Die Philosophie der Empfindung und Wahrnehmung

Der Maharshi sagte zu mir: „Was ist es, das sieht? Die physischen Augen? Nein. Es ist der Geist. Wenn der Geist durch die Augen schaut, dann sieht er. Wenn er sich zurückzieht, sieht er nichts."

F.: „Hat der Körper irgendeinen Wert für das Selbst?"

A.: „Ja, durch die Hilfe des Körpers wird das Selbst verwirklicht."

F.: „Was ist mit der Ernährung?"

A.: „Die Nahrung beeinflusst den Geist, macht ihn *sattvisch* (lebendig, vibrierend, rhythmisch) für die Praxis jeder Art von Yoga. Vegetarismus ist absolut notwendig."

F.: „Kann man spirituelle Erleuchtung erhalten, während man fleischliche Nahrung zu sich nimmt?"

A.: „Ja, aber man sollte sie allmählich aufgeben und sich an *sattvische* Nahrungsmittel gewöhnen. Wenn du jedoch die Erleuchtung erlangt hast, wird es weniger wichtig sein, was du isst, so wie es bei einem großen Feuer unerheblich ist, welcher Brennstoff hinzugefügt wird."

9. Die Illusion von Zeit, Raum und dem Äußeren

Als man dem Maharshi einen neuen Kalender überreichte, sagte er: „Du bringst einen neuen Kalender, um mir zu helfen, mich an die Tage zu erinnern, weil ich oft ernsthaft daran zweifle, welches Jahr es ist. Für mich ist die Zeit eins."

Ich sagte zum Maharshi, dass eine bestimmte Verabredung, die ich gehabt hatte, Zeitverschwendung gewesen sei. Er lächelte: „Es gibt keine Zeit. Wie kannst du sie verschwenden?"

F.: „Hat die Entfernung irgendeinen Einfluss auf die Gnade des Gurus?"

A.: „Zeit und Raum sind in uns." [Talk 127]

„Die Zeit ist nur eine Vorstellung. Es gibt nur die Wirklichkeit. Was auch immer du dir darunter vorstellst, das ist es. Wenn du es Zeit nennst, ist es Zeit. Wenn du es Existenz nennst, ist es Existenz, und manche, die es Zeit nennen, unterteilen es in Tage, Monate und Jahre. Die Wirklichkeit kann nicht neu sein. Sie muss schon jetzt existieren, und das tut sie auch. In diesem Zustand gibt es keine Gegenwart, keine Vergangenheit und keine Zukunft. Sie ist jenseits der Zeit. Sie ist immer da.

Sri *Krishna* sagt: ,Ich bin die Zeit.' Kann die Zeit eine Form haben? Selbst die universelle Schau, die *Krishna Arjuna* auf der physischen Ebene zeigt, ist absurd. Der Seher ist auch im Gesehenen. Sogar ein Hypnotiseur kann einen dazu bringen, seltsame Szenen zu sehen. Du nennst dies einen Trick, aber das andere göttlich. Warum dieser Unterschied? Alles, was gesehen wird, kann nicht real sein. Das ist die Wahrheit."

F.: „Ich werde dieses Mal drei oder vier Jahre im Osten bleiben."

A.: „,Denkt nicht an den morgigen Tag', hat Jesus gesagt."

10. Die Lehre des Denkvorgangs

„Das Universum ist nur eine Vorstellung. Es ist das Herz, das all diese Formen annimmt. Es wird der Zeuge genannt, in dem kein Ego und kein Gefühl
der Persönlichkeit zurückbleibt."

„Appar (ein großer tamilischer Heiliger) war alt und gebrechlich, doch er
begab sich auf die Reise zum Berg Kailash. Unterwegs begegnete er einem
anderen alten Mann. Dieser versuchte, ihn von dem Versuch abzubringen,
indem er sagte, es sei schwierig, dorthin zu gelangen. Appar war hartnäckig.
Der Fremde bat ihn daraufhin, in einem nahegelegenen Becken ein Bad zu
nehmen. Appar tat dies und fand den Kailash an Ort und Stelle. Wo hat sich
das zugetragen? In Tiruvaiyar, einem Ort neun Meilen von Tanjore entfernt.
Wenn Tiruvaiyar wirklich der Kailash wäre, müsste es auch anderen so erscheinen. Aber es war nur für Appar so. In ähnlicher Weise werden auch
andere Pilgerorte im Süden als Wohnorte *Shivas* betrachtet. Devotees fanden, dass es so ist. Von ihrem Standpunkt aus ist es wahr. Alles ist im Inneren. Es gibt nichts außerhalb." [Talk 278]

„Der universelle Geist (spirit) identifiziert sich fälschlicherweise mit dem
grobstofflichen Körper. Der Körper wurde vom Geist (mind) projiziert. Der
Geist (mind) ist aus dem universellen Geist (spirit) hervorgegangen. Wenn
die falsche Identifikation aufhört, wird es Frieden und dauerhafte, ununterbrochene Glückseligkeit geben. Leben ist Existenz, die dein Selbst ist. Das
ist das ewige Leben. Kannst du dir sonst eine Zeit vorstellen, in der du nicht
bist? Dieses Leben ist nicht durch den Körper bedingt, doch du identifizierst
deine Existenz fälschlicherweise mit der des Körpers. Du bist das unbe-
dingte Leben. Diese Körper haften als mentale Projektionen an dir, und du
wirst von der ‚Ich-bin-der-Körper'-Vorstellung geplagt. Wenn diese Vorstellung aufhört, bist du dein Selbst." [Talk 396]

„Im Schlaf existierst du sogar ohne den Körper. Dann entsteht das Ego, und
dann existiert der Geist, der den Körper projiziert. Du sagst, dass er geboren
wurde und dass er sterben wird, und überträgst ihn so auf das Selbst, indem
du sagst, dass du geboren wurdest und dass du sterben wirst. In Wirklichkeit
existierst du im Schlaf ohne den Körper, so wie du jetzt mit dem Körper
existierst. Das Selbst kann unabhängig vom Körper existieren. Der ‚Ich-bin-

der-Körper'-Gedanke ist Unwissenheit. Dass der Körper nicht getrennt vom Selbst existiert, ist daher Wissen. Der Körper ist eine mentale Projektion."

„Der Körper-Gedanke ist eine Ablenkung vom Selbst. Wer hat einen Körper oder wird geboren? Nicht das Selbst, der Geist (spirit). Es ist das Nicht-Selbst, das sich für getrennt hält.

So wie ein Geizhals seine Schätze immer bei sich behält und sich nie von ihnen trennt, so bewahrt das Selbst die *Vasanas* in dem Bereich auf, der ihm am nächsten ist, nämlich im Herzen. Das Herz strahlt Lebenskraft auf das Gehirn aus und bewirkt so dessen Funktion. Die *Vasanas* sind in ihrer subtilsten Form im Herzen eingeschlossen und werden später auf das Gehirn projiziert, das sie mit hoher Vergrößerung reflektiert. Auf diese Weise wird die Welt in Gang gesetzt, und deshalb ist die Welt nichts anderes als eine Filmvorführung." [Talk 402]

„Die Welt ist nicht äußerlich. Die Sinneseindrücke können keinen äußeren Ursprung haben, denn die Welt kann nur durch das Bewusstsein wahrgenommen werden. Die Welt sagt nicht, dass sie existiert. Du bist es, der sagt, dass sie existiert. Sie ist dein Eindruck. Doch dieser Eindruck besteht nicht ununterbrochen. Im Schlaf wird die Welt nicht wahrgenommen. Sie existiert nicht für einen schlafenden Menschen. Daher ist die Welt das Ergebnis des Egos. Finde das Ego. Seine Quelle ist das endgültige Ziel."

„Die Welt ist ein Ergebnis deines Geistes. Erkenne deinen Geist." [Talk 53]

„Die Welt ist nur ein Phänomen, das in diesem reinen Bewusstsein erscheint. Das reine Bewusstsein selbst ist unbeeinflusst." [Talk 251]

„Das Universum ist wie ein Gemälde auf einer Leinwand. Das, was aufsteigt und untergeht, besteht aus dem, woraus es aufsteigt. Die Endgültigkeit des Universums ist das Selbst." [Talk 219]

F.: „Sieht der verwirklichte Weise die Welt?"

A.: „Ja. Aber seine Sichtweise ist anders. Kinobilder bewegen sich, aber geh und versuche, sie festzuhalten. Was hältst du fest? Nur die Leinwand. Lass die Bilder verschwinden. Was bleibt übrig? Wieder die Leinwand. So auch hier. Selbst wenn die Welt erscheint, sieht der *Jnani* sie nur als eine Manifestation des Selbst." [Talk 65]

„Es gibt nur einen Geist, der durch die fünf Sinne wirkt. Es gibt eine Kraft, die durch die Sinne wirkt. Die Arbeit der Sinne beginnt und endet. Es muss eine Grundlage geben, von dem ihre Aktivitäten abhängen, eine einzige Grundlage." [Talk 363]

„Der grobstoffliche Körper ist nur die konkrete Form des subtilen Stoffs, des Geistes." [Talk 215]

F.: „Vielleicht kann ich nicht hierher zurückkehren und erbitte Bhagavans Gnade."

A.: „Wohin gehst du denn? Du gehst nirgendwo hin. Selbst wenn man annimmt, dass du der Körper bist, ist dein Körper von Lucknow nach Tiruvannamalai gekommen? Du bist einfach im Auto oder in diesem oder jenem Transportmittel gesessen, das sich bewegt hat, und schließlich sagst du, du seist hierhergekommen. Tatsache ist, dass du nicht der Körper bist. Das Selbst bewegt sich nicht, aber die Welt bewegt sich in ihm. Du bist nur das, was du bist. Es gibt keine Veränderung in dir. Selbst wenn es so aussieht, als würdest du von hier weggehen, bist du hier und dort und überall. Nur die Szenen ändern sich." [Talk 251]

„Alle Schriften dienen nur dem Zweck, zu untersuchen, ob es zwei Bewusstsein gibt. Die Erfahrung eines jeden beweist, dass es nur ein Bewusstsein gibt. Es gibt nur ein Bewusstsein. Aber wir sprechen von mehreren Arten von Bewusstsein wie Körperbewusstsein, Selbstbewusstsein usw. Ohne Bewusstsein gibt es keine Zeit und keinen Raum. Sie erscheinen im Bewusstsein. Es ist wie eine Leinwand, auf die Bilder geworfen werden, die sich wie in einer Kinovorstellung bewegen. Das absolute Bewusstsein ist unsere wahre Natur." [Talk 199]

F.: „Woher kommen diese Objekte?"

A.: „Genau von dort, wo du aufsteigst. Das Subjekt enthält auch das Objekt. Dieser eine Aspekt ist ein allumfassender Aspekt. Sieh zuerst dich selbst und dann die Objekte. Was nicht in dir ist, kann nicht im Außen erscheinen."

„Ein Beispiel aus dem Kino: Du bist die Leinwand. Das Selbst hat das Ego erschaffen. Das Ego hat seine Gedanken, die der Welt wie Kinobilder vorgeführt werden. Diese Gedanken sind die Welt. Aber in Wirklichkeit gibt es nichts außer dem Selbst. Sie sind alle Projektionen des Ichs." [Talk 199]

75

„Was wirklich ist, kann niemals unwirklich werden und umgekehrt. Die Welt wird im Schlaf unwirklich. Daher hat sie nie Wirklichkeit besessen. Aber das Sein, das Ich, existiert immer. Daher ist es immer wirklich."

L. Kamesvara Sarma fragte Sri Ramana Maharshi: „Du befürwortest die *Maya*-Lehre. Aber ich kann mein Gefühl von der Wirklichkeit dieses Stuhls nicht mit deiner Behauptung von seiner Unwirklichkeit in Einklang bringen."

Der Maharshi antwortete: „Die Wurzel deiner Schwierigkeit liegt in der verwirrenden Vermischung von zwei getrennten Vorstellungen zu einer: dem Ich und dem Körper. Wenn du dir des Stuhls bewusst bist, ist das der Gedanke, der auf den ursprünglichen Gedanken ‚Ich bin der Körper' folgt. Letzterer ist die Grundlage all deiner Gedanken der Welterfahrung. Er taucht zuerst auf. Erst dann können sie kommen. Wenn er also nicht auftaucht, wie im Tiefschlaf, kann auch die Welterfahrung nicht in dein Bewusstsein gelangen. Von diesen beiden Gedanken ist der Ich-Gedanke der beständige, während der Körper-Gedanke ein flüchtiger ist. Das zeigt sich in Träumen, in denen du zwar noch das Gefühl des Ichs hast, aber kein Bewusstsein des physischen Körpers. So sind alle deine körperlichen Erfahrungen und die damit verbundenen Welterfahrungen nichts anderes als das, was in deinen Geist eintritt. Das ist es, was ich meine, wenn ich sage, dass der Geist nichts als Gedanken ist. Das Ich ist das einzige wirkliche Wesen, weil es das einzige dauerhafte ist. Finde es, nachdem du die Gedanken angehalten hast."

11. Die Täuschung der Welterfahrung

F.: „Sind die Steine usw. dazu bestimmt, immer so zu sein, wie sie sind?"

A.: „Wer sieht Steine? Sie werden von deinem Geist wahrgenommen. Sie sind also in deinem Geist. Wessen Geist ist es? Der Fragesteller muss sich selbst finden. Wenn er das Selbst gefunden hat, wird sich diese Frage nicht stellen. Das Selbst ist vertrauter als die Objekte. Finde das Subjekt, und die Objekte werden sich um sich selbst kümmern. Die Objekte werden von verschiedenen Personen gesehen, je nach ihrer Sichtweise, und es werden Theorien entwickelt. Aber wer ist der Seher, der Erkennende dieser Theorien? Du bist es. Finde dein Selbst. Dann ist Schluss mit den Launen des Geistes." [Talk 211]

Als die Nachricht vom Tod König Georgs V. in den Ashram gebracht wurde, füllten sich Chadwicks Augen mit Tränen, und die anderen Schüler fühlten halb weinend mit ihm. Schließlich ergriff der Maharshi das Wort, nachdem er die ganze Zeit geschwiegen hatte: „Ihr unklugen Menschen!" rief er aus. „Ihr könnt sogar sterben, um euer wahres Selbst zu finden, und dann ohne Tod leben. Warum kümmert ihr euch dann um den Tod einer dritten Person? Das Selbst geht nicht zugrunde, sondern nur der Körper. Befreit euch von euren materialistischen Anschauungen." [Talk 236]

Als P.B.s (Paul Bruntons) Hauskaninchen von einer wilden Katze getötet wurde, sagte der Maharshi auf den Ausdruck des Bedauerns von jemandem: „Der Geist (spirit) des Kaninchens ist immer noch in der Nähe von Brunton. Er ist nicht weggegangen. Macht euch keine Sorgen mehr um es. Es ist tot, also seid ruhig."

„Wir lesen eine Zeitung und alle darin enthaltenen Artikel, sind aber nicht an dem Papier interessiert. Wir nehmen die Spreu, aber nicht die Substanz. Die Grundlage, auf dem all dies gedruckt ist, ist das Papier. Wenn wir die Grundlage kennen, ist alles andere bekannt. Das EINE allein ist *Sat*, die Existenz. Es ist das Papier, während die Welt, die Dinge, die wir sehen, und wir selbst die gedruckten Wörter sind.

Es gibt ein Ende für das, was du beobachtest. Das, was geschaffen wurde, wird zerstört oder findet ein Ende. Das, was nicht geschaffen wurde, hat kein Ende. Das, was existiert, kann nicht beobachtet werden. Es ist nicht beobachtbar. Wir müssen herausfinden, was es ist, das erscheint. Die Zerstörung dessen, was erscheint, ist sein Ende. Das, was existiert, existiert für immer. Das, was erscheint, ist verloren (wenn wir erkennen, dass es keine unabhängige Existenz hat).

Was ist es, das geboren wurde? Wen nennst du einen Menschen? Wenn man, anstatt nach Erklärungen für Geburt, Tod und dem Leben nach dem Tod zu suchen, die Frage stellt, wer und wie man jetzt ist, werden sich diese Fragen nicht stellen. Du bist derselbe, während du tief schläfst, im Traum und im Wachzustand. Ist der Ich-Gedanke oder der Körper der *Jiva*? Ist dieser Gedanke unsere Natur?" [Talk 186]

„Es ist der Körper, der Schmerz empfindet. Im Selbst gibt es keinen Schmerz."

„Dieses äußere Universum ist für den verwirklichten Menschen eine Kinovorstellung. Die Vorstellung ist frei und geht Tag und Nacht weiter! Er lebt und arbeitet darin in dem Wissen, dass ihre Objekte und Körper (Personen) illusionäre Erscheinungen sind, so wie ein gewöhnlicher Mensch weiß, dass die Szenen und Figuren auf der Kinoleinwand Illusionen sind und im wirklichen Leben nicht existieren. Aber der gewöhnliche Mensch hält die äußeren Objekte des täglichen Lebens für wirklich, während der Verwirklichte sie nur als illusionäre Kinobilder sieht."

„Das Universum existiert nicht getrennt vom Selbst. Die ganze Evolution, alle äußeren Objekte werden aus dem Selbst herausgesponnen und verschwinden in ihm. Wohin verschwindet die Welt, wenn wir in den Tiefschlaf eintreten? Dann existieren wir, aber die Welt existiert nicht mehr. Das Selbst ist also die Grundlage, die dem Universum Realität verleiht. Wenn unser Selbst nicht existieren würde, gäbe es kein Universum für uns. Die Wirklichkeit liegt also im Selbst, nicht im Universum. Der verwirklichte Mensch wird sich dessen bewusst."

„Dieses Selbst ist die Leinwand. Das Universum und seine Ereignisse sind die Kinobilder, die darauf gezeigt werden. Die Leinwand verändert sich nicht, aber die Bilder sind vergänglich und verändern sich."

„Der Weise macht wie der Unwissende die Erfahrung, dass er der Körper ist, aber während letzterer glaubt, dass das Selbst auf den Körper beschränkt ist, glaubt der Weise, dass der Körper nicht vom Selbst getrennt bleiben kann. Das Selbst ist für ihn unendlich und schließt auch den Körper mit ein."

F.: „Was sind die ersten Schritte zur spirituellen Praxis?"

A.: „Am Anfang muss einem gesagt werden, dass man nicht der Körper ist, weil man denkt, dass man nur der Körper ist, während man der Körper und alles andere ist. Der Körper ist nur ein Teil. Man soll sich darüber im Klaren sein. Man muss zuerst *Chit* (Bewusstsein) von *Jada* (Trägheit) unterscheiden und nur das *Chit* sein. Man muss das Empfindungsfähige vom Nicht-Empfindungsfähigen unterscheiden. Später muss man erkennen, dass *Jada* nichts anderes als *Chit* ist. Das ist Unterscheidung. Das anfängliche *Viveka* (Unterscheidung) muss bis zum Ende bestehen bleiben. Seine Frucht ist *Moksha* (Befreiung). [Talk 192]

F.: „Gibt es die himmlischen Welten wirklich?"

A.: „Solange du diese Welt für wirklich hältst, sind auch sie wirklich. Warum sollten sie nicht existieren?"

F.: „Aber sind diese Welten nur Vorstellungen?"

A.: „Alles ist in Wirklichkeit für dich eine Vorstellung. Nichts erscheint dir, außer durch den Geist und als seine Vorstellung."

F.: „Wo sind dann diese Welten?"

A.: „Sie sind in dir." [Talk 487]

„Menschen können als Tiere wiedergeboren werden, was von dem letzten Gedankengang oder der letzten Gemütslage vor dem Tod abhängt." (Dies wiederum wird durch die vorherrschenden Gedanken während des Lebens hervorgerufen.)

F.: „Es gibt eine Religion namens Christian Science[1], die eine ähnliche Lehre vertritt. Ist sie richtig?"

A.: „Ja, aber denke nicht an die Folgen."

---

[1] Die Christian Science ist eine von Mary Baker Eddy (1821–1910) entwickelte theologische Richtung und Kirche. Die materielle Welt und auch Krankheiten werden als Illusion betrachtet. Das Gebet soll Heilung bewirken. (Anm. d. Übers.)

F.: „Was ist mit Zahnschmerzen?"

A.: „Der Schmerz ist im Geist. Was geschieht mit den Zahnschmerzen im Schlaf? Fühlst du dann den Schmerz? Nein. Im Selbst bist du immer in Glückseligkeit." [Talk 451]

F.: „Die Heilungen der Christian Science beruhen auf demselben Prinzip."

A.: „Ja, und auch durch Willenskraft werden ähnliche Ergebnisse erzielt. Der Wille und das Selbst sind dasselbe. Denke an das Selbst trotz der Stechmücken oder Zahnschmerzen. Es braucht Kraft, aber man muss ein Held sein, um Verwirklichung zu erlangen."

F.: „Was ist der Tod?"

A.: „Geburt und Tod, Vergnügen und Schmerz, kurz gesagt, die Welt und das Ego existieren im Geist. Wenn der Geist zerstört wird, werden all diese Dinge ebenfalls zerstört. Beachte, dass er vernichtet und nicht zur Ruhe gebracht werden muss. Der Geist ruht im Schlaf. Er weiß nichts. Doch wenn du aufwachst, bist du wie zuvor. Es gibt kein Ende des Kummers. Aber wenn der Geist zerstört wird, hat der Kummer keinen Hintergrund und verschwindet zusammen mit dem Geist." [Talk 195]

F.: „Kann ein Mensch als ein niederes Tier wiedergeboren werden?"

A.: „Ja, das ist möglich, wie die Anekdote von Jada Baratha zeigt." (Dies bezieht sich auf die Geschichte eines Heiligen, der so sehr an einem Reh hing, dass er als Reh wiedergeboren wurde.)

F.: „Ist der *Jiva* in einem Tierkörper zu spirituellem Fortschritt fähig?"

A.: „Das ist nicht ausgeschlossen. Es ist allerdings äußerst selten." [Talk 198]

F.: „Was ist der Tod?"

A.: „Der Tod ist ein Zwischenschlaf zwischen zwei aufeinanderfolgenden Geburten, während der Schlaf zwischen zwei Wachzuständen (*Jagrats*) liegt. Beide sind vergänglich." [Talk 206]

„Ein Sanskrit-Sprichwort sagt: ‚Die Ehefrau ist die Hälfte des Körpers des Ehemannes.' Es ist zweifellos eine sehr traurige Sache für den Ehemann, wenn seine Frau stirbt. Wenn man beginnt, sich für den *Atman* zu halten, gibt es überhaupt keinen Kummer. Den Schriften zufolge ist ihm seine Frau lieb, weil sie ihn erfreut, da sie nach seinen Wünschen handelt. Wenn all dies zum Vergnügen des *Atman* geschieht, wo ist dann der Kummer? Trotzdem verlieren selbst Menschen, die einen Einblick in das wahre Wissen bekommen haben, ihr geistiges Gleichgewicht bei solchen Schicksalsschlägen.

Während des Schlafes ist man glücklich. Das Selbst war im Schlaf glücklich und hat die Frau nicht gesehen. Aber jetzt, im Wachzustand, genießt dasselbe Selbst, das im Schlaf glücklich war, aufgrund der Anwesenheit weltlicher Dinge Glück oder Unglück. Warum sollte das Glück, das das Selbst im Schlaf genießt, nicht auch im Wachzustand genossen werden? Den Körper fälschlicherweise für den *Atman* zu halten, ist das Hindernis für den Genuss von *Ananda* (Glückseligkeit).

Das, was existiert hat, ist immer gegenwärtig, und das, was nie existiert hat, kann nicht existieren. Was wird geboren? Was ist es, das stirbt? Wachen ist Geburt, und Schlafen ist Tod. Hat dich deine Frau begleitet, wenn du deinen Pflichten nachgegangen bist und wenn du geschlafen hast? Sie hielt sich getrennt von dir irgendwo auf, aber du dachtest, dass sie lebte. Jetzt, nach ihrem Tod, denkst du, dass sie nicht mehr existiert. Der Unterschied in Bezug auf deine Frau liegt also in der Art der Gedanken, die deinen Kummer darüber begründen, dass sie nicht mehr existiert.

Das Ganze ist eine Schöpfung deines Geistes. Der Gedanke, dass die Frau nicht mehr existiert, wird als Kummer bezeichnet. Das Ganze ist eine mentale Vorstellung. Das eigene Selbst, das von Natur aus voller Glück ist, erzeugt auch Kummer. Warum sollte es Kummer über die Toten geben, wenn sie doch von der Knechtschaft befreit sind? Das Selbst erzeugt Kummer, indem es in die Gedanken an den Toten eintritt. Warum sollte man sich darum kümmern, ob eine Person tot ist oder existiert?

Du musst dein persönliches Ego zerstören. Es gibt überhaupt keinen Kummer, wenn das eigene Ego tot ist. Das Ablassen vom Ich-Empfinden, solange der Körper besteht, nennt man die Vernichtung des Egos. Wenn das Ego nicht ausgelöscht wird, bedauert der Mensch den Tod sicherlich. Man weint um Menschen, die tot sind, aber wenn das Ich vor ihrem Tod ausgelöscht wurde, gibt es keine Notwendigkeit, um sie zu weinen.

Unsere Erfahrung von Glück ist nur während des Tiefschlafes erfahrbar, wenn wir aufgehört haben, an unseren Körper zu denken. Selbst ein weiser Mensch, ein *Jnani*, spricht von körperloser Befreiung. Deshalb wartet er darauf, dass er seinen Körper ablegen kann. So wie ein Koch, der eine Last auf dem Kopf trägt, sich erleichtert fühlt, sobald er sein Ziel erreicht hat und sie von seinem Kopf auf den Boden legt, so verbringt ein *Jnani* seine Zeit damit, diese Last seiner Verkörperung in Fleisch und Blut abzuwerfen.

Deshalb sollte der Tod der Ehefrau, die als halber Körper des Ehemannes bezeichnet wird, ihn von der Hälfte seiner Last befreien und daher glücklich machen. Aber es wird nicht so gesehen, da wir diese Dinge durch unsere physischen Sinne wahrnehmen. Sogar *Jnanis*, obwohl sie weise Männer sind, sind sich der Notwendigkeit der Entkörperlichung für die endgültige Befreiung vollkommen bewusst, sprechen aber dennoch von Befreiung im Körper."

F.: „Was ist der Zustand kurz vor dem Tod?"

A.: „Wenn ein Mensch nach Luft schnappt, bedeutet das, dass er sich dieses Körpers nicht bewusst ist. Während er nach Luft schnappt, befindet er sich in einer Art Traum und ist sich seiner gegenwärtigen Umgebung nicht bewusst." [Talk 247]

F.: „Stellt der neue Körper, der an diesem Zustand beteiligt ist, die nächste Reinkarnation der Person dar?"

A.: „In diesem Fall ja, aber es gibt auch in anderen Fällen einen Zeitraum zwischen den Geburten. Einige werden sofort wiedergeboren, andere erst nach einiger Zeit. Einige wenige werden nicht auf dieser Erde wiedergeboren, sondern erhalten Erlösung aus den höheren Regionen, und sehr wenige werden hier und jetzt absorbiert." [Talk 276]

Zu einem Buddhisten: „Die Vorstellung der Vielfalt kommt mit dem Körperbewusstsein, das zu einem bestimmten Zeitpunkt entstanden ist. Es hat einen Ursprung und ein Ende. Was entsteht, muss etwas sein. Was ist dieses Etwas? Es ist das Ich-Bewusstsein. Wenn man seine Quelle findet, erkennt man das Absolute Bewusstsein.

Kann die Welt existieren, ohne dass es jemanden gibt, der sie erkennt? Was ist zuerst: das Seins-Bewusstsein oder das aufsteigende Bewusstsein?

Ersteres ist immer da und ewig. Letzteres steigt auf und verschwindet. Es ist vergänglich." [Talk 53]

F.: „Was ist Illusion?"

A.: „Finde heraus, für wen die Illusion besteht, und sie wird verschwinden. Es ist töricht, über sie zu sprechen, denn sie ist außerhalb von uns und unbekannt, während der Suchende im Inneren ist und erkannt werden muss. Finde das Unmittelbare und Vertraute und nicht das, was fern und unbekannt ist." [Talk 17]

F.: „'*Brahman* ist wirklich, die Welt ist eine Illusion' ist *Shankaras* Standardaussage. Andere sagen, die Welt sei wirklich. Was stimmt?"

A.: „Beides. Sie beziehen sich auf verschiedene Stufen der Entwicklung. Der Aspirant beginnt mit der Definition, dass das Wirkliche immer existiert. Dann schließt er die Welt als unwirklich aus, weil sie sich verändert und daher nicht wirklich sein kann. Letztendlich erreicht er das Selbst und findet dort die Einheit. Dann wird das, was ursprünglich als unwirklich abgelehnt wurde, als Teil der Einheit erkannt. Da die Welt in der Wirklichkeit aufgeht, ist sie auch wirklich. In der Verwirklichung gibt es nur Existenz und nichts anderes." [Talk 33]

„Die *Vedantins* sagen, dass die Manifestation von *Maya* die Darstellung des Kosmos im reinen Bewusstsein ist, wie Bilder in einem Spiegel. Die Bilder können nicht in Abwesenheit eines Spiegels bestehen bleiben. So kann auch die Welt keine unabhängige Existenz haben. Sri *Shankara* sagt, dass das Absolute ohne Attribute ist. Worin besteht der Unterschied? Beide stimmen darin überein, dass die Darstellung unwirklich ist. Die Unwirklichkeit der Welt wird im *Samkhya* angedeutet, während sie im *Vedanta* ausdrücklich erwähnt wird.

Es gibt keinen Unterschied zwischen Materie und Geist (spirit). Die moderne Wissenschaft gibt zu, dass alle Materie Energie ist. Energie ist *Shakti*. Daher sind alle in *Shiva* und *Shakti*, d.h. im Selbst und Geist aufgelöst. Die Körper sind bloße Erscheinungen. Es gibt keine Wirklichkeit in ihnen als solche." [Talk 288]

F.: „Warum wird *Maya* aktiv?"

A.: „Wie kann diese Frage aufkommen? Du befindest dich selbst in ihrem Schoß. Stehst du abseits von dieser universellen Aktivität, um diese Frage zu stellen? Dieselbe Macht erhebt diesen Zweifel, damit alle Zweifel endlich aufhören." [Talk 399]

„*Maya* ist nur die *Ishwara-Shakti* oder die Aktivität der Wirklichkeit." [Talk 399]

F.: „Was ist Existenz?"

A.: „Sie unterliegt der Geburt und dem Verfall, um uns daran zu erinnern, dass sie nicht unser wahrer Zustand ist."

12. Die Täuschung der Ego-Erfahrung

F.: „Wie kann man den Geist kontrollieren?

A.: „Der Geist ist nicht greifbar. In Wirklichkeit existiert er nicht. Der sicherste Weg, ihn zu kontrollieren, ist, ihn zu suchen. Dann hören seine Aktivitäten auf." [Talk 194]

„Suche den Geist. Wenn er gesucht wird, verschwindet er. Der Geist ist nur ein Bündel von Gedanken. Die Gedanken entstehen, weil es den Denker gibt. Der Denker ist das Ego. Wenn das Ego gesucht wird, verschwindet es von selbst. Das Ego und der Geist sind ein und dasselbe." [Talk 195]

„Das Ego ist der Wurzelgedanke, aus dem alle anderen Gedanken entstehen. Tauche nach innen. Du bist dir jetzt bewusst, dass der Geist aus dem Inneren aufsteigt. Tauche also nach innen und suche ihn.

Du brauchst das falsche Ich nicht zu beseitigen. Wie kann das Ich sich selbst beseitigen? Alles, was du tun musst, ist, seinen Ursprung zu finden und dort zu verweilen. Deine Bemühungen können nur so weit reichen. Dann wird das Jenseitige für sich selbst sorgen. Du bist dort hilflos. Keine Anstrengung kann es erreichen." [Talk 197]

„Das Individuum kann nicht ohne das Selbst existieren, aber das Selbst ohne das Individuum."

„Unsere Analysen sind beendet, das heißt, soweit es den Intellekt betrifft. Aber sie sind nicht genug. Das Nicht-Ich zu eliminieren, ist nicht genug. Der Prozess ist nur intellektuell. Die Wahrheit kann nicht direkt aufgezeigt werden. Daher der Prozess. Jetzt beginnt die wirkliche innere Suche. Der Ich-Gedanke ist die Wurzel, die jetzt an ihrer Quelle gesucht werden muss. Finde heraus, wer er ist, und bleibe dort." [Talk 197]

F.: „Ist der analytische Prozess rein intellektuell, oder zeigt er vorwiegend Empfinden?"

A.: „Letzteres." [Talk 27]

„Das persönliche Ich ist ein Spiegelbild des wirklichen Selbst im Geist. Stelle dir die Frage ‚Wer bin ich?' Der Körper und seine Funktionen sind nicht Ich. Erkunde weiter. Die Sinne und ihre Funktionen sind nicht Ich. Geh tiefer. Der Geist und seine Funktionen sind nicht Ich. Der nächste Schritt ist die Frage: ‚Woher kommen diese Gedanken?' Die Gedanken sind spontan, oberflächlich oder analytisch. Wer ist sich ihrer bewusst? Dem Einzelnen werden ihre Existenz und Funktionsweise bewusst. Die Analyse führt zu dem Schluss, dass die Individualität als das Bewusstsein der Existenz der Gedanken wirksam ist. Dies ist das Ego.

Erkunde weiter: ‚Wer ist dieses Ich, und woher kommt es?' Analysiere den Schlaf. ‚Ich bin' liegt den drei Zuständen – Schlaf, Wachen und Traum – zugrunde. Nachdem wir alles Nicht-Selbst verworfen haben, finden wir das, was übrig bleibt – das absolute Selbst. Sowohl die Welt als auch das Ego sind objektiv und müssen bei der Analyse eliminiert werden. Durch die Eliminierung des Unwirklichen überlebt das Wirkliche. Um dies zu erreichen, muss der Geist eliminiert werden, der der Schöpfer der dualistischen Vorstellung und des Egos ist. Der Geist ist eine Form der Lebensmanifestation." [Talk 25]

F.: „Ist diese Methode schneller als die Entwicklung von Eigenschaften, die für die Erlösung nötig sind?"

A.: „Alle schlechten Eigenschaften sind mit dem Ego verbunden. Wenn das Ego verschwunden ist, ist die Verwirklichung eine Selbstverständlichkeit. Im Selbst gibt es weder gute noch schlechte Eigenschaften. Das Selbst ist frei von allen Eigenschaften. Eigenschaften gehören nur dem Geist an." [Talk 146]

„Die Ergründung sollte sein, wo das Ich ist." [Talk 257]

„Nach dem Auftauchen des Ich-Gedankens wird das Ich irrtümlich mit dem Körper, den Sinnen, dem Geist usw. identifiziert. Das Selbst wird fälschlicherweise mit ihnen in Verbindung gebracht. Das wahre Selbst wird aus dem Blick verloren. Um das reine Ich von dem verunreinigten Ich zu trennen, wird das Ablegen (der Hüllen) erwähnt. Aber es bedeutet nicht genau das Ablegen des Nicht-Selbst, sondern das Finden des wahren Selbst. Das wahre Selbst ist das unendliche ‚Ich-Ich' in Vollkommenheit. Es ist ewig. Es hat keinen Ursprung und kein Ende. Das andere Ich wird geboren und stirbt. Es ist unbeständig. Beobachte, wer die wechselnden Gedanken hat. Du wirst feststellen, dass sie nach dem Ich-Gedanken auftauchen. Halte den Ich-

Gedanken fest, und sie klingen ab. Spüre die Quelle des Ich-Gedankens auf, und das Selbst allein bleibt übrig." [Talk 266]

„Die Wurzel der Gedanken ist das Ego, *Ahankara*.

Zu sagen ‚Ich bin nicht der Körper', sondern ‚Ich bin das Selbst' ist immer noch nicht korrekt. Im wahren Sein gibt es keinen Ich-Gedanken.

Lass uns herausfinden, ob alle Gedanken auf einen einzigen Gedanken als Ausgangsbasis zurückgeführt werden können. Siehst du nicht, dass der Gedanke oder die Ich-Vorstellung, die Vorstellung der Persönlichkeit, ein solcher Grundgedanke ist?

Die Persönlichkeit, *Antahkarana*, ist ein Medium. Sie ist das, was wir *Sukshma-sarira* (feinstofflicher Körper)[1] nennen, der als Medium zwischen dem Körper und dem Selbst wirkt. Er kann sich dem Körper oder dem Selbst zuwenden und in beidem aufgehen.

Der Ich-Gedanke ist nicht rein. Er ist durch die Verbindung mit dem Körper und den Sinnen verunreinigt. Sieh, wer das Problem hat. Es ist der Ich-Gedanke. Halte ihn fest, dann werden die anderen Gedanken aufhören."

F.: „Ja, aber wie man das macht, das ist das ganze Problem."

A.: „Denke ‚Ich-Ich-Ich' und halte an diesem einen Gedanken fest, um alle anderen Gedanken auszuschließen." [Talk 266]

F.: „Was ist Selbsthingabe?"

A.: „Sie ist dasselbe wie Selbstkontrolle. Kontrolle wird durch die Beseitigung von *Samskaras* erreicht. Das Ego unterwirft sich nur, wenn es die höhere Macht anerkennt. Eine solche Anerkennung ist Hingabe. Die Unterwerfung unter sie ist Selbstbeherrschung. Andernfalls bleibt das Ego wie die in einen Turm gemeißelte Statue stecken und erweckt durch seinen angestrengten Blick den Anschein, dass es den Turm auf seinen Schultern trägt.[2] Das

---

[1] Er besteht aus *Prana* (Lebensatem), *Manas* (Geist) und *Vijnana* (Erkenntnis).
[2] s. Ulladu Narpadu Suppement, V. 17: „Obwohl Gott die Last der Welt trägt, tut das falsche Ich so, als würde es sie tragen, und schneidet eine Grimasse wie die Figur am Tempelturm, die den ganzen Turm auf ihrem Kopf zu tragen scheint. Wer ist daran schuld, wenn der Reisende sein Gepäck nicht im Wagen ablegt, der jede Last tragen kann, sondern es auf dem Kopf behält und darunter leidet?"

Ego kann ohne die höhere Macht nicht existieren, denkt aber, dass es aus eigenem Antrieb handelt."

„Ein Reisender in einem Eisenbahnzug behält seine Last durch seine eigene Torheit auf dem Kopf. Soll er sie ablegen. Er wird feststellen, dass die Last trotzdem ihr Ziel erreicht. In ähnlicher Weise sollten wir uns nicht als die Handelnden aufspielen, sondern uns der leitenden Kraft überlassen." [Talk 398]

„Die Sehnsucht nach Schlaf oder die Angst vor dem Tod besteht, wenn der Geist aktiv ist, und nicht in den jeweiligen Zuständen selbst. Der Geist weiß, dass das Körperwesen fortbesteht und nach dem Schlaf wieder auftaucht. Deshalb ist der Schlaf nicht mit Furcht verbunden, sondern mit der Freude an einem Nicht-Körper. Es wird keine Existenz gesucht. Andererseits ist sich der Geist nicht sicher, ob er nach dem sogenannten Tod wieder auftaucht, und fürchtet ihn deshalb."

„Das Ego entspringt dem Selbst und ist nicht von ihm getrennt. Daher muss das Ego nur zurückverfolgt werden, damit es mit seiner Quelle verschmelzen kann. Der Kern des Ichs wird das Herz genannt." [Talk 398]

F.: „Was ist der Tod? Ist er nicht der Untergang des Körpers?"

A.: Wünschst du ihn nicht im Schlaf? Was geht dann schief?"

F.: „Aber ich weiß, dass ich aufwachen werde."

A.: „Ja, wieder ein Gedanke. Es gibt den vorhergehenden Gedanken: ‚Ich werde aufwachen.' Die Gedanken beherrschen das Leben. Freiheit von Gedanken ist das wahre Wesen des Menschen – Glückseligkeit. Der Tod ist ein Gedanke und nichts anderes. Wer denkt, bewirkt Unruhe. Lass den Denker sagen, was mit ihm im Tod geschieht. Das wahre Ich ist still. Man sollte nicht denken: ‚Ich bin dies, ich bin nicht das'. ‚Dies' oder ‚das' zu sagen, ist falsch. Es sind Begrenzungen. Nur ‚Ich bin' ist wahr. Die Stille ist Ich." [Talk 248]

F.: Wenn ein Mensch, den wir lieben, stirbt, entsteht Kummer. Sollen wir solchen Kummer vermeiden, indem wir entweder alle gleich lieben oder überhaupt nicht lieben?"

A.: „Wenn ein Mensch stirbt, gibt es Trauer für den anderen, der lebt. Der Weg, den Kummer loszuwerden, ist, nicht zu leben. Töte den, der trauert. Wer wird dann übrig bleiben, um zu leiden? Das Ego muss sterben. Das ist der einzige Weg. Die beiden Alternativen laufen auf denselben Zustand hinaus. Wenn alles das Selbst ist, wen kann man dann noch lieben oder hassen?" [Talk 252]

„Es gibt eine Gruppe Menschen, die alles über ihre zukünftigen und vergangenen Geburten wissen wollen. Sie ignorieren die Gegenwart. Die Last der Vergangenheit ist das gegenwärtige Elend. Warum sollte man sich an die Vergangenheit erinnern? Das ist Zeitverschwendung." [Talk 260]

„Das Selbst ist die Elektrizität, der Dynamo. Der Verstand ist die Schalttafel, während der Körper die Lampe ist. Wenn die *Karma*-Stunde kommt, um den Tod zu bringen, schaltet der Verstand den Strom ab und entzieht dem Körper das Lichtleben. Sowohl Geist als auch Vitalität sind Manifestationen der höchsten Lebenskraft, des Selbst."

F.: „Können uns die Yogis die Toten zeigen?"

A.: Sie können es vielleicht, aber bitte mich nicht, sie zu zeigen, denn ich kann es nicht. Haben wir unsere Verwandten vor ihrer Geburt gekannt, damit wir sie nach ihrem Tod kennen sollten?" [Talk 36]

F.: Was geschieht mit einem Menschen nach dem Tod?"

A.: „Beschäftige dich mit der lebendigen Gegenwart. Die Zukunft wird sich um sich selbst sorgen. Mach dir keine Gedanken über die Zukunft. Der Zustand vor der Schöpfung und der Prozess der Schöpfung werden in den Schriften behandelt, damit du die Gegenwart kennen kannst. Weil du sagst, dass du geboren bist, sagen sie es auch. Was ist Geburt? Handelt es sich um den Ich-Gedanken oder um den Körper? Ist das Ich vom Körper getrennt oder identisch? Wie ist dieser Ich-Gedanke entstanden? Ist der Ich-Gedanke dein Wesen? Oder ist etwas anderes dein Wesen?" [Talk 238]

„Das Ich des *Jnani* schließt den Körper ein, identifiziert sich aber nicht mit ihm. Denn für ihn kann es nichts außer dem Ich geben. Wenn der Körper abfällt, gibt es keinen Verlust für das Ich. Das Ich bleibt dasselbe. Wenn der Körper sich tot fühlt, soll er sich die Frage stellen. Da er träge ist, kann er das nicht. Das Ich stirbt nie und stellt keine Fragen. Wer stirbt dann? Wer fragt?"

F.: „Siehst du die Toten?"

A.: „Ja, im Traum." [Talk 36]

F.: „Wo entspringt das Ego?"

A.: „Seele, Geist, Ego sind nur Worte. Es gibt keine wahren Entitäten dieser Art. Das Bewusstsein ist die einzige Wahrheit." [Talk 244]

„Das Vergessen deiner wahren Natur ist der wahre Tod. Das Erinnern daran ist die wahre Geburt. Sie setzt den aufeinanderfolgenden Geburten ein Ende. Du hast dann das ewige Leben. Wie entsteht das Verlangen nach dem ewigen Leben? Weil der gegenwärtige Zustand unerträglich ist. Und warum? Weil er nicht dein wahres Wesen ist. Wäre er dein wahres Wesen, gäbe es keinen Wunsch, der dich beunruhigt. Wie unterscheidet sich der gegenwärtige Zustand von deinem wahren Wesen? Du bist in Wahrheit Geist (Spirit)." [Talk 396]

„Der Mensch hält sich für begrenzt. Daraus ergibt sich das Problem. Die Vorstellung ist falsch. Im Schlaf gab es keine Welt, kein Ego und keine Schwierigkeiten. Etwas wacht aus diesem glücklichen Zustand auf und sagt ‚Ich'. Diesem Ego erscheint die Welt. Das Auftauchen des Egos ist die Ursache für die Schwierigkeiten. Er soll das Ego zu seiner Quelle zurückverfolgen, und er wird die undifferenzierte glückliche Quelle erreichen, einen Zustand, der schlafloser Schlaf ist. Das Selbst ist immer da. Die Weisheit scheint nur zu dämmern, obwohl sie natürlich ist." [Talk 63]

F.: „Sind das Ego und das Selbst dasselbe?"

A.: „Das Selbst kann ohne das Ego sein, aber das Ego kann nicht ohne das Selbst sein. Egos sind wie Blasen im Meer.

Unreinheiten und weltliche Anhaftungen betreffen nur das Ego. Das Selbst bleibt rein und unbeeinflusst."

„All dies sind nur mentale Konzepte. Du identifizierst dich jetzt mit einem falschen Ich, das der Ich-Gedanke ist. Dieser Ich-Gedanke steigt auf und sinkt, während die wahre Bedeutung des Ichs dies nicht kann. Es kann keinen Bruch in deinem Wesen geben." [Talk 222]

„Der Vater deines persönlichen Ichs ist der wahre Ich-Gott. Versuche, die Quelle des individuellen Ichs herauszufinden. Dann wirst du das andere Ich erreichen. Wenn das Individuum verschwindet, verschwinden auch die Begierden."

F.: „Früher war ich sehr selbständig. Jetzt habe ich Angst vor dem Alter. Die Leute lachen über mich."

A.: „Selbst wenn du sagst, du seist selbständig, war es nicht so. Du warst vom Ego abhängig. Wenn du das Ego loslässt, wirst du stattdessen echte Selbstständigkeit erlangen. Dein Stolz war lediglich der Stolz des Egos. Solange du dich mit dem Ego identifizierst, wirst du auch andere als Individuen erkennen, und dann gibt es Raum für Stolz. Lass das fallen, und lass auch das Ego der anderen fallen. Dann gibt es keinen Raum mehr für Stolz." [Talk 151]

„Solange das Gefühl des Getrenntseins besteht, wird es quälende Gedanken geben. Wenn die ursprüngliche Quelle wiederhergestellt und das Gefühl der Trennung beendet ist, herrscht Frieden. Denke daran, was passiert, wenn ein Stein hochgeworfen wird. Er verlässt seinen Ursprung, wird nach oben geschleudert, versucht herunterzukommen und ist immer in Bewegung, bis er zu seinem Ursprung zurückkehrt, wo er in Ruhe ist. So verdunstet auch das Wasser des Ozeans, bildet Wolken, die von Winden bewegt werden, kondensiert zu Wasser und fällt als Regen. Und das Wasser rauscht in Bächen und Flüssen die Hügel hinunter, bis es seine ursprüngliche Quelle, das Meer, erreicht, wo es in Frieden ist.

Du siehst also, dass dort, wo es ein Gefühl der Trennung von der Quelle gibt, Unruhe und Bewegung entsteht, bis das Gefühl des Getrenntseins verloren ist. So ist es auch mit dir selbst. Jetzt, wo du dich mit dem Körper identifizierst, denkst du, dass du getrennt bist. Du musst deine Quelle zurückgewinnen, bevor diese falsche Identität aufhört und du glücklich bist. Gold ist kein Schmuckstück, aber das Schmuckstück ist nichts als Gold. Welche Formen das Schmuckstück auch immer annehmen mag und wie unterschiedlich die Formen der Schmuckstücke auch sein mögen, es gibt nur eine Realität, nämlich Gold.

So ist es auch mit den Körpern und dem Selbst. Die Wirklichkeit ist das Selbst. Sich mit dem Körper zu identifizieren und dennoch nach Glück zu streben, ist wie der Versuch, einen See auf dem Rücken eines Alligators zu durchqueren. Die Körperidentität ist auf das Nach-Außen-Gerichtet-Sein und das Umherschweifen des Geistes zurückzuführen. In diesem Zustand zu verharren, führt nur dazu, dass man sich in einem endlosen Wirrwarr verstrickt und es keinen Frieden gibt.

Suche nach deiner Quelle, verschmelze mit dem Selbst und bleibe ganz eins. Wiedergeburt bedeutet in Wirklichkeit Unzufriedenheit mit dem gegenwärtigen Zustand und den Wunsch, dort geboren zu werden, wo es keine Unzufriedenheit gibt. Die Geburt des Körpers kann das Selbst nicht beeinflussen. Das Selbst bleibt immer bestehen, auch wenn der Körper vergeht. Die Unzufriedenheit ist auf die falsche Identifizierung des ewigen Selbst mit dem vergänglichen Körper zurückzuführen. Der Körper ist ein notwendiges Anhängsel des Ichs. Wenn das Ego getötet wird, offenbart sich das ewige Selbst in seiner ganzen Herrlichkeit. Der Körper ist das Kreuz, Jesus, der Menschensohn, ist das Ego oder die ‚Ich-bin-der-Körper'-Vorstellung. Wenn er gekreuzigt wird, wird er wieder auferstehen, ein glorreiches Selbst, Jesus, der Sohn Gottes. ‚Gib dieses Leben auf, wenn du leben willst.'" [Talk 396]

„Ein *Jnani* zermalmt das Ego an seiner Quelle. Es erhebt sich auch bei ihm immer wieder wie bei dem Unwissenden, getrieben von der Natur, d.h. von *Prarabdha*. Sowohl im Unwissenden als auch im *Jnani* keimt das Ego auf, aber mit diesem Unterschied: Wenn das Ego des Unwissenden aufsteigt, weiß es nichts von seiner Quelle und ist sich ihrer im Tiefschlaf, Traum und Wachzustand nicht bewusst, wohingegen ein *Jnani* seine transzendentale Erfahrung mit diesem Ego genießt, wenn es aufsteigt, und seine *Lakshya* (sein Sehvermögen) immer auf seine Quelle richtet. Sein Ego ist nicht gefährlich. Es ist nur das Ascheskelett eines verbrannten Seils. Obwohl es eine Form besitzt, ist es unwirksam. Indem wir unser *Lakshya* ständig auf unsere Quelle richten, wird unser Ego aufgelöst."

F.: „Wie wird die Verwirklichung ermöglicht?"

A.: „Es gibt das absolute Selbst, von dem ein Funke ausgeht wie von einem Feuer. Dieser Funke wird Ego genannt. Im Falle des Unwissenden identifiziert er sich gleichzeitig mit seinem Auftauchen mit einem Objekt. Er kann nicht unabhängig von dieser Verbindung bleiben. Diese Verbindung ist die Unwissenheit, deren Zerstörung das Ziel unserer Bemühungen ist. Wenn die objektivierende Tendenz des Egos abgetötet wird, bleibt es rein und verschmilzt mit seiner Quelle. Wir können uns von dem trennen, was äußerlich ist, aber nicht von dem, was eins mit uns ist. Das Ego ist also nicht eins mit dem Körper. Dies muss im Wachzustand erkannt werden." [Talk 286]

„Die Frage ‚Wer bin ich?' ist die Axt, um das Ego abzuhacken." [Talk 146]

„Der Intellekt strebt immer nach äußerem Wissen und verlässt das Wissen über seinen eigenen Ursprung." [Talk 45]

„Der Geist ist nur die Identität des Selbst mit dem Körper. Es ist ein falsches Ego, das erschaffen wird. Es erschafft seinerseits falsche Phänomene und scheint sich in ihnen zu bewegen. Wenn die falsche Identität verschwindet, wird die Wirklichkeit sichtbar. Das bedeutet nicht, dass die Wirklichkeit jetzt nicht da ist. Sie ist immer da und ewig dieselbe." [Talk 46]

„Der Geist erhebt sich nach dem Aufstieg des Ich-Gedankens oder des E-gos." [Talk 244]

F.: „Wie wird man den Egoismus los?"

A.: „Wenn du siehst, was das Ego wirklich ist, reicht das aus, um es loszuwerden. Es ist das Ego selbst, das sich bemüht, sich loszuwerden. Wie kann es also sterben? Wenn das Ego verschwinden soll, dann muss es von etwas anderem getötet werden. Wird es jemals einwilligen, Selbstmord zu begehen? Erkenne also zuerst, was das wahre Wesen des Egos ist, und es wird von selbst gehen. Untersuche das Wesen des Egos. Das ist der Prozess der Verwirklichung. Wenn man erkennt, was sein wahres Wesen ist, dann wird man das Ego los. Bis dahin sind unsere Bemühungen so, als würde man seinem eigenen Schatten hinterherjagen. Je mehr man vorankommt, desto weiter entfernt sich der Schatten. Wenn wir unser eigenes Selbst verlassen, dann manifestiert sich das Ego. Wenn wir unser wahres Wesen suchen, dann stirbt das Ego. Wenn wir in unserer eigenen Wirklichkeit sind, dann brauchen wir uns nicht um das Ego zu kümmern." [Talk 146]

„Suche deine Quelle. Finde heraus, woher der Gedanke ‚Ich' kommt. Welches Objekt können wir mit größerer Sicherheit kennen als unser Selbst? Das ist direkte Erfahrung und kann nicht weiter beschrieben werden.

Wenn das gegenwärtige Ich geht, wird der Geist als das erkannt, was er ist – ein Mythos. Was übrig bleibt, ist das reine Selbst. Im Tiefschlaf existiert das Selbst ohne Wahrnehmung von Körper und Welt. Dann herrscht Glück." [Talk 54]

F.: „Du sagst, dass wir das göttliche Zentrum in uns selbst finden sollen. Wenn jedes Individuum ein Zentrum hat, gibt es dann Millionen von göttlichen Zentren?"

A.: „Es gibt nur ein Zentrum, um das es keinen Umfang gibt. Tauche tief in dich hinein und finde es."

„Wenn man über Ihn oder den Seher, das Selbst, meditiert, gibt es die mentale Schwingung ‚Ich', auf die alles reduziert ist. Wenn man der Quelle des Ichs nachspürt, bleibt allein das ursprüngliche ‚Ich-Ich' übrig, und es ist unbeschreiblich." [Talk 219]

F.: „Gibt es nicht ein unveränderliches und ein veränderliches Selbst?"

A.: „Die Wandelbarkeit ist bloß ein Gedanke. Alle Gedanken entstehen nach dem Auftauchen des Ich-Gedankens. Sieh, wem diese Gedanken kommen. Dann transzendierst du sie, und sie verschwinden. Das heißt, wenn du der Quelle des Ich-Gedankens nachspürst, erkennst du das vollkommene ‚Ich-Ich'. ‚Ich' ist der Name des Selbst." [Talk 266]

F.: „Wirken sich Gedächtnis, Schlaf und Tod auf das Ich aus?"

A.: „Es herrscht Verwirrung aufgrund der Nicht-Unterscheidung zwischen dem falschen und dem wirklichen Ich. Diese drei Attribute und Modi beziehen sich auf das falsche Ich."

Das *Vivekachudamani*[1] macht deutlich, dass das künstliche Ich des *Vijnanamaya Kosha* (die Hülle des Verstands) eine Projektion ist und man durch sie hindurch nach dem wahren Prinzip des Ichs suchen muss." [Talk 406]

F.: „Was ist das Ego-Selbst?"

A.: „Das Ego erscheint und verschwindet. Es ist vergänglich, während das wahre Selbst dauerhaft bleibt."

---

[1] „Kronjuwel der Unterscheidung", ein Haupttext von Adi *Shankara*, den Bhagavan von Sanskrit ins Tamil übersetzt hat.

F.: „Was ist Niederwerfung?"

A.: „Es bedeutet das Absinken des Egos. Was ist Absinken? In der Quelle zu verschmelzen. Gott lässt sich nicht durch äußere Kniebeugungen und Verneigungen täuschen. Er sieht, ob das Ego da ist oder nicht." [Talk 363]

„ICH BIN ist der Ozean, und die individuellen Egos sind Blasen darin. Blasen vergehen."

F.: „Was ist mit schlimmen Zuständen, zum Beispiel Geburt und Tod?"

A.: „Zuerst kommt das Ego. Es sprießt als unsere Geburt, aber in Wirklichkeit sterben wir nicht.

Es ist falsch zu sagen ‚wir sehen', denn wenn man versucht herauszufinden, wer sieht, verschwindet der Seher. Ich ist das Subjekt, und alle anderen Gedanken bilden das Objekt, den Geist."

„Warst du dir dessen bewusst, als du letzte Nacht fest geschlafen hast? Nein! Was ist es, das jetzt existiert und dich beunruhigt? Es ist das Ich. Werde es los und sei glücklich." [Talk 32]

„Der vom Ego beherrschte Geist hat seine Kraft verloren und ist zu schwach, um den quälenden Gedanken zu widerstehen. Der egolose Geist ist im tiefen, traumlosen Schlaf glücklich. Es ist also klar, dass Glückseligkeit und Elend nur Modi des Geistes sind, aber der schwache Modus ist nicht einfach mit dem starken Modus austauschbar. Aktivität ist Schwäche und daher unglücklich. Passivität ist Stärke und daher glücklich. Die inaktive Stärke ist nicht offensichtlich und wird daher nicht genutzt." [Talk 188]

„Die Schöpfung ist in zwei Aspekten zu betrachten: Schöpfer und individuelle Seele. Es ist letztere, die Schmerz und Freude verursacht, unabhängig von ersterer. Schmerz und Vergnügen haben keinen Bezug zu Tatsachen, sondern zu mentalen Vorstellungen. Töte die Persönlichkeit, und es gibt weder Schmerz noch Vergnügen, sondern die natürliche Glückseligkeit, die ewig fortbesteht." [Talk 276]

„Das Ziel der Evolution ist der bewusste Tod und die bewusste Unsterblichkeit, während man noch im Fleisch ist."

F.: „Wie kann man das Selbst erkennen?"

A.: „Erkenne, was das Selbst ist. Was du als das Selbst betrachtest, ist in Wirklichkeit entweder der Geist, der Verstand oder der Ich-Gedanke. Halte dich also daran fest. Die anderen werden verschwinden und das Selbst zurücklassen.

Gibt es zwei ‚Ichs‘? Woher weißt du von deiner Existenz? Siehst du dich mit diesen Augen? Frage dich selbst. Wie kommt es zu dieser Frage? Bleibe ich übrig, um sie zu stellen oder nicht? Kann ich mich wie in einem Spiegel wiederfinden? Weil deine Sichtweise nach außen gerichtet ist, hat sie das Selbst aus den Augen verloren, und deine Sicht ist äußerlich. Das Selbst ist nicht in den äußeren Objekten zu finden. Wende deinen Blick nach innen und tauche hinab. Du wirst das Selbst sein." [Talk 238]

F.: „Was ist zu tun, um das Ego zu töten?"

A.: „Sieh, wer zweifelt. Wer ist der Zweifler? Wer ist der Denker? Es ist das Ego. Halte es fest, und die anderen Gedanken verschwinden. Das Ego ist rein. Sieh, woher das Ego kommt. Das ist reines Bewusstsein." [Talk 251]

F.: „Ich fange an, mich zu fragen: ‚Wer bin ich?‘, eliminiere den Körper als nicht ich, das *Prana* als nicht ich, den Geist als nicht ich, und ich kann nicht weitergehen."

A.: „Nun, das ist so weit, wie der Verstand reicht. Dein Prozess ist nur verstandesmäßig. In der Tat erwähnen alle Schriften den Prozess nur, um den Suchenden zur Erkenntnis der Wahrheit zu führen. Die Wahrheit kann nicht direkt aufgezeigt werden. Daher dieser verstandesmäßige Prozess. Du siehst, dass derjenige, der all das Nicht-Ich eliminiert, das Ich nicht eliminieren kann. Um zu sagen ‚Ich bin nicht dies‘ oder ‚Ich bin das‘, muss es das Ich geben. Dieses Ich ist nur das Ego oder der Ich-Gedanke. Nach dem Auftauchen dieses Ich-Gedankens entstehen alle anderen Gedanken. Der Ich-Gedanke ist also der Wurzel-Gedanke. Wenn die Wurzel beseitigt wird, werden alle anderen Gedanken entwurzelt. Suche daher die Wurzel ‚Ich‘, frage dich: ‚Wer bin ich?‘ Finde die Quelle. Dann wird all dies verschwinden, und das reine Selbst wird übrig bleiben. Das Ich ist immer da – im *Sushupti* (Tiefschlaf), im Traum und im Wachsein. Derjenige im Schlaf ist derselbe wie derjenige, der jetzt spricht. Es gibt immer das Gefühl des Ichs. Leugnest du deine Existenz? Sag nicht ‚Ich bin‘ (als ob du dich von deiner Existenz überzeugen wolltest). Finde heraus, wer existiert." [Talk 197]

„Die Wirklichkeit des Selbst kann nicht in Frage gestellt werden. Das Selbst ist die ursprüngliche Wirklichkeit. Der gewöhnliche Mensch nimmt unbewusst seine wahre innere Wirklichkeit als Wirklichkeit an, plus alle Dinge, die ihm in Bezug auf sich selbst, seinen Körper usw. bewusst geworden sind. Er muss es verlernen."

F.: „Ist es möglich, den Zustand eines Menschen nach dem Tod zu kennen?"

A.: „Ja, das ist möglich. Aber warum sollte man das wissen wollen?"

F.: „Weil ich den Tod meines eigenen Sohnes nach meinem Verständnis als wirklich erachte."

A.: „Die Geburt des Ich-Gedankens ist die Geburt des eigenen Sohnes. Sein Tod ist der Tod der Person. Nachdem der Ich-Gedanke entstanden ist, entsteht die falsche Identität mit dem Körper. Indem du dich selbst für den Körper hältst, gibst du anderen falsche Werte und identifizierst sie mit Körpern. Hast du an deinen Sohn gedacht, bevor er geboren wurde? Nur wenn du an ihn denkst, ist er dein Sohn. Wohin ist er gegangen? Er ist zu der Quelle gegangen, der er entsprungen ist. Er ist eins mit dir. Solange du da bist, ist er auch da. Sieh das wahre Selbst, und diese Verwirrung mit dem Körper wird verschwinden. Du bist ewig. Die anderen werden sich als ewig erweisen. Solange diese Wahrheit nicht erkannt wird, wird es immer diesen Kummer wegen der falschen Identität geben." [Talk 276]

„Geburt, Tod und Wiedergeburt sollten dich nur dazu bringen, die Frage zu untersuchen und herauszufinden, dass es keine Geburten oder Wiedergeburten gibt. Sie beziehen sich auf den Körper und nicht auf das Selbst." [Talk 279]

F.: „Was geschieht mit dem erschaffenen Ich, nachdem der Körper gestorben ist?"

A.: „Das Ego ist der Ich-Gedanke. In seiner subtilen Form bleibt es ein Gedanke, während es in seinem groben Aspekt den Geist, die Sinne und den Körper umfasst. Sie verschwinden im Tiefschlaf zusammen mit dem Ego. Das Selbst ist immer noch da. Ähnlich wird es auch im Tod sein. Das Ego ist keine vom Selbst unabhängige Entität, die von sich aus erschaffen oder zerstört werden könnte. Es funktioniert als ein Instrument des Selbst und hört periodisch auf zu funktionieren, d.h. es erscheint und verschwindet als Geburt und Tod." [Talk 285]

F.: „Ich möchte das wahre Ich finden und immer mühelos mit ihm in Kontakt sein."

A.: „Es genügt, wenn du das individuelle Ich aufgibst. Es bedarf keiner Anstrengung, um das wahre Ich zu finden. Denke nicht, dass es einen solchen Unterschied zwischen dir und dem Selbst gibt. Dann gib dich Ihm hin, verschmelze mit Ihm. Es sollte keine Vorbehalte geben, denn du kannst Gott nicht betrügen."

F.: „Was ist mit der Zeit nach dem Tod?"

A.: „Erkunde zuerst, wer oder was es ist, das geboren wurde. Es ist der Körper, nicht du. Warum sich über Dinge jenseits von dir wie den Tod Gedanken machen, wenn dein Selbst hier gegenwärtig ist?"

F.: „Wie lange bleibt man zwischen Geburt und Tod in anderen Welten?" (Reinkarnation)

A.: „Das Gefühl für Zeit ist relativ. In einem Traum kann man die Ereignisse eines ganzen Tages in ein paar Stunden erleben. Im feinstofflichen Körper der Welt des Todes kann man dasselbe tun und scheinbar tausend Jahre leben, obwohl es nach unserer Zeit nur hundert Jahre sind."

Als man dem Maharshi die Nachricht vom Tod eines Menschen überbrachte, antwortete er: „Gut! Die Toten sind in der Tat glücklich. Sie sind die lästige Überwucherung, den Körper, losgeworden! Haben die Menschen Angst vor dem Schlaf? Schlaf ist ein vorübergehender Tod. Der Tod ist ein längerer Schlaf. Warum sollte man den Fortbestand der körperlichen Fesseln begehren? Der Mensch soll sein unsterbliches Selbst finden und unsterblich sein." [Talk 64]

„Solange man sich mit seinem grobstofflichen Körper identifiziert, müssen die als grobstoffliche Manifestationen materialisierten Gedanken für ihn real sein. Da sie hier existiert haben, überleben sie sicherlich den Tod. Unter diesen Umständen existiert also die andere Welt. Andererseits sollte man bedenken, dass die eine Wirklichkeit das Selbst ist, aus dem das Ego hervorgegangen ist. Das Ego verliert das Selbst aus den Augen und identifiziert sich mit dem Körper, mit dem Ergebnis von Unwissenheit und Elend. Der

Lebensstrom ist durch unzählige Inkarnationen, Geburten und Tode gegangen, ist aber immer noch unberührt. Es gibt keinen Grund zu trauern." [Talk 16]

„Der Geist gehört dem Ego an, und das Ego entspringt dem Selbst. Nandi, der heilige Stier *Shivas*, repräsentiert das Ego, den *Jiva*. Er wird in unseren Tempeln immer mit dem Gesicht zur Gottheit und mit einem flachen, runden Stein vor ihm dargestellt. Dieser Steinaltar ist der Ort, an dem Opfer dargebracht werden. Das alles symbolisiert, dass das Ego geopfert werden und immer der inneren Gottheit zugewandt sein muss. Wisse, was der *Jiva* ist. Was ist der Unterschied zwischen dem *Jiva* und *Atman*? Ist der *Jiva* selbst *Atman*, oder gibt es ein separates Ding als *Atman*?" [Talk 186]

F.: „Was ist das Ziel des Lebens?"

A.: „Es geht darum, zu verstehen, wer dieses Ich ist, das in deinem Mein enthalten ist."

F.: „Ich erkenne, dass ich intellektuell Teil des großen Ichs, des Universums, bin."

A.: „Gibt es dann zwei Ichs? Erkenne, dass du nicht ein Teil bist, sondern das Ganze."

F.: „Was ist der Grund für diese scheinbare Dualität der Selbste, die es gibt?"

A.: „Denkst du in deinem gesunden Schlaf an Dualität, an Teile oder das Ganze? Dualität gibt es nur, wenn du wach bist. Was wurde aus der Welt, als du schliefst? Dieses Ich existiert in allen drei Zuständen. Das ist es, was du wissen willst. Die Gedanken über den Sinn oder die Sinnlosigkeit des Lebens tauchen nicht auf, um dich während des Schlafes zu stören.

Im *Yoga Vasistha* lehrt Chudala, die Frau von Sikhidwaja, ihren Mann die Prinzipien des *Advaita Vedanta*:

‚Höre von mir eine weitere Geschichte, die dir zur besseren Erkenntnis verhelfen wird. In einem alten Wald lebte ein Elefant, der größte seiner Art. Einige *Mahuts* (Elefantentreiber) des Waldes fingen diesen Elefanten, dessen Stoßzähne außerordentlich lang, scharf und stark waren, und fesselten ihn mit starken Eisenketten.

Der Elefant wurde von den *Mahuts* auf alle möglichen Arten gequält und gepeinigt. In seiner Wut über die schmerzhaften Fesseln befreite er sich mit Hilfe seiner starken Stoßzähne.

Als der *Mahut*, der auf dem Elefanten saß, das sah, wurde ihm schwindlig, und er fiel herunter. Als der Elefant ihn auf dem Boden liegend vorfand, ging er an ihm vorbei, ohne ihn zu verletzen. Aber der *Mahut* erhob sich mit ungestillter Leidenschaft und machte sich erneut auf die Suche nach dem Elefanten, den er mitten im Wald fand. Dort grub er einen Graben und bedeckte ihn mit trockenen Blättern und Gras. Nachdem der Elefant den Wald durchstreift hatte, kam er schließlich an die Stelle, wo der Graben war, und fiel hinein. Sofort fesselte der *Mahut* ihn. So wurde der Elefant erneut der Qual ausgesetzt. Hätte das Tier seinen Feind getötet, als der *Mahut* vor ihm lag, wäre es nicht noch einmal in die Falle getappt und hätte sich nicht noch einmal so wehren müssen. Ebenso werden diejenigen, die nicht nach dem Guten und Bösen der Zukunft fragen, ins Unglück tappen.'

Chudala veranschaulichte durch diese Geschichte Sikhidwajas Fehler. Er übte *Vairagya* (Entsagung), sogar als er sein Königreich regierte, und hätte das Selbst verwirklichen können, wenn er seine Entsagung nur bis zum Opfer des Egos getrieben hätte. Er tat dies nicht, sondern ging in den Wald, führte sein *Tapas* (Übungen der Entsagung) nach einem Zeitplan aus und machte auch nach achtzehn anstrengenden Jahren keine Fortschritte. Er hatte sich zu einem Opfer seiner eigenen Schöpfung gemacht. Chudala riet ihm nun, das Ego aufzugeben und das Selbst zu verwirklichen, was er tat und befreit wurde.

Aus Chudalas Geschichte geht klar hervor, dass *Vairagya*, das immer noch vom Ego begleitet wird, keinen Wert hat, wohingegen Besitz zu haben, aber frei von den Verwicklungen des Egos zu sein, Befreiung bedeutet." [Talk 404]

13. Die drei Bewusstseinszustände (Avashtatraya)[1]

„Im Schlaf, in der Trance und in der Geistesabwesenheit gibt es keine Unterscheidung. Was ist das, was vorher war und jetzt abwesend ist? Der Unterschied ist auf den Geist zurückzuführen. Der Geist ist manchmal anwesend und zu anderen Zeiten abwesend. Es gibt keine Veränderung in der Realität. Dieselbe Person, die im Schlaf war, ist auch jetzt, im Wachzustand. Das Selbst ist die ganze Zeit über dasselbe.

Begrenzungen gibt es nur im Geist. Dasselbe Selbst ist hier und jetzt im Wachzustand wie im Tiefschlaf, wenn keine Begrenzung empfunden wird. Im Schlaf gab es keinen Geist, während er jetzt aktiv ist. Das Selbst existiert auch in der Abwesenheit des Geistes." [Talk 290]

F.: „Warum gibt es keine Meditation während des Traums? Ist das möglich?"

A.: „Frage das im Traum. Man sagt dir, du sollst jetzt meditieren und fragen, wer du bist. Anstatt dies zu tun, stellst du solche Fragen. Traum und Schlaf sind für den Menschen dasselbe wie das Wachsein. Du bist der Zeuge von beidem – sie ziehen an dir vorbei. Weil du jetzt nicht in der Meditation bist, entstehen solche Fragen." [Talk 297]

„Was geschieht mit dem Bewusstsein eines verwirklichten Menschen im Schlaf? Eine solche Frage stellt sich nur in den Köpfen der nicht verwirklichten Betrachter. Man hat nur einen Zustand, der während der ganzen vierundzwanzig Stunden ununterbrochen da ist, egal, ob man das Schlafen oder Wachen nennt. Tatsächlich schlafen die meisten Menschen, weil sie nicht wach für das Selbst sind.

Im Zustand des Tiefschlafs legen wir unser Ego (*Ahankara*), unsere Gedanken und unsere Begierden ab. Wenn wir all dies nur auch tun könnten, während wir bei Bewusstsein sind, würden wir das Selbst erkennen.

Die beste Form von *Dhyana* oder Meditation ist, wenn sie nicht nur im Wachzustand fortgesetzt wird, sondern sich auch auf den Zustand des Traums und Tiefschlafs erstreckt. Die Meditation muss so intensiv sein, dass sie nicht einmal dem Bewusstsein des Gedankens ‚Ich meditiere' Raum gibt.

---

[1] Avashtatraya bedeutet die drei Bewusstseinszustände: Wachen, Traum, Tiefschlaf. (Anm. d. Übers.)

Da Wachen und Träumen vollständig vom *Dhyana* einer solchen Person eingenommen werden, kann der Tiefschlaf als Teil des *Dhyana* betrachtet werden."

„*Sannyasa* ist das Aufgeben des Egos. Auch wenn ein Mensch als Haushälter im Kreis der Familie lebt, werden ihn die verschiedenen Ereignisse der Welt nicht berühren, wenn er sein Ego aufgegeben hat. So berühren uns die Traumerfahrungen nicht wirklich. Der Träumende, der ruhig in seinem Bett liegt, träumt, er sei im Wasser, aber sein Bett ist nicht wirklich nass. Andererseits ist eine Person, die ein *Sannyasin*, aber immer noch an den Körper gebunden ist, ein *Karmi* (tätiger Mensch, kein Entsagender)."

F.: „Im Westen können die Menschen nicht verstehen, wie die Weisen in der Einsamkeit hilfreich sein können?"

A.: „Vergiss Europa und Amerika. Wo sind sie außer in deinem Geist? Wenn du aus einem Traum erwachst, versuchst du dann festzustellen, ob die Personen deiner Traumschöpfung auch wach sind?" [Talk 20]

F.: „Wenn der Schlaf ein so guter Zustand ist, warum möchte man dann nicht immer in ihm sein?"

A.: „Man befindet sich immer nur im Schlaf. Der gegenwärtige Wachzustand ist nichts anderes als ein Traum. Ein Traum kann nur im Schlaf stattfinden. Der Schlaf liegt diesen drei Zuständen zugrunde. Die Darstellung dieser drei Zustände ist wiederum ein Traum, der seinerseits in einem anderen Schlaf ist. Auf diese Weise sind diese Zustände von Traum und Schlaf endlos. Ähnlich wie diese Zustände sind auch Geburt und Tod Träume in einem Schlaf. Es gibt in Wirklichkeit keine Geburt und keinen Tod." [Talk 244]

„Nach dem Schlaf erhebt sich das Ego, und es kommt zum Wachsein. Zugleich entstehen Gedanken. Woher kommen sie? Sie müssen dem bewussten Selbst entspringen. Es auch nur vage zu erkennen, hilft beim Erlöschen des Egos, wonach die EINE UNENDLICHE EXISTENZ erkannt wird. In diesem Zustand gibt es keine anderen Individuen, nur die ewige Existenz. Verweile im ewig innewohnenden Selbst, und sei frei von der Vorstellung der Geburt oder der Angst vor dem Tod." [Talk 80]

F.: „Wir wissen nicht, dass wir träumen, während wir es im Wachzustand wissen."

A.: „Der Traum ist eine Kombination aus Wachsein und Tiefschlaf. Er ist auf die *Samskaras* des Wachzustandes zurückzuführen. Deshalb erinnern wir uns an die Träume. *Samskaras* werden nicht anders gebildet. Daher sind wir uns der Traumwelt nicht gleichzeitig bewusst. Dennoch erinnert sich jeder an seltsame Verwirrungen im Traum, wenn man sich fragt, ob man wach ist oder träumt. Wenn man dann wirklich wach ist, stellt man fest, dass alles nur ein Traum war." [Talk 399]

F.: „Wie kann man die Unwissenheit beseitigen?"

A.: „Du träumst davon, dich in einer anderen Stadt zu befinden. Kann eine andere Stadt dein Zimmer betreten? Könntest du es verlassen haben und dorthin gegangen sein? Beides ist unmöglich. Beides ist unwirklich. Für den Geist erscheint es real. Das Ich des Traums ist verschwunden. Aber die Grundlage des Geistes bleibt die ganze Zeit bestehen. Finde sie, und du wirst glücklich sein." [Talk 49]

F.: „Ich halte den Schlaf für einen schlimmeren Zustand als das Wachsein."

A.: „Wenn das so wäre, warum wünschen sich dann alle den Schlaf?" [Talk 244]

„Es gibt verschiedene Methoden, um die Unwirklichkeit des Universums zu beweisen. Das Beispiel des Traums ist eine davon. *Jagrat, Swapna* und *Sushupti* (Wachen, Traum und Tiefschlaf) werden in den Schriften ausführlich behandelt, um die ihnen zugrunde liegende Realität aufzuzeigen. Es geht nicht darum, die Unterschiede zwischen den drei Zuständen hervorzuheben. Ihr Zweck muss klar im Auge behalten werden. Es heißt, dass die Welt unwirklich ist. Welchen Grad der Unwirklichkeit hat sie? Ist sie wie der Sohn einer unfruchtbaren Frau oder wie eine Blume am Himmel? Das sind bloße Worte ohne jeden Bezug zu Tatsachen, während die Welt eine Tatsache und kein bloßes Wort ist. Die Antwort ist, dass sie eine Überlagerung der einen Wirklichkeit ist, wie ein aufgewickeltes Seil, das im schwachen Licht wie eine Schlange aussieht. Auch hier hört die falsche Identität auf, sobald ein Freund darauf hinweist, dass es sich um ein Seil handelt, während sie bei der Welt bestehen bleibt, selbst nachdem ich gehört habe, dass sie unwirklich ist. Wie kann das sein?

103

Das Erscheinen von Wasser in einer Fata Morgana bleibt bestehen, nachdem das Wissen um die Fata Morgana aufgetaucht ist. So ist es auch mit der Welt. Obwohl man weiß, dass sie unwirklich ist, manifestiert sie sich weiterhin. Aber jetzt wird das Wasser der Fata Morgana nicht mehr gesucht, um den eigenen Durst zu stillen. Sobald man weiß, dass es eine Fata Morgana ist, gibt man sie als nutzlos auf und rennt nicht mehr hinter ihr her, um sich Wasser zu beschaffen."

F.: „Ist es nicht auch mit der Erscheinung der Welt so? Selbst nachdem sie wiederholt als falsch erklärt wurde, kann man nicht vermeiden, seine Bedürfnisse aus der Welt zu befriedigen. Wie kann die Welt falsch sein?"

A.: „Es ist so, wie wenn man seine Traumwünsche durch Traumschöpfungen befriedigt. Es gibt Objekte, es gibt Bedürfnisse und es gibt Befriedigungen. Die Traumschöpfungen sind ebenso zielgerichtet wie die in der *Jagrat*-Welt und werden dennoch nicht als real angesehen. Wir sehen also, dass all diese Illustrationen einen Zweck erfüllen, um die Etappen der Unwirklichkeit zu bestimmen. Für den verwirklichten Weisen ist die *Jagrat*-Welt wirklich. Jede Veranschaulichung muss im richtigen Kontext verstanden werden. Sie sollte nicht als isolierte Aussage betrachtet werden. Sie ist ein Glied in einer Kette. Der Zweck all dieser Veranschaulichungen ist es, den Geist des Suchenden auf die eine Wirklichkeit zu lenken, die allem zugrunde liegt."

F.: „Die Traumwelt ist nicht so zielgerichtet wie die Wachwelt, weil wir in ihr keine Bedürfnisse verspüren, die befriedigt werden müssen."

A.: „Du hast nicht recht. Auch im Traum gibt es Durst und Hunger. Vielleicht hast du dich satt gegessen und den Rest des Essens aufbewahrt. Trotzdem fühlst du dich in deinem Traum hungrig. Diese Nahrung hilft dir nicht, und dein Hunger im Traum kann nur durch das Essen der Traumschöpfungen gestillt werden." [Talk 399]

F.: „Wir erinnern uns an unsere Träume im *Jagrat*-Zustand, aber nicht andersherum."

A.: „Du bist du selbst im Traum und identifizierst dich als derselbe, der jetzt spricht."

F.: „Aber wir wissen nicht, dass wir träumen und nicht wachen, wie wir es jetzt tun."

A.: „Der Traum ist die Kombination von *Jagrat* mit *Sushupti* (Wachen mit Tiefschlaf). Er ist auf die *Samskaras* des *Jagrat*-Zustandes zurückzuführen. Daher erinnern wir uns an Träume. *Samskaras* sind im Gegensatz dazu im Tiefschlafzustand nicht vorhanden.

Wir können uns jedoch des Traums (*Swapna*) und des Wachzustandes (*Jagrat*) gleichzeitig bewusst sein. Jeder erinnert sich an die seltsamen Verwirrungen, die im Traum auftreten. Der Mensch fragt sich, ob er träumt oder wach ist. Er argumentiert und stellt fest, dass er wach ist. Wenn er dann wirklich wach ist, stellt er fest, dass alles nur ein Traum war."

F.: „Gibt es einen wirklichen Unterschied zwischen Traum und Wachsein?"

A.: „Nur scheinbar, nicht wirklich. Der Traum existiert für den, der sagt, dass er wach ist. Beide sind vom absoluten Standpunkt aus gesehen unwirklich.

Verwirklichung ist in Ohnmacht (halb wach, halb schlafend) möglich und im Schlaf unmöglich.

Das Ego entsteht, wenn man aus dem Schlaf erwacht. Im Schlaf sagt man nicht, dass man schläft. Das sagt man erst, wenn man aufwacht. Aber du bist immer noch da. Du hast dich im Schlaf nicht um den Körper gekümmert. Warum also nicht immer unbesorgt bleiben?" [Talk 399]

„Im Wachzustand identifiziert sich das Ego mit dem physischen Körper, im Traum mit dem subtilen Geist. Dann sind auch die Wahrnehmungen feinstofflich." [Talk 17]

F.: „Ist es möglich, ein Bewusstsein ohne Gedanken zu haben?"

A.: „Ja. Es gibt nur ein Bewusstsein. Im Schlaf gibt es kein Ich. Der Ich-Gedanke entsteht beim Aufwachen, und dann erscheint die Welt. Wo war dieses Ich im Schlaf? War es da oder nicht? Es muss da gewesen sein, aber nicht so, wie du es jetzt empfindest. Die Gegenwart ist nur der Ich-Gedanke, während das schlafende Ich das wirkliche Ich ist. Dieses Ich besteht in den verschiedenen Zuständen fort. Das ist Bewusstheit. Wenn du das erkennst, wirst du sehen, dass es jenseits der Gedanken ist. Gedanken können wie alle anderen Aktivitäten betrachtet werden, d.h. sie stören das höchste Bewusstsein nicht." [Talk 43]

F.: „Ich verstehe nicht, was du mit Traum und geistiger Illusion meinst."

A.: „Unsere Erfahrung der Welt wird durch den Geist hervorgerufen und aufgelöst. Wenn du von Indien nach London reist, bewegt sich dein Körper dann wirklich? Nein! Es ist das Transportmittel, das sich bewegt, und dein Körper bleibt darin, ohne selbst zu reisen. Es sind das Schiff und der Zug, die sich bewegen. Genauso wie diese Bewegungen deinen Körper überlagern, so überlagern auch Visionen, Traumzustände und sogar Reinkarnationen dein wirkliches Selbst. Letzteres bewegt sich nicht und wird von all diesen äußeren Veränderungen nicht berührt. Es bleibt an seinem Platz, so wie der Körper in der Schiffskabine bleibt. Du bist immer derselbe und daher jenseits von Zeit und Raum."

„Im Tiefschlaf hast du kein Gefühl für Zeit. Das Konzept von Zeit und Raum entsteht nur, wenn es die Begrenzung des Ichs gibt. Selbst jetzt ist der Ich-Gedanke sowohl grenzenlos als auch begrenzt. Solange du ihn für den Körper hältst, ist er begrenzt. Zum Zeitpunkt des Erwachens und bevor man sich der Außenwelt voll bewusst wird, ist dieses Intervall, das zeit- und raumlos ist, der Zustand des wahren Ichs." [Talk 311]

„Warum stellen sich deine Fragen nicht im Tiefschlaf? Tatsache ist, dass du im Schlaf keine Einschränkungen hast und keine Fragen auftauchen. Jetzt hingegen identifizierst du dich mit dem Körper, und es stellen sich Fragen dieser Art." [Talk 354]

„Der Tiefschlaf ist immer vorhanden, auch im Wachzustand. Was wir tun müssen, ist, den Tiefschlaf in den Wachzustand zu bringen, um ‚bewussten Schlaf' zu bekommen. Verwirklichung kann nur im Wachzustand stattfinden. Tiefschlaf und Wachzustand bedingen sich."

„Kann sich das eine Bewusstsein in zwei teilen? Ist die Teilung des Selbst spürbar? Wenn man aus dem Schlaf erwacht, findet man, dass man sowohl im Wachzustand als auch im Schlafzustand derselbe ist. Das ist die Erfahrung eines jeden. Der Unterschied liegt im Sehen, in der Sichtweise. Wenn du dir vorstellst, dass du der Seher bist, der von der Erfahrung getrennt ist, erscheint dieser Unterschied. Die Erfahrung sagt, dass deine Wirklichkeit immer dieselbe ist. Spürst du im Schlaf den Unterschied zwischen außen und innen? Dieser Unterschied besteht nur in Bezug auf den Körper und entsteht mit dem Körperbewusstsein (Ich-Gedanken). Der sogenannte

Jagrat (Wachzustand) ist eine Illusion (*Maya*). Richte deinen Blick nach innen. Dann ist der ganze *Jagrat Maya*. Aber dann ist *Maya* tatsächlich *Satya*, die Wahrheit. Selbst die materiellen Wissenschaften führen den Ursprung des Universums auf eine Urmaterie zurück, die sehr subtil ist.

Gott ist derselbe, sowohl für diejenigen, die sagen, dass *Jagrat* wirklich ist, als auch für ihre Gegner. Ihre Sichtweisen sind unterschiedlich. Du brauchst dich nicht in solche Streitigkeiten zu verwickeln. Das Ziel ist ein und dasselbe für alle. Achte darauf." [Talk 199]

„Die Zustände des Tiefschlafs, des Wachens und des Traums sind Anhängsel des Egos. Das Selbst ist der Zeuge von allem. Das Selbst transzendiert sie alle. Dieses Zeugen-Bewusstsein sollte gefunden werden. Im Selbst gibt es die drei Zustände nicht, kein Wachen, Schlafen oder Tiefschlaf. Es ist immer da." [Talk 17]

F.: „Wenn man nach dem Ursprung der Gedanken fragt, nimmt man ein Ich wahr. Aber das befriedigt einen nicht."

A.: „Das ist richtig. Die Wahrnehmung des Ichs ist mit einer Form verbunden, dem Körper. Es sollte nichts mit dem reinen Selbst verbunden sein. Das Selbst ist die unverbundene, reine Wirklichkeit, in deren Licht der Körper, das Ego usw. erstrahlen. Wenn man alle Gedanken zum Schweigen bringt, bleibt das reine Bewusstsein übrig. Wenn man gerade aus dem Schlaf erwacht ist und bevor man sich der Welt bewusst wird, ist da dieses reine ‚Ich-Ich'. Halte daran fest, ohne zu schlafen oder zuzulassen, dass die Gedanken von dir Besitz ergreifen. Wenn du daran festhältst, spielt es keine Rolle, auch wenn die Welt gesehen wird. Der Seher bleibt von den Phänomenen unbeeinflusst." [Talk 196]

„Wenn es keine Aktivitäten wie Wachgedanken und Traumgedanken gäbe, gäbe es auch die entsprechenden Welten nicht, d.h. keine Wahrnehmung von ihnen. Im Tiefschlaf gibt es keine solchen Tätigkeiten, und die Welt existiert dann für uns nicht." [Talk 25]

„Im traumlosen Schlaf gibt es keine Welt, kein Ego und kein Unglücklichsein. Aber das Selbst bleibt. Im Wachzustand gibt es all diese Dinge, trotzdem gibt es das Selbst. Man muss nur die vergänglichen Geschehnisse beseitigen, um die allgegenwärtige Glückseligkeit des Selbst zu erkennen.

Dein Wesen ist Glückseligkeit. Finde das, was von allem anderen überlagert ist, und du bleibst das reine Selbst." [Talk 189]

Der Maharshi bat seinen Diener um ein kleines Notizbuch. Dieser konnte kein passendes finden. Nach einigen Tagen besuchte Herr KK Nambiar, der örtliche Ingenieur, den Ashram und brachte ein schönes Notizbuch mit. Er sagte: „Der Maharshi erschien mir im Traum und bat um ein Notizbuch dieser Größe. Also habe ich es mitgebracht." Der Maharshi nahm es mit einem Lächeln entgegen.[1]

F.: „Gibt es einen wirklichen Unterschied zwischen der Erfahrung im Traum und im Wachzustand?"

A.: „Man sagt, dass es einen Unterschied gibt, weil man die Traumschöpfungen im Vergleich zum Wachzustand als vergänglich empfindet. Der Unterschied ist nur scheinbar und nicht wirklich." [Talk 399]

F.: „Warum können wir nicht immer nach Belieben in tiefem Schlaf verharren und in ihn eintreten?"

A.: „Tiefschlaf gibt es auch im Wachzustand. Wir befinden uns immer im Tiefschlaf. Das sollte bewusst verstanden und realisiert werden. Es gibt wirklich kein Gehen oder Kommen aus ihm. Sich des Zustands des Tiefschlafs bewusst zu werden, während man sich im Weltzustand befindet, ist *Samadhi*. Es ist die Natur, d.h. *Prarabdha*, die dich dazu zwingt, aus diesem Zustand herauszukommen. Dein Ego ist nicht tot und wird immer wieder auftauchen."

F.: „Warum erinnern wir uns an Träume, wenn wir wach sind, aber nicht andersherum?"

A.: „Du irrst dich. Du bist im Traum und identifizierst dich mit demjenigen, der jetzt spricht!"

F.: „Ist der Wachzustand unabhängig von existierenden Objekten?"

A.: „Wenn es so wäre, müssten die Objekte ohne den Seher existieren, d.h. das Objekt müsste dir sagen, dass es existiert. Tut es das? Sagt dir zum

---

[1] Der Maharshi benutzte dieses Notizbuch dafür, die Übersetzung der Ramana Gita in Malayalam hineinzuschreiben, die KK Nambiar dann auf seine Kosten drucken ließ.

Beispiel eine Kuh, die sich vor dir bewegt, dass sie sich bewegt, oder sagst du von dir aus: ‚Da bewegt sich eine Kuh'? Die Objekte existieren, weil der Seher sie wahrnimmt." [Talk 399]

„Erinnere dich an den Zustand des Schlafes. Warst du dir bewusst, dass etwas passiert? Wenn die Sonne oder die Welt wirklich wären, sollten sie dann nicht auch im Schlaf anwesend sein? Du kannst deine Existenz im Schlaf nicht leugnen, noch kannst du leugnen, dass du dort glücklich warst. Dennoch bist du dieselbe Person, die jetzt spricht und Zweifel äußert. Du sagst jetzt, du seist nicht glücklich. Aber du warst im Schlaf glücklich. Was hat sich in der Zwischenzeit ereignet, dass das Glück des Schlafes zerbrochen ist? Es ist das Ego. Das ist es, was neu in den *Jagrat*-Zustand gekommen ist. Im Schlaf gab es kein Ego. Die Geburt des Egos wird die Geburt der Person genannt. Es gibt keine andere Geburt. Was auch immer geboren wird, ist zum Sterben bestimmt. Töte das Ego. Es gibt keine Angst vor dem Tod, denn es ist tot. Das Selbst bleibt nach dem Tod des Egos bestehen. Das ist Glückseligkeit – das ist Unsterblichkeit." [Talk 251]

„Weil du lernen willst, ist eine Diskussion unvermeidlich. Lass all das beiseite. Betrachte deinen Schlaf. Bist du dir der Knechtschaft bewusst oder suchst du nach Mitteln zur Befreiung? Bist du dir des Körpers bewusst? Das Gefühl der Gebundenheit gehört zum Körper. Andernfalls gibt es keine Fesseln, kein Material zum Binden und niemanden, der gebunden werden muss. Diese erscheinen jedoch in deinem Wachzustand. Überlege, wem sie erscheinen."

Maharshi: „War die Welt in deinem Schlaf präsent? Gab es eine Anhaftung an sie? Nein. Warst du da oder nicht?"

Fragesteller: „Ich war da."

Maharshi: „Du bist also derselbe, der im Schlaf war. Was ist es dann, das jetzt die Frage nach *Maya* aufwirft?

Den Geist gab es im Schlaf nicht. Die Welt ist also nur für den Geist da. Das ist so. Das reine Selbst ist einfaches Sein. Es verbindet sich nicht mit Objekten und wird nicht bewusst, wie es im Wachzustand ist. Was du jetzt als Bewusstsein in der Gegenwart bezeichnest, ist assoziiertes Bewusstsein, das das Gehirn, der Geist, der Körper usw. benötigen, da sie davon abhängen. Aber im Schlaf vergeht das Bewusstsein ohne sie."

F.: „Ich kenne das Schlafbewusstsein nicht."

A.: „Wer ist sich dessen nicht bewusst? Du gibst zu: ‚Ich bin'. Du gibst zu, dass ‚ich' im Schlaf war. Du bist selbst der Zustand des Seins."

F.: „Heißt das nicht, dass der Schlaf Selbstverwirklichung ist?"

A.: „Er ist das Selbst. Warum sprichst du von Verwirklichung? Gibt es einen Moment, in dem das Selbst nicht verwirklicht ist? Warum wählst du dafür den Schlaf aus? Selbst jetzt bist du selbst-verwirklicht."

F.: „Aber ich verstehe das nicht."

A.: „Weil du das Selbst mit dem Körper identifizierst."

F.: „Wie wird man dann von *Maya* befreit?"

A.: „Diese Anhaftung an die Welt ist nicht im Schlaf zu finden. Sie wird jetzt wahrgenommen und gefühlt. Sie ist nicht deine wahre Natur. Wer hat diese Anhänglichkeit? Wenn die wahre Natur bekannt ist, gibt es sie nicht. Wenn du das Selbst verwirklichst, werden die Besitztümer nicht wahrgenommen. *Maya* ist nicht getrennt und objektiv, sodass man sie auf irgendeine andere Weise loswerden könnte." [Talk 280]

F.: „Wie schlafen und erwachen wir?"

A.: „Bei Einbruch der Nacht ruft die Henne, und die Küken verstecken sich unter ihren Flügeln. Die Henne setzt sich dann mit den Küken unter ihrem Schutz ins Nest. Bei Tagesanbruch kommen die Küken heraus und die Henne auch. So symbolisiert die Mutter das Ego, das alle Gedanken sammelt und sich schlafen legt. Bei Sonnenaufgang tauchen sie wieder auf. Wenn das Ich sich also zeigt, tut es das mit allen seinen Bestandteilen. Wenn es untergeht, verschwindet alles mit ihm."

F.: „Was ist Tiefschlaf?"

A.: „Wie in einer dunklen, wolkenverhangenen Nacht keine individuelle Identifikation möglich ist und es nur Dunkelheit gibt, obwohl der Seher seine Augen weit geöffnet hat, so ist sich der Seher im Tiefschlaf nur des einfachen Nichtwissens gewahr." [Talk 286]

F.: „Warum sollte es einen Unterschied in den Gefühlen oder Erfahrungen der beiden Zustände geben?"

A.: „Hast du dir im Schlaf irgendwelche Fragen zu deiner Geburt oder wohin du nach dem Tod gehst gestellt? Warum denkst du jetzt im Wachzustand an all das? Was geboren wird, soll über seine Geburt nachdenken und seine Ursache und sein endgültiges Schicksal beheben. Warum diese Fragen bezüglich der Zeit nach dem Tod? Stell die Fragen jetzt und beantwortet sie. Wurde ich geboren? Ernte ich die Früchte meines vergangenen *Karmas*? und so weiter. Sie werden nicht auftauchen, wenn du einschläfst. Warum eigentlich? Bist du ein anderer als derjenige, der schläft?" [Talk 242]

„Du bist im Schlaf, Traum und Wachzustand genau gleich. Der Schlaf ist ein natürlicher Zustand des Glücks. Es gibt kein Elend. Das Gefühl des Mangels, des Schmerzes usw. tritt nur im Wachzustand auf. Was hat sich verändert? Du bist in beiden Zuständen derselbe, aber es gibt einen Unterschied im Glück. Und warum? Weil der Geist jetzt aufgetaucht ist. Dieser Geist entsteht nach dem Ich-Gedanken. Der Ich-Gedanke entsteht aus dem Bewusstsein. Wenn man in ihm verweilt, ist man immer glücklich."

F.: „Ist es der Körper, der einschläft, wenn er müde ist?"

A.: „Schläft der Körper oder wacht er auf? Du selbst hast vorhin gesagt, dass der Geist im Schlaf ruhig ist. Die drei Zustände gehören dem Geist an. Das Selbst ist immer unverfälscht. Es ist die Substanz, die all diese drei Zustände durchläuft. Der Wachzustand vergeht, ich bin. Der Traumzustand vergeht, ich bin. Sie wiederholen sich, ich bin immer noch. Sie sind wie Bilder, die sich auf der Leinwand in einer Kinovorstellung bewegen. Sie haben keinen Einfluss auf die Leinwand. Ähnlich ist es auch hier. Ich bin unbeeinflusst, obwohl diese Zustände vergehen. Wenn es um den Körper geht, bist du dir des Körpers im Schlaf bewusst? Wie kann man sagen, dass der Körper im Schlaf ist, ohne zu wissen, dass er da ist? Das Gefühl des Körpers ist ein Gedanke. Der Gedanke gehört dem Geist an. Der Geist entsteht nach dem Ich-Gedanken. Der Ich-Gedanke ist der Wurzel-Gedanke. Wenn dieser Gedanke festgehalten wird, werden die anderen Gedanken verschwinden. Dann wird es keinen Körper geben, keinen Geist, nicht einmal das Ego, nur das Selbst in seiner Reinheit.

Nachdem der Geist aufsteigt, steigt der Körpergedanke auf, und der Körper wird gesehen. Dann entsteht der Gedanke an die Geburt, an den Zustand vor der Geburt, an den Tod, an den Zustand nach dem Tod. All das sind nur Gedanken des Geistes." [Talk 244]

„Du, der geschlafen hast, bist jetzt wach. In deinem Schlaf gab es kein Unglück, während es jetzt vorhanden ist. Was ist geschehen, dass dieser Unterschied erlebt wird? In deinem Schlaf gab es keinen Ich-Gedanken, während er jetzt gegenwärtig ist. Das wahre Ich ist nicht offenbar, und das falsche Ich tritt auf. Dieses falsche Ich ist das Hindernis für dein rechtes Wissen. Finde heraus, woher dieses falsche Ich kommt, und es wird verschwinden. Du bist nur das, was du bist, d.h. absolutes Sein. Suche nach der Quelle des Ich-Gedankens. Das ist alles, was man zu tun hat. Das Universum ist wegen des Ich-Gedankens da. Wenn dieser endet, endet auch das Elend. Das falsche Ich wird nur dann enden, wenn seine Quelle gesucht wird." [Talk 222]

F.: „Kann die Seele ohne einen Körper bestehen?"

A.: „Sie ist es bald während des Tiefschlafs wieder. Das Selbst ist dann körperlos. Aber selbst jetzt ist es so." [Talk 283]

„Im Tiefschlaf existierst du ohne das Ego. Dann bist du frei von Zweifeln. Erst jetzt, im Wachzustand, erhebt sich das Ego, und du hast Zweifel. Im Tiefschlaf bist du glücklich. Im Wachzustand bist du unglücklich. Finde diesen Zustand des Tiefschlafs heraus, aus dem du gekommen bist."

F.: „Was ist *Turiya*?"

A.: „*Turiya* ist der Geist in Ruhe und im Bewusstsein des Selbst. Es gibt das Gewahrsein, dass der Geist in seiner Quelle aufgegangen ist. Es ist unerheblich, ob die Sinne aktiv oder inaktiv sind. In *Nirvikalpa Samadhi* sind die Sinne inaktiv. Zu wissen bedeutet, dass es Subjekt und Objekt gibt. Gewahrsein bedeutet, frei von Gedanken zu sein." [Talk 253]

14. Das Höchste als Wahrheit

„Das Selbst ist wie ein mächtiger, verborgener Magnet in uns. Es zieht uns allmählich zu sich, obwohl wir uns einbilden, aus eigenem Antrieb zu ihm zu gehen. Wenn wir ihm nahe genug sind, setzt es unseren anderen Aktivitäten ein Ende, lässt uns still werden, verschlingt dann unseren eigenen persönlichen Strom und tötet so unsere Persönlichkeit. Es überwältigt den Verstand und überflutet das ganze Wesen. Wir denken, dass wir über es meditieren und uns zu ihm hin entwickeln, während wir in Wahrheit wie Eisenspäne sind und es der *Atman*-Magnet ist, der uns zu sich zieht. So ist der Prozess der Selbst-Findung eine Form des göttlichen Magnetismus."

„Man muss häufig und regelmäßig meditieren, bis der Zustand, der sich einstellt, zur Gewohnheit wird und den ganzen Tag anhält. Deshalb meditiere."

„Du hast die Glückseligkeit aus den Augen verloren, weil deine meditative Haltung nicht natürlich geworden ist und weil die *Vasanas* immer wieder auftreten. Wenn es dir zur Gewohnheit wird zu reflektieren, wird der Genuss der spirituellen Glückseligkeit zu einer natürlichen Erfahrung."

„Das Ziel wird nicht durch eine einmalige Erkenntnis von ‚Ich bin nicht der Körper, sondern der *Atman*' erreicht. Erhalten wir eine hohe Stellung, wenn wir einmal einen König sehen? Man muss ständig in *Samadhi* eintreten, sein Selbst verwirklichen und die alten *Vasanas* und den Geist vollständig auslöschen, bevor er zum Selbst wird."

„Wenn du den Gedanken an das Selbst beibehältst und aufmerksam darauf achtest, dann wird sogar dieser eine Gedanke, der als Fokus der Konzentration dient, verschwinden, und du wirst das wahre Selbst sein."

„Die Meditation über das Selbst ist unser natürlicher Zustand. Nur weil sie uns schwerfällt, halten wir sie für einen willkürlichen und außergewöhnlichen Zustand. Wir sind alle unnatürlich. Der im Selbst ruhende Geist ist sein natürlicher Zustand, aber stattdessen ruht unser Geist in äußeren Objekten."

„Nach der Vertreibung von Namen und Form (*Nama-Rupa*), die die äußere Welt ausmachen, und durch das Verweilen im Sein-Bewusstsein-Glück (*Sat-Chit-Ananda*), sollte man darauf achten, dass die vertriebenen Namen und Formen nicht wieder in den Geist eindringen."

F.: „Wie findet man das Selbst?"

A.: „Es kann keine wirkliche Untersuchung des *Atman* geben. Die Untersuchung kann nur über das Nicht-Selbst durchgeführt werden. Es ist nur die Beseitigung des Nicht-Selbst möglich. Das Selbst, das immer offenkundig ist, wird aus sich selbst heraus leuchten." [Talk 78]

„Wissen bedeutet Sein. Es ist kein relatives Wissen." [Talk 354]

„Von Fortschritt kann in Bezug auf Dinge gesprochen werden, die erreicht werden sollen. Hier hingegen geht es um die Beseitigung von Unwissenheit und nicht um den Erwerb von Wissen." [Talk 49]

F.: „Was ist der *Jnana*-Weg (der Weg der Erkenntnis)?"

A.: „Yoga ist ähnlich, denn beide helfen bei der Konzentration des Geistes. Yoga zielt auf die Vereinigung des Individuums mit der universellen Wirklichkeit. Yoga ist eine Hilfe zur Selbstverwirklichung, dem Ziel von allem. Diese Wirklichkeit kann nicht neu sein. Sie muss schon jetzt existieren. Deshalb versucht man durch *Jnana* herauszufinden, wie die Trennung zustande kam. [Talk 17]

F.: „Wie ist *Avidya* (Unwissenheit) entstanden?"

A.: „*Avidya* ist wie *Maya*, ‚das, was nicht ist'. Deshalb lautet die Frage: Was ist *Avidya*? *Avidya* ist Unwissenheit. Es impliziert Subjekt und Objekt. Werde das Subjekt, und es wird kein Objekt geben." [Talk 263]

„Die Aussagen der Schriften, dass das Selbst vollkommen und die Beseitigung der Unwissenheit nötig ist, scheinen widersprüchlich zu sein, aber sie dienen der Führung der ernsthaften Sucher, die die reine Wahrheit noch nicht verstehen können. *Krishna* sagte klar und deutlich, dass die Menschen ihn mit dem Körper verwechseln, während er weder geboren wurde noch sterben wird. Das Selbst ist einfaches Sein. Sei! – und es wird ein Ende der Unwissenheit geben." [Talk 46]

„Das Ich ist immer da. Man kann es nicht kennen. Es ist kein neues Wissen, das erworben werden muss. Es gibt ein Hindernis für seine Erkenntnis, das Unwissenheit genannt wird. Entferne sie. Aber Nicht-Wissen oder Wissen gelten nicht für das Selbst. Sie sind Auswüchse, die beseitigt werden müssen." [Talk 49]

F.: „Warum kann ich das Selbst nicht erkennen?"

A.: „Tatsache ist, dass du die ganze Zeit das Selbst erkennst. Wie kann das Selbst das Selbst nicht erkennen? Du, das Selbst, hast dir nur angewöhnt zu denken, dass du ein drittes Ding bist. Du musst die falsche Vorstellung vom Selbst loswerden. Wie kannst du im Fall des allgegenwärtigen, unausweichlichen Ichs unwissend sein? Du musst ständig gegen deine falschen Vorstellungen des Ichs ankämpfen und sie loswerden, eine nach der anderen. Tu das. Das führt zur Selbstverwirklichung. Wer ist unwissend über was? Stell die Frage und geh der Ergründung nach, wer es ist, von dem gesagt wird, er sei unwissend. Sobald du die Frage stellst und versuchst, das Ich zu ergründen, verschwindet es. Was dann übrig bleibt, ist wahre Selbsterkenntnis."

„Noch einmal: Was ist *Avidya*? Unwissenheit über das Selbst! Aber wer ist unwissend über das Selbst? Das Selbst müsste unwissend über das Selbst sein. Gibt es denn zwei Selbste?" [Talk 263]

„Wenn du ein philosophisches System akzeptierst, bist du gezwungen, die anderen zu verurteilen."

„Ein Kind und ein *Jnani* sind sich ähnlich. Ereignisse interessieren das Kind nur so lange, wie sie andauern. Es hört auf, an sie zu denken, wenn sie vergangen sind. Es ist offensichtlich, dass sie keine Spuren oder Eindrücke beim Kind hinterlassen, und es wird von ihnen geistig nicht beeinflusst. So ist es auch beim Weisen." [Talk 9]

F.: „Ich verstehe das, aber ich bin mir dessen nicht bewusst."

A.: „Weil du dich mit der Vielfalt beschäftigst, sagst du, du hättest Blitze der Erkenntnis usw. Du hältst diese Vielfalt für wirklich. Aber nur die Einheit ist wirklich. Diese Vielfalt muss verschwinden, bevor die Einheit sich, ihre Wirklichkeit offenbart. Sie ist immer wirklich. Sie sendet keine Blitze ihres Seins in die falsche Vielfalt. Im Gegenteil, diese Vielfalt behindert die Wahrheit. Die Verwirklichung ist immer gegenwärtig, nicht zu einer Zeit abwesend und zu einer anderen anwesend.

Zum Beispiel sieht die Sonne keine Dunkelheit. Aber andere sprechen davon, dass die Dunkelheit flieht, wenn sie sich ihr nähert. In ähnlicher Weise ist Unwissenheit ein Phantom. Wenn ihre unwirkliche Natur erkannt wird, sagt man, sie sei beseitigt. Auch die Sonne ist da, und du bist von

Sonnenlicht umgeben, aber um das zu erkennen, musst du deine Augen in ihre Richtung wenden und sie ansehen. So wird auch das Selbst allein durch Übung gefunden, obwohl es hier und jetzt da ist."

F.: „Ist der Gedanke ‚Ich bin Gott' hilfreich?"

A.: „ICH BIN ist Gott – nicht, es zu denken. Erkenne ICH BIN und denke nicht ‚ich bin'. Wisse – nicht denke: ‚Ich bin, der ich bin'. Das bedeutet, dass man das Ich bleiben muss. Er ist immer das Ich allein, nichts anderes." [Talk 354]

F.: „Wie kommt es zum Fehler der falschen Identifikation?"

A.: „Sieh, ob es dazu gekommen ist! Das Ego-Selbst existiert nicht." [Talk 363]

F.: „Was soll ich tun, um in diesen Zustand des Selbst zu gelangen?"

A.: „Es ist kein Versuch nötig, um in diesen Zustand zu gelangen. Es ist nur erforderlich, alle falschen Vorstellungen aufzugeben. Wann immer ein Gedanke auftaucht, verfolge, wem er erscheint. Wenn ein neuer Gedanke auftaucht, spüre ihm durch Analyse nach. Im Laufe der Zeit werden alle Gedanken zerstört." [Talk 174]

F.: „Angenommen, der Gedanke ist ein Verlangen nach einem bestimmten Gegenstand."

A.: „Es gibt viele Objekte, aber das Subjekt ist eins. Praktiziere das gleiche. Finde heraus, wer das Verlangen hat.

Konzentration und alle anderen Übungen dienen dazu, die Abwesenheit, d.h. die Nicht-Existenz der Unwissenheit zu erkennen. Niemand kann seine Existenz leugnen. Existenz ist Wissen, d. h. Gewahrsein. Das impliziert die Abwesenheit von Unwissenheit. Warum leiden die Menschen dennoch? Weil der Mensch denkt, er sei dies oder jenes. Das ist falsch. Nur ICH BIN ist und nicht ‚ich bin so und so'. Wenn die Existenz absolut ist, ist sie richtig, wenn sie teilweise ist, ist sie falsch. Das ist die ganze Wahrheit. Schaut ein Mensch in einen Spiegel, um zu wissen, dass er existiert? Sein Bewusstsein lässt es ihn eingestehen. Aber er verwechselt es mit dem Körper usw. Im Schlaf existiert er immer noch, auch ohne den Körper. Halte dieses

Bewusstsein fest. Du kannst deine eigenen Augen nicht sehen, aber leugnest du ihre Existenz?

Ähnlich verhält es sich mit dem Selbst. Auch wenn es kein Objekt ist, bist du dir seiner bewusst. Wer soll das Selbst erkennen? Kann der Körper es erkennen? Deine Aufgabe ist zu sein, nicht dieses oder jenes zu sein. Die Methode wird in ,Sei still' zusammengefasst. Das bedeutet: zerstöre dich selbst, denn jede Form ist die Ursache des Problems. Wenn das Ich nur als Ich aufrechterhalten wird, nicht als ,Ich bin dies' oder ,Ich bin das', dann ist es das Selbst. Wenn es als eine Tangente entflieht, ist es das Ego. Das wahre Selbst wird und kann diese Fragen nicht stellen. All diese Diskussionen sind eine Frage der Kompetenz, der Reife." [Talk 363]

F.: „Woher kommt die Unwissenheit?"

A.: „Es gibt keine Unwissenheit. Sie taucht niemals auf. Jeder ist ein *Jnana Svarupi* (die Gestalt der Erkenntnis). Doch *Jnana* kommt nicht leicht. Das Auflösen von Unwissenheit ist *Jnana*, das immer existiert, wie im Beispiel von der Kette, die um den Hals liegt, aber angeblich verloren gegangen ist, oder die zehn Narren, die alle anderen zählen, sich selbst aber vergessen. Für wen gibt es Wissen oder Unwissenheit?"[1] [Talk 199]

„Dein Wesen ist *Ananda* (Seligkeit). Die Unwissenheit verbirgt dieses *Ananda* jetzt. Beseitige die Unwissenheit, damit *Ananda* befreit wird." [Talk 197]

F.: „Wie kann man Frieden erlangen?"

A.: „Das ist der natürliche Zustand. Der Geist behindert den angeborenen Frieden. Unser *Vichara* ist nur im Geist. Untersuche den Geist, und er verschwindet. Er wird beseitigt, und du bleibst. Die Frage ist also eine Frage

---

[1] „Es ist wie mit den zehn unwissenden Toren. Sie durchwateten einen Fluss. Als sie das andere Ufer erreicht hatten, zählten sie sich selbst und kamen nur auf neun. Sie bekamen Angst und beklagten den Verlust des unbekannten zehnten Mannes. Ein Wanderer fragte sie nach dem Grund ihres Kummers, zählte sie alle und kam auf zehn. Jeder von ihnen hatte die anderen gezählt und sich selbst vergessen. Der Wanderer gab jedem nacheinander einen Schlag und sagte, sie sollten die Hiebe zählen. Sie zählten zehn und waren wieder froh. Die Moral von der Geschichte ist: Der zehnte Mann war nicht neu hinzugekommen. Er war immer da. Nur ihre Torheit hatte ihnen all diesen Kummer bereitet." (Talk 63) (Anm. d. Übers.)

der Sichtweise. Du nimmst alles wahr. Sieh dich selbst, und alles wird verstanden. Aber jetzt hast du dich selbst aus den Augen verloren und zweifelst an anderen Dingen." [Talk 238]

F.: „Wenn ich immer hier und jetzt bin, warum fühle ich mich dann nicht so?"

A.: „Das ist es. Wer sagt, dass es nicht gefühlt wird? Sagt es das wirkliche oder das falsche Ich? Untersuche es. Du wirst feststellen, dass es das falsche Ich ist. Das falsche Ich ist das Hindernis. Es muss entfernt werden, damit das wahre Ich nicht verborgen bleibt. Das Gefühl, dass ich nicht verwirklicht habe, ist das Hindernis für die Verwirklichung. In Wirklichkeit ist es bereits verwirklicht. Es gibt nichts zu verwirklichen. Wenn letzteres der Fall wäre, würde die Verwirklichung neu sein. Sie hätte bis jetzt nicht existiert und müsste danach stattfinden. Was geboren ist, wird auch sterben. Wenn die Verwirklichung nicht ewig ist, ist sie nicht wert, dass man sie hat.

Deshalb ist das, was wir suchen, nichts, was von neuem geschehen muss. Wir suchen nur das, was ewig ist und was aufgrund von Hindernissen nicht erkannt wird. Alles, was wir tun müssen, ist, die Hindernisse zu beseitigen. Das, was ewig ist, wird aufgrund von Unwissenheit nicht als solches erkannt. Unwissenheit ist das Hindernis. Überwinde diese Unwissenheit, und alles wird gut sein. Die Unwissenheit ist identisch mit dem Ich-Gedanken. Finde seine Quelle, und er verschwindet. Der Ich-Gedanke ist wie ein Geist, der nicht greifbar ist, gleichzeitig mit dem Körper aufsteigt, mit ihm gedeiht und mit ihm verschwindet. Das Körperbewusstsein ist das falsche Ich. Gib es auf. Das geschieht durch die Suche nach der Quelle des Ichs. Der Körper sagt nicht ‚Ich bin'. Du bist es, der sagt: ‚Ich bin der Körper.' Finde heraus, wer dieses Ich ist. Wenn du seine Quelle suchst, verschwindet es." [Talk 197]

„Das Ego wird in seiner Reinheit von der objektiven Identifikation in den Intervallen zwischen zwei Zuständen oder zwei Gedanken erlebt. Das Ego ist wie die Raupe, die einen Halt erst verlässt, nachdem sie einen anderen ergriffen hat. Erkenne dieses Intervall mit der Überzeugung, die du durch die Untersuchung der drei Bewusstseinszustände erlangt hast. Diese Untersuchung hilft, diese Sichtweise zu erlangen." [Talk 286]

F.: „Sollte man sich ein Ziel vor Augen halten?"

A.: „Welches Ziel gibt es? Das, was du dir als Ziel vorstellst, existiert schon vor der eigenen Existenz des Ichs. Wenn wir uns als Ego, als Körper oder als Geist begreifen, dann sind wir diese Dinge. Aber wenn wir uns nicht als solche begreifen, dann sind wir unser wahres Wesen. Es ist das Denken, das solche Probleme hervorruft. Schon der Gedanke, dass es so etwas wie ein Ego gibt, ist falsch, denn das Ego ist der Ich-Gedanke, und wir selbst sind das wahre Ich. Der gedankenlose Zustand ist die Verwirklichung.

Die Erklärung des *Veda* ‚Ich bin dies oder das‘ ist nur ein Hilfsmittel. Wenn es ein Ziel gibt, das erreicht werden soll, kann es nicht dauerhaft sein. Das Ziel ist bereits da. Mit welchem Ego versuchen wir, das Ziel zu erreichen? Das Ziel ist vor dem Ego da. Das Ziel ist sogar vor unserer Geburt, d.h. vor der Geburt des Egos da. Weil wir existieren, scheint auch das Ego zu existieren. Wenn wir das Selbst als das Ego betrachten, sind wir das Ego, wenn wir es als den Geist betrachten, sind wir der Geist, wenn wir es als den Körper betrachten, sind wir der Körper. Es ist der Gedanke, der sich auf so viele Arten bemerkbar macht.[1]

Betrachtet man den Schatten auf dem Wasser, so stellt man fest, dass er zittert. Kann jemand das Zittern des Schattens stoppen? Wenn er aufhören soll zu zittern, solltest du nicht auf das Wasser schauen. Schau auf dein Selbst. Schau deshalb nicht auf das Ego. Das Ego ist der Ich-Gedanke. Das wahre Ich ist das Selbst." [Talk 146]

F.: „Wie können wir mit dem höheren Selbst in Kontakt kommen?"

A.: „Ist es etwas, das so weit weg ist, dass man es berühren muss? Das höhere Selbst existiert als Einheit, aber es sind nur unsere Gedanken, die uns das Gefühl geben, es sei nicht da. Man kann weder an es denken noch es vergessen. Das höhere Selbst ist immer da, ob man dem Weg zu ihm folgt oder nicht. Die göttliche Existenz ist unser eigentliches Wesen."

F.: „Wie können wir uns von diesen falschen Gedanken befreien?"

A.: „Du hast dich unnötigerweise mit so vielen Gedanken belastet. Das ist das Problem. Existiere einfach so, wie du wirklich bist, und diese Gedanken werden von selbst absterben. Wer hat diese Gedanken und Gefühle? Da du

---

[1] Es ist das Denken, das die Welt erschafft.

die Gewohnheit hast, dir irrelevante Gedanken zu machen, ist es schwierig, diese Gewohnheit zu ändern."

F.: „Kann ich weiterhin ‚Ich bin Gott‘ denken? Ist das die richtige Praxis?"

A.: „Warum solltest du das denken? In Wirklichkeit bist du Gott. Wer sagt ständig: ‚Ich bin ein Mensch‘, ‚Ich bin ein Mann‘? Wenn ein gegenteiliger Gedanke, zum Beispiel, dass man ein Tier sei, entkräftet werden müsste, dann könnte man natürlich sagen: ‚Ich bin ein Mensch.‘ In dem Maße, in dem man die falsche Vorstellung, man sei dies oder jenes, je nach den eigenen irrigen Vorstellungen, entkräftet, kann man der Vorstellung, man sei nicht diese, sondern Gott oder das Selbst, in der Übung nachgehen. Aber wenn die Übung vorbei ist, ist das Ergebnis überhaupt kein Gedanke (wie ‚Ich bin Gott‘), sondern bloße Selbstverwirklichung. In diesem Stadium, das jenseits des begrifflichen Denkens liegt, gibt es keine Notwendigkeit oder Bedeutung des Denkens."

F.: „Wenn das Selbst bewusst ist, warum bin ich mir dann nicht einmal jetzt bewusst?"

A.: „Dein gegenwärtiges Wissen beruht auf dem Ego und ist nur relativ. Relatives Wissen erfordert ein Subjekt und ein Objekt, während das Bewusstsein des Selbst absolut ist und kein Objekt erfordert. Auch die Erinnerung ist relativ. Sie erfordert ein Objekt, an das man sich erinnert, und ein anderes, das sich erinnert. Wenn es keine zwei Dinge gibt, wer soll sich dann an wen erinnern?" [Talk 285]

„Das, was jenseits von Wissen und Unwissenheit ist, ist der *Atman*."

F.: „Bis zu welchem Punkt soll die Untersuchung durchgeführt werden?"

A.: „Du musst diese Zerstörung falscher Vorstellungen durch Nachforschung fortsetzen, bis deine letzte falsche Vorstellung zerstört ist. Bis das Selbst verwirklicht ist."

F.: „Wie soll der Geist in das Herz eintauchen?"

A.: „Der Geist sieht sich jetzt in der Vielfalt des Universums. Wenn die Vielfalt nicht manifest ist, bleibt er in seiner eigenen Essenz. Das ist das Herz. Das Herz ist die einzige Wahrheit. Der Geist ist nur eine vorübergehende Phase. Weil der Mensch sich mit seinem Körper identifiziert, sieht er die

Welt getrennt von sich selbst. Diese falsche Identifikation entsteht, weil er seine Verankerung verloren hat und von seinem ursprünglichen Zustand abgewichen ist. Ihm wird nun geraten, all diese falschen Vorstellungen aufzugeben, seinem Ursprung nachzuspüren und das Selbst zu bleiben. In diesem Zustand gibt es keine Unterschiede. Es tauchen keine Fragen auf. Alle *Sastras* sind nur dazu gedacht, den Menschen dazu zu bringen, seine Schritte zur ursprünglichen Quelle zurückzuverfolgen. Er braucht nichts zu gewinnen. Er muss nur die falschen Ideen und nutzlosen Zusätze aufgeben. Anstatt dies zu tun, versucht er, etwas Fremdes und Geheimnisvolles zu ergreifen, weil er glaubt, dass sein Glück woanders liegt. Das ist der Fehler. Wenn man als das Selbst bleibt, gibt es Glückseligkeit. Wahrscheinlich denkt er, dass Stillsein nicht den Zustand der Glückseligkeit herbeiführt. Das ist auf seine Unwissenheit zurückzuführen. Die einzige Übung besteht darin, herauszufinden, wem diese Fragen kommen." [Talk 252]

F.: „Was soll unsere spirituelle Übung (*Sadhana*) sein?"

A.: „Das *Sahaja* von *Siddha* (die natürliche Vollendung)! *Sahaja* ist der ursprüngliche Zustand, sodass das *Sadhana* in der Beseitigung von Hindernissen für die Verwirklichung dieser bleibenden Wahrheit besteht." [Talk 398]

15. Die praktische Philosophie

F.: „Was ist Egoismus?"

A.: „Die Welt ist nicht äußerlich. Weil du dich fälschlicherweise mit deinem Körper identifizierst, siehst du die Welt. Ihr Schmerz wird für dich offensichtlich. Aber das ist nicht real. Suche nach der Wirklichkeit, und befreie dich von diesem unwirklichen Gefühl." [Talk 272]

Ein Schüler war aufgeregt, weil jemand in der Stadt abschätzig über Sri Bhagavan sprach. Der Maharshi sagte: „Ich erlaube ihm, dies zu tun. Soll er doch noch mehr sagen. Mögen andere ihm folgen. Aber sie sollen mich in Ruhe lassen. Wenn jemand all diese skandalösen Worte glauben will, betrachte ich das als einen großen Dienst an mir, denn wenn er die Leute dazu bringt, mich für einen falschen Swami zu halten, werden sie mich nicht mehr besuchen, und dann kann ich ein ruhiges Leben führen. Ich möchte in Ruhe gelassen werden. Deshalb begrüße ich das verleumderische Flugblatt. Geduld, mehr Geduld – Toleranz, mehr Toleranz." [Talk 235 und 250]

„Zufriedenheit kann es nur geben, wenn man die Quelle erreicht. Sonst ist Unruhe da." [Talk 199]

„Während du ein Buch liest und deine Augen den Zeilen folgen, sollte dein Herz in dem Einen sein."

F.: „Mein Freund engagiert sich leidenschaftlich im sozialen Bereich und opfert dafür seine eigenen Interessen."

A.: „Seine selbstlose Arbeit ist hilfreich. Ihr Nutzen kann nicht geleugnet werden. Bedenke, wie er arbeitet und dort bleibt und dass du ihm den Auszug aus den Gesprächen geschickt hast. Es gibt eine Verbindung zwischen beidem. Die Arbeit hat den Geist des Mannes weiter geläutert. Er gewann leicht Erkenntnis in die Weisheit der Weisen. Soziale Arbeit hat einen Platz im Schema der spirituellen Erhebung. Die Arbeit ist sozial und nicht egoistisch. Gott wird dabei im Blick behalten. Das öffentliche Wohl ist mit dem eigenen Wohl identisch. Solche Aktivitäten von Körper und Geist läutern den Geist. So ist gute soziale Arbeit ein Weg, den Geist reiner zu machen."

F.: „Aber die soziale Arbeit lässt uns keine Zeit zur Meditation?"

A.: „Natürlich können die Bemühungen nicht mit der sozialen Arbeit enden. Der Blick ist immer auf die höchste Wahrheit gerichtet. Alles wird zur rechten Zeit kommen."

F.: „Wie ist *Mouna* (Schweigen) möglich, während man mit weltlichen Unternehmungen beschäftigt ist?"

A.: „Wenn Frauen mit Wassertöpfen auf dem Kopf gehen, können sie sich mit ihren Begleiterinnen unterhalten, während sie die ganze Zeit auf das Wasser über ihnen achten. Wenn ein Weiser einer Tätigkeit nachgeht, stört sie ihn nicht, denn sein Geist verweilt in *Brahman*." [Talk 231]

„Die Schwierigkeit besteht darin, dass der Mensch denkt, er sei der Handelnde. Das ist ein Irrtum. Es ist die höhere Macht, die alles tut, und der Mensch ist nur ein Werkzeug. Wenn er diese Position akzeptiert, ist er frei von Schwierigkeiten. Andernfalls umwirbt er sie." [Talk 63]

Ich beobachtete, wie ein Besucher, ein berühmter öffentlicher Redner des *Arya Samaj*, ein energischer Debattierer und Kämpfer, der für seine Intoleranz und Streitlust bekannt war, die Halle betrat und begann, dem Maharshi Fragen zu stellen. Er wartete keine Antwort ab, sondern gab sie selbst. Mit lauter Stimme verkündete er, was er für richtig hielt.

Zum Beispiel sagte er: „Ich möchte wissen, wie man die Wahrheit findet." Eine Minute später sagte er mit Nachdruck: „Der Dienst an der Menschheit ist der beste Weg, die Wahrheit zu finden."

Der Maharshi erwiderte: „Du sagst es!"

Der Mann begann mit zwei anderen Anwesenden auf anstößige Weise zu streiten. Danach schwieg der Maharshi und sagte kein einziges Wort mehr, bis der Mann ging. Daraufhin sagte der Maharshi zu uns: „Schweigen ist die beste Waffe, um solchen Personen zu antworten."

„Verrichte deine Arbeit, ohne die Früchte davon zu erwarten. Das ist alles, was du tun solltest." [Talk 258]

Ich fragte den Maharshi, warum seine Bücher in Gedichten und Liedern verfasst sind. Er sagte, dass es für die Menschen einfacher sei, diese Form zu lernen und zu behalten.

„Im Westen wenden sich nur diejenigen, die vom materiellen Leben angewidert sind, dem Pfad zu."

„Freude und Schmerz sind die Attribute des *Ahankara* (Ego). Wenn du durch *Atma Vichara* erkennst, dass du nicht diese Hülle bist, wo sind dann Freude oder Schmerz für dich? Deine wahre Natur transzendiert alle Gefühle wie Freude und Schmerz. Der Nutzen von *Atma Vichara* ist also greifbar in der Form, dass du von allen Übeln und Sorgen des Lebens befreit bist. Was kann man sich mehr wünschen?

Derjenige, der immer im *Atman* verankert ist, kann sich inmitten einer Menschenmenge befinden und wird dennoch ungestört bleiben. Er hat kein Bedürfnis oder Verlangen nach Einsamkeit."

„Was die Menschen Satan, den Teufel, die Schwarzen Mächte usw. nennen, ist einfach Unwissenheit über das wahre Selbst."

„Wirf alle Ziele, Bestrebungen, der Wunsch, der Menschheit zu dienen, Pläne, die Welt zu reformieren, auf die universelle Kraft (Gott), die dieses Universum erhält. Er ist kein Narr. Er wird tun, was erforderlich ist. Verlierst du das Gefühl ‚Ich tue dies'? Befreie dich von deinem Egoismus. Glaube nicht, dass du die Person bist, die eine Verbesserung bewirken kann. Lass diese Ziele ruhen. Lass Gott sich um sie kümmern. Wenn du dich von deinem Egoismus befreist, kann Gott dich als Instrument benutzen, um sie zu verwirklichen, aber der Unterschied ist, dass du dir nicht bewusst bist, dass du sie tust. Das Unendliche wird durch dich wirken, und es wird keine Selbstverehrung geben, die die Arbeit verdirbt. Sonst strebt man nach Namen oder Ruhm und dient eher dem persönlichen Selbst als der Menschheit.

Fast alle Menschen sind mehr oder weniger unglücklich, da fast alle das wahre Selbst nicht kennen. Das wahre Glück liegt allein in der Selbsterkenntnis. Alles andere ist flüchtig. Wer sein Selbst erkennt, wird immer glücklich sein."

F.: „Macht die Welt jetzt Fortschritte?"

A.: „Es gibt einen, der die Welt regiert, und es ist Seine Aufgabe, sich um die Welt zu kümmern. Derjenige, der der Welt Leben gegeben hat, weiß auch, wie man sich um sie kümmert.

Wenn wir Fortschritte machen, macht auch die Welt Fortschritte. Wie du bist, so ist die Welt. Was nützt es, die Welt zu verstehen, wenn man das Selbst nicht versteht? Ohne Selbsterkenntnis ist das Wissen über die Welt von keinem Nutzen. Sieh die Welt mit den Augen deines höchsten Selbst."

F.: „Ist es für Westler schwieriger, sich nach innen zurückzuziehen?"

A.: „Ja, sie sind *rajasisch* (aktiv, erregbar). Die Energie geht nach außen. Wir müssen innerlich ruhig sein und dürfen das Selbst nicht vergessen. Dann können wir äußerlich mit unserem Handeln weitermachen. Vergisst ein Mann, der auf der Bühne eine Frauenrolle spielt, dass er ein Mann ist? In ähnlicher Weise müssen auch wir unsere Rollen auf der Bühne des Lebens spielen, aber wir dürfen uns nicht mit diesen Rollen identifizieren."

„Du kannst deine Regierungsarbeit fortsetzen. Du kannst weiterhin das Eheleben in der Welt führen wie bisher. Du kannst die Bühne betreten, die alle Bühnen übersteigt, nur vergiss nicht das Eine. Behalte Es immer im Sinn, was auch immer du gerade tust."

F.: „Was ist die beste Art zu leben?"

A.: „Das ist unterschiedlich, je nachdem, ob man ein *Jnani* ist oder nicht. Ein *Jnani* findet nichts, was vom Selbst verschieden oder getrennt ist. Alles ist im Selbst. Das Universum und das, was jenseits davon ist, sind im Selbst zu finden." [Talk 106]

F.: „Wie kann man die spirituelle Trägheit der anderen beseitigen?"

A.: „Hast du deine eigene beseitigt? Wende dich mit deinen Nachforschungen der Selbstsuche zu. Die Kraft, die sich in dir entfaltet, wird auch auf andere wirken." [Talk 109]

F.: „Was ist mit P.B.s (Paul Bruntons) Vorstellung vom inspirierten Handeln?"

A.: „Lass die Aktivitäten weitergehen. Sie beeinflussen das reine Selbst nicht." [Talk 111]

„Die Schwierigkeit besteht darin, dass der Mensch denkt, er sei der Handelnde. Das ist ein Irrtum. Es ist die höhere Macht, die alles tut, und der Mensch ist nur ein Werkzeug. Wenn er diese Position akzeptiert, ist er frei von Problemen. Andernfalls fordert er sie heraus. Die gemeißelte Figur im

Tempelturm zeigt große Anstrengung, aber der Turm ruht auf der Erde und stützt die Figur. So ist der Mensch, der das Empfinden des Handelns auf sich nimmt." [Talk 63]

F.: „Wie soll ein Aspirant seine Arbeit verrichten?"

A.: „Ohne sich als Handelnder zu identifizieren. Als du zum Beispiel in Paris warst, hattest du nicht die Absicht, diesen Ort zu besuchen. Du siehst, wie du handelst, ohne dass du die Absicht hast, dies zu tun. In der *Bhagavad Gita* III.4 heißt es, dass ein Mensch nicht ohne Handeln sein kann. Der Zweck der eigenen Geburt wird sich von selbst erfüllen." [Talk 189]

„Allmählich wird die Konzentration angenehm und leicht werden, und du wirst in diesem Zustand sein, ob du dich um Geschäfte kümmerst oder dasitzt, um zu meditieren. Die Geschäfte werden dir umso leichter fallen, wenn dein Geist durch Konzentration gefestigt und gestärkt ist."

F.: „Ich habe kein Interesse an Geschäften und befürchte, dass meine Yogapraxis dadurch beeinträchtigt wird?"

A.: „Nein, dein Blickwinkel wird sich ändern, wie es in der *Gita* II heißt. Du wirst das Geschäft als einen bloßen Traum betrachten, aber das wird es nicht beeinträchtigen, denn du wirst dich weiter darum kümmern, als wäre es ernst."

F.: „Die Schwierigkeit besteht darin, in einem gedankenlosen Zustand zu sein und den Pflichten nachzukommen."

A.: „Überlass den gedankenlosen Zustand sich selbst. Betrachte ihn nicht als etwas, das dich selbst betrifft. So wie du beim Gehen unwillkürlich Schritte machst, tue dies auch bei deinen anderen Handlungen." [Talk 146]

„Du willst jetzt woanders hingehen, und von dort aus wirst du dich wieder an einen anderen Ort wünschen. Somit können deine Reisen kein Ende finden. Du erkennst nicht, dass es dein Geist ist, der dich auf diese Weise antreibt. Kontrolliere ihn zuerst, und du wirst glücklich sein, wo immer du bist. Ich glaube, dass Swami Vivekananda irgendwo die Geschichte eines Mannes erzählt hat, der versuchte, seinen Schatten zu begraben, und feststellte, dass über jeder Grasnarbe, die er auf das Grab legte, um seinen Schatten zu begraben, dieser wieder erschien. Der Schatten konnte nie begraben werden! Ähnlich verhält es sich, wenn man versucht, seine Gedanken zu begraben.

Man muss daher versuchen, den Ausgangspunkt zu finden, wo die Gedanken entspringen, und die Gedanken, den Geist und die Wünsche ausmerzen."

F.: „Die Suche nach dem Selbst in einer Welt des Elends ist egoistisch. Selbstlose Arbeit ist besser."

A.: „Das Meer ist sich seiner Wellen nicht bewusst. In ähnlicher Weise ist sich das Selbst seines Egos nicht bewusst." [Talk 47]

Während der Maharshi den Hügel hinunterging, waren einige Kehrer bei der Arbeit. Einer von ihnen hörte mit der Arbeit auf und wollte sich vor ihm niederwerfen. Der Maharshi sagte: „Sich mit seiner Pflicht zu beschäftigen, ist das wahre *Namaskar*. Seine Pflicht sorgfältig zu erfüllen, ist der größte Dienst für Gott." [Talk 227]

„Seit dem Beginn der Schöpfung gibt es Böses und Kummer. Du fragst, warum die *Rishis* (Weisen) die Dinge nicht in Ordnung bringen. Die *Veden* berichten von den *Asuras* (Dämonen), die seit frühester Zeit existieren. Es gibt eine Kraft der Opposition in der Welt, die Zwietracht und Leid erzeugt, aber sie wirkt, damit der Mensch wächst und sich entwickelt. Es ist eine Naturkraft, die mit dem Guten koexistiert."

F.: „Wie kann man das spirituelle und das weltliche Leben miteinander in Einklang bringen?"

A.: „Es gibt nur eine Erfahrung. Was sind weltliche Erfahrungen anderes als solche, die auf dem falschen Ich aufgebaut sind?" [Talk 43]

Der Maharshi antwortete jemandem, der behauptete, die *Bhagavad Gita* predige *Karma Yoga* (den Yoga des Handelns), das tue sie nicht. Sie lehrt, dass man mit selbstlosen Motiven handeln soll. Dies kann nur erreicht werden, nachdem man die Illusion des Egos erkannt hat, d.h. *Jnana*. Daher lehrt sie *Jnana Yoga* (den Yoga der Erkenntnis), der das höchste Yoga ist. Er sagte, die *Gita* lehre, dass der Mensch handeln soll, indem er das Universelle durch sich handeln lässt.

F.: „Warum ist die Welt in Unwissenheit?"

A.: „Lass die Welt für sich selbst sorgen. Wenn du der Körper bist, gibt es die grobstoffliche Welt. Wenn du der Geist bist, ist alles nur Geist. Suche danach, und das Ego verschwindet. Wenn du nachforschst, wirst du feststellen, dass die Unwissenheit nicht existiert. Es ist der Geist, der Elend, Dunkelheit usw. empfindet. Sieh das Selbst." [Talk 363]

F.: „Was ist der Zweck allen Leidens und Übels in der Welt?"

A.: „Deine Frage ist selbst das Ergebnis des Leidens. Das Leid lässt den Menschen an Gott denken. Hättest du die Frage gestellt, wenn das Leid nicht gewesen wäre? Abgesehen von den *Jnanis* hat jeder Mensch, vom König bis zum Bauern, ein gewisses Maß an Leid. Selbst in den Fällen, in denen es nicht vorhanden zu sein scheint, ist es nur eine Zeitlang so. Früher oder später kommt es. Auch mag ein Mensch beim ersten Schicksalsschlag nicht den Kummer hinterfragen oder an Gott zweifeln, aber beim fünften Schicksalsschlag wird er es wahrscheinlich tun. Wir haben dieses Fahrzeug (den Körper) angenommen, um unseren wahren Zustand zu erkennen."

F.: „Aber warum sollte die Unvollkommenheit aus der Vollkommenheit kommen?"

A.: „Wäre die Manifestation des Universums nicht gewesen, hätten wir nicht über den wahren Zustand nachgedacht. Der Zweck der Manifestation ist es, dass du die Ursache dafür erkennst, warum sie geschieht. Es gibt keine *Maya*, wenn du deinen wahren Zustand kennst. Es ist deine Schuld, wenn du dich selbst nicht kennst."

F.: „Was ist der Unterschied zwischen dem Westen und dem Osten?"

A.: „Alle erreichen das gleiche Ziel." [Talk 128]

F.: „Ich bin Arzt. Wie kann ich heilen?"

A.: „Die dauerhafte Heilung ist *Jnana*. Das muss der Patient selbst erkennen. Je nach seiner Reife wird er es erkennen. Wenn eine Krankheit verschwindet, kommt eine andere."

Zu einem jungen Mann, der verlangte, dass ihm Kräfte gegeben werden, um den Materialismus in der Welt auszurotten: „Menschen, die selbst unfähig sind, bitten um göttliche Kräfte, die zum Wohl der Menschen eingesetzt werden sollen. Das ist wie bei dem Lahmen, der sagte, er würde den Feind überwältigen, wenn man ihm nur auf die Beine helfen würde! Die Absicht ist gut, aber es fehlt der Sinn für das rechte Maß." [Talk 51]

F.: „Ist der Weltplan wirklich gut?"

A.: „Er ist in der Tat gut. Der Fehler liegt auf unserer Seite. Wenn wir diesen Fehler korrigieren, ist der ganze Plan gut."

F.: „Wie können wir das Leiden in der Welt verändern?"

A.: „Verwirkliche das Selbst. Das ist alles, was nötig ist."

F.: „Die Welt ist materialistisch. Was ist das Heilmittel dagegen?"

A.: „Materiell oder spirituell, je nach deiner Sichtweise. Habe die richtige Sichtweise. Der Schöpfer weiß, wie er sich um seine Schöpfung kümmern muss."

F.: „Wie kann ich anderen helfen?"

A.: „Welchen anderen kannst du helfen? Wer ist das Ich, das anderen helfen soll? Kläre zuerst diesen Punkt, dann wird sich alles von selbst regeln." [Talk 135]

F.: „In der Welt gibt es weit verbreitete Katastrophen, z.B. Hungersnöte, Seuchen, usw. Was ist die Ursache dafür?"

A.: „Wem erscheint das alles? In deinem Schlaf warst du dir der Welt und ihres Leids nicht bewusst. Du bist dir dessen nur in deinem Wachzustand bewusst. Bleibe in dem Zustand, in dem du dir der Welt nicht bewusst warst, und ihre Leiden berühren dich nicht. Wenn du als das Selbst bleibst, wie im Schlaf, werden die Welt und ihre Leiden dich nicht berühren. Deshalb schaue nach innen. Suche das Selbst. Dann werden die Welt und ihr Elend ein Ende haben."

F.: „Es gibt große Männer, Arbeiter für das Gemeinwohl, die das Problem des Elends der Welt nicht lösen können."

A.: „Sie sind egozentrisch und daher unfähig. Wenn sie im Selbst bleiben würden, wären sie anders." [Talk 272]

F.: „Wie kann man Arbeit und Meditation miteinander vereinbaren?"

A.: „Wer ist der Arbeiter? Derjenige, der arbeitet, soll die Frage stellen. Du bist immer das Selbst, nicht der Geist. Es ist der Geist, der diese Fragen aufwirft. Die Arbeit findet immer in der Gegenwart des Selbst statt. Sie ist kein Hindernis für die Verwirklichung. Es ist die falsche Identität des

Arbeiters, die ihn beunruhigt. Befreie dich von dieser falschen Identität. Alltägliche Aktivitäten laufen automatisch ab. Wisse, dass der Geist, der sie antreibt, nur ein Phantom ist, das vom Selbst ausgeht. Warum denkst du, dass du aktiv bist? Die Aktivitäten sind nicht deine eigenen. Sie sind die Aktivitäten Gottes." [Talk 68]

F.: „Es heißt, dass die Anstrengungen zu einer Leere des Geistes führen und Arbeit nicht möglich ist."

A.: „Gehe zuerst in diese Leere und sage es mir danach." [Talk 78]

F.: „Wenn man ein solches Selbst im Gedächtnis behält, wird man dann immer richtig handeln?"

A.: „Es sollte so sein. Aber eine solche Person kümmert sich nicht um das Richtige oder Falsche von Handlungen. Ihre Handlungen sind von Gott und daher richtig." [Talk 24]

F.: „Wie kann mein Geist ruhig sein, wenn ich ihn mehr benutzen muss als andere Menschen? Ich möchte in die Einsamkeit gehen und auf die Arbeit als Schulleiter verzichten."

A.: „Nein. Du kannst bleiben, wo du bist, und mit der Arbeit weitermachen. Was ist die Unterströmung, die den Geist belebt und ihn befähigt, all diese Arbeit zu tun? Nun, das Selbst! Das ist also die wahre Quelle deiner Aktivität. Werde dir dessen einfach während deiner Arbeit bewusst und vergiss es nicht. Kontempliere im Hintergrund deines Geistes, auch während du arbeitest. Um das zu tun, solltest du nicht in Eile sein. Nimm dir Zeit. Halte die Erinnerung oder die wahre Natur lebendig, auch während der Arbeit, und vermeide Eile, die dich vergessen lässt. Sei bedachtsam.

Übe dich in Meditation, um den Geist zur Ruhe zu bringen und ihn zu veranlassen, sich seiner wahren Beziehung zum Selbst, das ihn trägt, bewusst zu werden." (Er verglich es mit den Speichen eines Rades, die, ob dünn oder dick, alle innerhalb desselben Kreises sind. So geschieht alle verstandesmäßige Arbeit innerhalb desselben Kreises des Selbst).

„Stell dir nicht vor, dass du es bist, der die Arbeit macht. Denke, dass es die zugrunde liegende Strömung ist, die sie tut. Identifiziere dich mit dieser Strömung. Wenn du in aller Ruhe und mit Besinnung arbeitest, braucht deine Arbeit oder dein Dienst kein Hindernis zu sein.

Krishna hat *Arjuna* in der *Gita* gesagt, er solle im Selbst verankert sein und entsprechend seiner Natur handeln, ohne den Gedanken, etwas zu tun. Dann würden ihn die Ergebnisse seiner Handlungen nicht berühren. Das Verweilen im Selbst ist also die Summe der Lehre der *Gita*. Selbst wenn man es als Pflicht und Handlung interpretiert, bedeutet es, als Werkzeug einer höheren Macht zu handeln."

F.: „Ist es sinnvoll, Ost und West einander näher zu bringen?"

A.: „Das wird automatisch geschehen. Es gibt eine Macht, die die Geschicke der Nationen lenkt. Diese Fragen stellen sich nur, wenn man den Bezug zur Realität verloren hat." [Talk 164]

F.: „Wie lässt sich Verwirklichung mit Lohnarbeit vereinbaren?"

A.: „Handlungen sind nicht die Ursache von Bindung. Bindung ist nur die falsche Vorstellung, dass ‚ich' handle. Lass solche Gedanken weg, aber lass den Körper und die Sinne ihre Rolle spielen, ohne dass du dich einmischst." [Talk 46]

F.: „Ist Arbeit ein Hindernis?"

A.: „Nein. Der verwirklichte Mensch hat nicht das Gefühl, ein Handelnder zu sein. Sogar ein Aspirant kann sich in der Selbsterforschung üben. Während der Arbeit mag es für einen Anfänger schwierig sein, aber nach einiger Übung wird es effektiv, und die Arbeit ist kein Hindernis für die Meditation." [Talk 17]

F.: „Wie werden die Geschäfte weitergehen, wenn man geistige Stille bewahrt?"

A.: „Wenn Frauen mit Wasserkrügen auf dem Kopf gehen und sich mit ihren Begleiterinnen unterhalten, achten sie sehr auf die Last auf ihrem Kopf. Ähnlich verhält es sich, wenn ein *Jnani* Tätigkeiten ausübt, die ihn nicht verunreinigen, weil sein Geist in *Brahman* verweilt." [Talk 231]

F.: „Wir sind Menschen, die in der Welt leben und die eine oder andere Art von Kummer haben. Wir beten um Hilfe und sind dennoch nicht zufrieden. Was ist zu tun?"

A.: „Vertraue Gott. Wenn du dich Ihm hingibst, musst du in der Lage sein, dich an Seinen Willen zu halten und dich nicht über das zu beklagen, was dir vielleicht nicht gefällt. Die Dinge können sich anders entwickeln, als es den Anschein hat. Bedrängnis führt Menschen oft zum Glauben an Gott." [Talk 43]

F.: „Ich bin ein sündiger Mensch!"

A.: „Warum denkst du so von dir? Du hast mit Recht alle Verantwortung auf Gott geworfen, an den du glaubst. Er wird sich darum kümmern.

Hab barmherzige Liebe für andere, aber halte sie geheim. Zeig sie nicht und sprich nicht darüber."

„Wenn Wünsche in Erfüllung gehen, sei nicht überglücklich. Wenn sie enttäuscht werden, sei nicht enttäuscht. Das Hochgefühl kann trügerisch sein. Es sollte geprüft werden, denn die anfängliche Freude kann zuletzt in Kummer enden. Was auch immer geschieht, bleibe unberührt und wie du warst."

F.: „Aber wie kann ich einem anderen bei seinen Problemen, seinen Schwierigkeiten helfen?"

A.: „Was soll das Gerede von einem anderen? Es gibt nur das Eine. Versuche zu erkennen, dass es kein Ich, kein Du, kein Er gibt, sondern nur das eine Selbst, das alles ist. Wenn du an das Problem eines anderen glaubst, glaubst du an etwas außerhalb des Selbst. Du hilfst ihm am besten, wenn du die Einheit von allem erkennst, und nicht durch äußere Aktivitäten.

Das Ego betrifft alle Aktivitäten im Wachzustand, das Bewusstsein, den Verstand. Wo ist das Ich im Tiefschlaf? Der Verstand ist still, der Körper ist still, und doch ist das Selbst da. Es sind die Aktivitäten im Wachzustand, die das wahre Selbst verschleiern, indem sie das Ego erschaffen. Das falsche Selbst erscheint als das wahre Selbst."

„Alles in diesem Universum wird von einer höchsten Macht gelenkt, aber wenn ein Mensch sich nicht an den für ihn bestimmten Weg hält, sondern über dessen Grenzen hinausgeht, dann bestraft Gott ihn. Durch dieses Leiden wendet er sich dem Selbst zu. Aber wenn die Strafe vorbei ist, hört er auf, Gott zu verehren, und sündigt erneut, wodurch er sich eine noch größere Strafe zuzieht. Wenn er aufgeregt oder ängstlich ist, muss er erkennen, dass er sich nicht auf dem für ihn bestimmten Weg befindet, sondern sich verirrt hat, denn auf dem für ihn bestimmten Weg ist er friedlich und zufrieden. Er sollte im Selbst verweilen und nicht versuchen, sich in Wünsche,

Ambitionen usw. zu verirren, die über das hinausgehen, was Gott ihm gibt, sondern egolos sein."

„Wessen freier Wille ist es? Du glaubst, es sei deiner. Du bist jenseits von Willen und Schicksal. Bleibe so, und du transzendierst beides. Das ist der Sinn der Überwindung des Schicksals durch den Willen. Das Schicksal kann besiegt werden. Das Schicksal ist das Ergebnis des *Karmas*. Aber durch *Satsanga* werden die schlechten *Vasanas* besiegt. Du siehst deine Erfahrungen in der richtigen Perspektive."

„Ich bin jetzt der Genießer der Früchte des *Karmas*. Ich war in der Vergangenheit und werde in der Zukunft sein. Wer ist dieses Ich? Wenn man dieses Ich als reines Bewusstsein jenseits von *Karma* und Genuss erkennt, gewinnt man Freiheit und Glück. Dann gibt es keine Anstrengung, denn das Selbst ist vollkommen, und es gibt nichts zu gewinnen. Solange es Individualität gibt, ist man Genießer und Handelnder. Doch wenn sie verloren geht, handelt das Göttliche und lenkt den Lauf der Dinge.

Beschränkungen und Disziplin sind für *Jivas* und nicht für *Muktas* gedacht. Der freie Wille ist in den biblischen Anweisungen, gut zu sein, enthalten. Er beinhaltet die Überwindung des Schicksals. Das geschieht durch *Jnana* (siehe *Gita* IV. 37): ‚Wie das Feuer, das entfacht wird, alles Brennmaterial zu Asche reduziert, oh *Arjuna*, so reduziert das Feuer der Erkenntnis alle Werke zu Asche.'" [Talk 209]

„Wenn irgendetwas passiert, neigen wir dazu, es etwas oder jemand anderem zuzuschreiben. Tatsache ist jedoch, dass unsere Erfahrungen bereits von uns selbst geschaffen wurden, und nichts geschieht, was wir mehr oder weniger verdienen. Was können andere uns antun?"

„Andere sind nicht verantwortlich dafür, was uns passiert. Sie sind nur Instrumente für das, was uns auf die eine oder andere Weise zustößt. Lass uns stark im Glauben sein und nicht der Angst erliegen. Was auch immer geschieht, geschieht gemäß unserem *Prarabdha*. Es soll sich selbst erschöpfen. Böse Absichten und Handlungen werden zurückwirken und uns nicht beeinträchtigen, nur weil sie es wünschen. Es wird von uns verlangt, nicht an uns selbst zu denken. Warum sollten wir also Angst vor anderen haben?"

F.: „Wenn eine Seele im Säuglings- oder Kindesalter stirbt, scheint das nicht gerecht zu sein, weil sie noch nicht genug Lebenserfahrung hat, um Erkenntnis zu erlangen?"

A.: „Du kennst die Sichtweise des Kindes nicht! Dein Standpunkt ist einfach der des Verstandes. Wir und unsere Kinder sind alle von Gott und in Gott. Gott kümmert sich um uns und unsere Kinder."

„Tiere können denken wie Menschen. Wir dürfen uns nicht vorstellen, dass sie Kreaturen ohne Sinne sind. Einige, die in Kontakt mit Menschen gekommen sind, können Worte und Gespräche verstehen." Er zeigte auf eine Kuh und sagte, sie könne intelligent denken.

„Der einzelne Mensch muss sein *Karma* erleiden, aber *Ishwara* schafft es, das Beste aus seinem *Karma* für Seine Zwecke zu machen."

„Gott manipuliert die Früchte des *Karmas*. Er fügt nichts hinzu und nimmt nichts weg. Das Unterbewusstsein des Menschen ist ein Lagerhaus für gutes und schlechtes *Karma*. *Ishwara* wählt aus diesem Lagerhaus das aus, was Seiner Meinung nach am besten für die spirituelle Entwicklung eines jeden Menschen geeignet ist, ob es nun angenehm oder schmerzhaft ist. Es gibt also nichts Willkürliches."

„Der verwirklichte Mensch kennt weder Vergangenheit, Gegenwart noch Zukunft. Er steht über der Zeit, denn er lebt im zeitlosen Selbst."

„Was ist es, das geboren wird? Nicht das wahre Selbst. Wenn wir einmal in dieses hineingeboren sind, ist es endgültig. Das ist die wahre und einzige Geburt – die spirituelle Geburt. Die anderen sind nur flüchtige Inkarnationen der *Vasanas*. Wenn es den Körper nicht gäbe, würden wir nicht von dem Geist (spirit) in uns sprechen. Wir wären das wahre Selbst."

„Der erleuchtete Mensch beobachtet einfach, wartet ab und sieht, was passiert. Er lässt den Dingen ihren Lauf. Er überlässt alles dieser absoluten Macht, die man Gott, *Karma* oder wie auch immer nennen kann. In ihm gibt es keinen Egoismus. Sei also still.

Es gibt einen Vers in der *Gita*, der besagt, dass derjenige, der ohne Anhaftung an die Sinne und ohne Egoismus (das Gefühl ‚ich tue dies') handelt, obwohl er einen Feind tötet, kein *Karma* erzeugt. In ähnlicher Weise ist ein solcher Erleuchteter frei von allem vergangenen *Karma* und von allen vergangenen *Vasanas*. Wie kann es *Karma* oder *Vasanas* geben, wenn das Ich, das Ego, das sie verursacht oder verursacht hat, zerstört wurde?"

„Der erleuchtete Mensch plant nicht für die Zukunft und denkt nicht im Voraus. Warum sollte er auch? Es gibt in ihm keinen Sinn für das Ich mehr. Die unendliche Macht, die fähig ist, Dinge zu tun, lenkt ihn."

F.: „Ich möchte auf den Kailash steigen."

A.: „Man kann diese Orte nur sehen, wenn man dazu bestimmt ist, nicht anders. Aber nachdem man alles gesehen hat, bleiben immer noch mehr Orte unbesucht – wenn nicht in dieser Hemisphäre, dann in der anderen. Wissen impliziert Unwissenheit über das hinaus, was bekannt ist. Wissen ist immer begrenzt." [Talk 287]

„Gib dich hin, und alles wird gut. Wirf die ganze Verantwortung auf Gott. Trage nicht die Last. Was kann das Schicksal tun? Wenn man sich Gott überlässt, gibt es keinen Grund zur Sorge. Nichts wird dich berühren, wenn du von Gott beschützt wirst. Das Gefühl der Erleichterung hängt davon ab und steht im Verhältnis zum Vertrauen auf Gott oder das Selbst."

F.: „Meine Arbeit behindert mich?"

A.: „Wenn du die richtige Einstellung hast, spielt die Art des Lebens, das du führst, keine große Rolle."

F.: „In dieser reinen Atmosphäre ist der Weg leicht, aber in den Städten ist er schwierig."

A.: „Wenn du das wahre Selbst siehst, ist es dann nicht eine reine Atmosphäre? Lass den Körper denken, was er will, aber warum solltest du so denken? Wenn du ruhig bleiben kannst, ohne dich mit anderen Dingen zu beschäftigen, ist das sehr gut. Wenn das nicht möglich ist, was nützt es dann, still zu sein? Solange man verpflichtet ist, aktiv zu sein, sollte man den Versuch, das Selbst zu verwirklichen, nicht aufgeben." [Talk 255]

„Selbst wenn ein verwirklichter Mensch viele Leben zerstören würde, kann diese reine Seele keine Sünde berühren. So sagt es auch die *Gita*."

„Du selbst bist die Quelle all deines Glücks, was auch immer es sein mag, und nicht äußere Dinge. Selbst wenn du dir vorstellst, dass ein äußeres Objekt dir das Glück gegeben hat, irrst du dich. Was wirklich geschehen ist, ist, dass das Objekt dich unbewusst für einen kurzen Moment zu deinem Selbst zurückgebracht hat. Es hat das Glück entliehen und es dir so präsentierte. Das Glück kam als ein Schatten zu dir. Warum schaust du nicht auf die Quelle, auf das Selbst, und erkennst es?"

F.: „Ich bin von Ängsten vor Krankheit und Tod besessen?"

A.: „Wer wird krank? Bekommst du die Krankheit? Wenn du analysierst, was du bist, siehst du, dass Krankheit dich nicht betreffen kann. Was bist du? Stirbst du? Kannst du sterben? Denke an den *Atman*. Verwirkliche das."

F.: „Ich versuche es, aber es bleibt nicht lange in meinem Geist."

A.: „Übung macht den Meister."

F.: „Und währenddessen?"

A.: „In der Zwischenzeit muss es kein Leiden geben."

F.: „Kann die Verwendung von Mitteln zur Geburtenkontrolle zur Unsterblichkeit führen?"[1]

A.: „Du musst die Dinge an der Wurzel packen. Finde die wahre Ursache der Geburt, und dann ersticke sie. Lass das, was geboren wird, sich selbst kontrollieren. Für wen ist diese Geburt? Es gibt einen alten Vers, der besagt: ‚Die Begierden werden immer größer und brennen immer heftiger, je mehr sie genährt werden.' Die einzige wirksame Kontrolle besteht also darin, die Ursachen zu kontrollieren, die Begierden im Inneren zu kontrollieren und so moralisch zu werden."

F.: „Wie kann man Lust, Wut usw. kontrollieren?"

A.: „Wer hat diese Leidenschaften? Finde es heraus. Wenn du als das Selbst bleibst, wirst du nichts anderes als das Selbst finden. Dann gibt es keine Notwendigkeit, sie zu kontrollieren usw." [Talk 252]

„Wenn das Glück eines Menschen auf äußere Ursachen und äußere Besitztümer zurückzuführen ist, dann sollte ein Mensch ohne Besitztümer überhaupt kein Glück haben. Zeigt die reale Erfahrung dies? Nein. Denn im Tiefschlaf ist der Mensch aller Besitztümer einschließlich seines Körpers

---

[1] Das bezieht sich auf verschiedene Yogatechniken, um die Samenflüssigkeit zu erhalten, die in *Ojas* (Vitalität) umgewandelt werden kann.

beraubt. Doch anstatt unglücklich zu sein, genießt er eine glückselige Befreiung. Wünscht sich nicht jeder, fest zu schlafen? Das Glück ist also nicht auf äußere Ursachen zurückzuführen, sondern auf die Rückkehr in das Selbst. Wenn das reine Ich, die Wirklichkeit, vergessen wird, taucht alles Elend auf. Wenn es festgehalten wird, beeinträchtigt das Elend die Person nicht. Das Abweichen vom Selbst ist die Ursache für alles Elend." [Talk 3]

In der Ashram-Halle fiel nachts eine schlafende Schlange vom Dach herab. Der Maharshi befahl den Männern, eine Laterne zu nehmen, um ihr den Weg zur Tür zu leuchten, und sie nicht zu verletzen. Er sagte: „Wir sind als Gäste in ihren Aufenthaltsort gekommen und haben daher nicht das Recht, sie zu belästigen. Lasst sie in Ruhe."

F.: „Was ist deine Meinung zu sozialen Reformen?"

A.: „Selbstreform führt automatisch zur Sozialreform. Beschränke dich auf die Selbstreform. Die Sozialreform wird sich von selbst erledigen." (Talk 282)

Der Maharshi sagte 1938 zu Dr. Nambiar, der ihn auf seine Krankheiten ansprach (der Maharshi hatte damals blutende Hämorrhoiden): „Ich bin dieses Körpers überdrüssig."

F.: „Wird ein Lehrer benötigt?"

A.: „Wie bei jeder körperlichen und geistigen Ausbildung wird ein kompetenter Lehrer gesucht. So gilt in geistigen Dingen die gleiche Regel."

(Paul Brunton zu sich selbst:) „Meine Schriften entstehen oft unerwartet und auch unzusammenhängend. Oft fällt mir ein Absatz oder ein Satz vor den früheren Teilen ein, der zum Ende oder Mitte einer Schrift gehört."

16. Weisheit als das Ideal

„Der verwirklichte Mensch findet sich in anderen wieder. Sie sind nicht anders als er selbst. Es ist weise mit weisen Menschen, aber unwissend mit unwissenden Menschen. Er spielt mit den Kindern und ist gelehrt mit den Gelehrten."

„Die Meditation über das Gesicht oder die Form des Gurus ist nur für Anfänger geeignet. Die fortgeschrittenen Schüler sollten sich innerlich auf das Selbst konzentrieren. Das ist gleichbedeutend mit der Meditation über den Guru, denn er ist eins mit dem Selbst."

„Der Selbstverwirklichte ist nicht als Müßiggänger oder fauler Schmarotzer zu betrachten. Seine Kräfte entwickeln sich unaufhörlich, und im Laufe der Zeit wird er vielleicht okkulte Kräfte entwickeln und manifestieren, wenn das sein *Karma* ist. Dies ist für den *Jnani* in der objektiven Welt lediglich eine Art von Sport, da er kein Interesse oder einen besonderen Zweck zu erfüllen hat. Aber wenn sein *Prarabdha* anders ist, manifestieren sich die *Siddhis* nicht, und der weise Mensch, der gewohnheitsmäßig und von Natur aus im *Atman* ruht, sucht keinen anderen Weg."

„Wenn jemand verwirklicht ist, ergreift ein universeller Lebensstrom von ihm Besitz und benutzt ihn fortan. Sein eigener, getrennter Wille ist verschwunden. Er wird zu einem Instrument in seinen Händen. Dies ist die wahre Selbsthingabe. Dies ist die höchste *Kundalini*, dies ist wahres *Bhakti*, dies ist *Jnana*."

„Ein Verwirklichter sendet in seiner Aura Wellen spirituellen Einflusses aus, die viele Menschen zu ihm hinziehen. Dennoch kann er in einer Höhle sitzen und völliges Schweigen bewahren. Wir können uns Vorträge über die Wahrheit anhören und weggehen, ohne viel von dem Thema begriffen zu haben, aber wenn wir mit einem Verwirklichten in Kontakt kommen, obwohl er nichts sagt, werden wir das Thema viel besser begreifen. Er muss nicht immer in die Öffentlichkeit gehen. Wenn nötig, kann er andere als Instrumente benutzen.

Ist ein Guru für den spirituellen Fortschritt nötig? Ja, aber der Guru ist in dir. Er ist eins mit deinem eigenen Selbst."

„Alle Vorträge und Bücher nützen wenig und sind nur für Anfänger hilfreich, um den Weg zu zeigen. Der wahre Dienst wird in der Meditation geleistet. Ein einziger, der still und schweigend dasitzt – wie in dem Gedicht des tamilischen Heiligen *Tayumanavar* erwähnt – kann ein ganzes Land beeinflussen. Die Kraft der Meditation ist unendlich viel mächtiger als Reden oder Schriften. Jemand, der in der Stille dasitzt und über das Selbst meditiert, wird eine ganze Reihe von Menschen zu sich ziehen, ohne dass er zu irgendjemand hinausgeht.

Selbst Bücher wie die *Bhagavad Gita*, Light on the Path, müssen aufgegeben werden, um das Selbst zu finden, indem man nach innen schaut. Sogar die *Gita* sagt: ‚Meditiere über das Selbst.‘ Sie sagt nicht: ‚Meditiere über das Buch, die *Gita*‘.“

F.: „Prajnananda hat mir geschrieben, um dich zu fragen, ob er dein Schüler werden kann.“[1]

A.: „All diese Gurus und Schüler existieren nur vom Standpunkt des Schülers aus. Für das verwirklichte Selbst gibt es weder Guru noch Schüler – nur ein Selbst. Der Guru ist der Schüler. Nur weil du das Körperbewusstsein hast, betrachtest du ihn als getrennt.“

F.: „Aber ein Guru kann helfen.“

A.: „Sicherlich, ja, er kann helfen.“

F.: „Kann ich sagen, dass Glaube und Liebe zu dir alles ist, was er zeigen muss?“

A.: „Ja.

Durch wiederholte Übung kann man sich daran gewöhnen, sich nach innen zu wenden und das Selbst zu finden. Man muss sich unaufhörlich bemühen, bis man es dauerhaft verwirklicht hat. Danach hört alle Anstrengung auf. Der Zustand wird natürlich. Das Höchste nimmt den Menschen in einem ungebrochenen Strom in Besitz. Solange dein gewohnter Zustand nicht dauerhaft natürlich geworden ist, sei dir bewusst, dass du das Selbst nicht verwirklicht, sondern es nur flüchtig gesehen hast.“

---

[1] Der Engländer Swami Prajanananda begleitete Brunton auf seiner ersten Reise zum Ashram 1931.

„Die Seele, die das Selbst verwirklicht, kann noch mit einem funktionierenden Körper, den Sinnen und dem Geist verbunden sein, ohne sich jedoch mit diesem Körper zu identifizieren."

F.: „Gibt es etwas, das bei der Einweihung übertragen wird?"

A.: „Übertragung bedeutet, dass das Gefühl, der Schüler zu sein, ausgelöscht wird. Das macht der Meister. Nicht, dass der Mensch einmal etwas war und sich später in einen anderen verwandelt hat. Wenn das Individuum gesucht wird, ist es nirgends zu finden. So ist der Guru. Ein solcher ist ein *Dakshinamurti*.

Was hat er getan? Er hat geschwiegen. Die Schüler sind vor ihm erschienen, und er hat geschwiegen. Die Zweifel der Schüler wurden zerstreut, was bedeutet, dass sie ihre individuellen Identitäten verloren haben. Solcher Art ist der Guru, und solcher Art ist die wahre Einweihung. Das ist *Jnana* und nicht das Geschwätz, das man gewöhnlich damit verbindet.

Schweigen ist die wirksamste Form der Arbeit. Wie umfangreich und eindringlich die *Sastras* auch sein mögen, sie verfehlen ihre Wirkung. Der Guru ist still, und in all seinem Schweigen herrscht Frieden. Er ist gewaltiger und nachdrücklicher als alle *Sastras* zusammen. Diese Fragen entstehen aus dem Gefühl heraus, dass du, nachdem du so lange hier warst, so viel gehört und dich so angestrengt hast, nichts gewonnen hast. Die Arbeit, die im Innern vorgeht, ist nicht sichtbar. In Wirklichkeit ist der Guru immer bei einem."
[Talk 398]

„*Tayumanavar* sagt: ‚Oh Herr, du begleitest mich durch all diese Geburten, lässt mich nie im Stich und rettest mich schließlich.' Das ist die Erfahrung der Verwirklichung.

Die Srimad *Bhagavad Gita* sagt auf eine andere Weise dasselbe: ‚Wir zwei sind nicht nur jetzt, sondern waren schon immer so.'"

F.: „Ist Gnade nicht das Geschenk des Gurus?"

A.: „Gott, Gnade und Guru sind alle synonym und auch ewig und immanent. Ist das Selbst nicht bereits im Innern? Ist es Sache des Gurus, es durch seinen Blick zu schenken? Wenn der Guru so denkt, hat er den Namen nicht verdient. In den Büchern steht, dass es so viele Einweihungen gibt, wie *Hasta Diksha* (Einweihung durch die Hand), *Sparsa Diksha* (Einweihung durch

Berührung), geistiges *Diksha* usw. Sie sagen, dass der Guru einige Riten mit Feuer, Wasser, *Japa*, Mantras usw. durchführt, und nennen solche fantastischen Aufführungen Einweihungen, als ob der *Sishya* (Schüler) erst nach solchen Prozessen reif werden würde!" [Talk 398]

„Die Gnade des Gurus ist mehr wert als Studium und Meditation. Sie ist ursprünglich. Alles andere ist sekundär."

„Die Gnade des Gurus ist wie eine ausgestreckte Hand, die dir aus dem Wasser hilft." [Talk 398]

F.: „Ist die göttliche Gnade wirklich nötig? Können die ehrlichen Bemühungen eines Menschen ihn nicht zum Ziel bringen?"

A.: „Ja, das ist der Fall. Aber das Geschenk einer solchen Gnade wird nur demjenigen zuteil, der ein wahrer Verehrer oder ein Yogi ist, der sich hart und unaufhörlich auf dem Pfad bemüht hat. Die Gnade des Gurus ist die gleiche wie die Gnade Gottes, denn der Guru ist nicht von Ihm verschieden." [Talk 29]

F.: „Ich bete um deine Gnade, weil menschliche Bemühungen ohne Gnade vergeblich sind."

A.: „Beides ist notwendig. Die Sonne scheint, aber du musst dich umdrehen und sie ansehen, um einen Blick auf sie zu erhaschen. In ähnlicher Weise ist sowohl individuelle Anstrengung als auch Gnade nötig.

Die Gnade ist in dir. Wenn sie äußerlich ist, ist sie nutzlos. Die Gnade ist das Selbst. Du bist nie außerhalb ihres Wirkens. Wenn du dich an den Guru erinnerst, wirst du dazu vom Selbst veranlasst. Ist die Gnade nicht schon da? Gibt es einen Moment, in dem die Gnade nicht in dir wirkt? Das Erinnern an den Guru ist der Vorläufer der Gnade. Letztere ist sowohl die Antwort als auch der Impuls. Dies ist das Selbst, und dies ist Gnade. Es gibt keinen Grund zur Besorgnis." [Talk 251]

F.: „Aber ist nicht die Gnade eines Gurus oder Gottes für den Fortschritt im *Vichara* nötig?"

A.: „Ja, aber die Untersuchung, die du verfolgst, ist selbst die Gnade des Gurus oder Gottes."

F.: „Was ist der Weg?"

A.: „Die Methode kann alles sein. Aus welchen Richtungen auch immer die Pilger kommen, sie dürfen die Kaaba nur auf einem Weg betreten."

F.: „Man spricht von verschiedenen Methoden. Welche Methode ist die einfachste?"

A.: „Die Methoden erscheinen leicht, je nach dem Wesen des Einzelnen. Es hängt davon ab, was er zuvor praktiziert hat."

F.: „Wie lange ist ein Guru nötig?"

A.: „Solange es Unwissenheit gibt. Der Guru, der sich ansonsten als Gott manifestiert, leitet den Devotee an, indem er ihm sagt, dass Gott in ihm ist und Er das Selbst ist. Dies führt zur Introversion des Geistes und schließlich zur Verwirklichung. Bis zum Zustand der Verwirklichung ist Anstrengung nötig. Dann sollte das Selbst spontan offenbar werden. Bis zu diesem Zustand der Spontaneität ist Anstrengung in irgendeiner Form erforderlich." [Talk 78]

F.: „Wie kann man einen ernannten Guru treffen?"

A.: „Intensive Meditation bringt die Vollendung. Der Blick des Weisen hat eine reinigende Wirkung." [Talk 135]

„Wenn du deine eigene Wirklichkeit verstehst, wird dir die des *Rishis* klar sein. Es gibt nur einen Meister, und das ist das Selbst." [Talk 164]

„*Sanat Kumara*, der eine Urheber, wirkt durch alle Gurus der Welt. Es gibt also keinen Unterschied zwischen ihnen und ihm. Er gibt seine Lehre und Einweihung, die die höchste ist, in der Stille."

F.: „Gibt der Guru bewusst Hilfe?"

A.: „Die Gnade des Gurus wirkt automatisch und spontan. Der Schüler erhält genau die Hilfe, die er benötigt."

F.: „Du sagst, dass der Schüler Verbindung mit den Weisen haben und ihnen dienen soll."

A.: „Ja, das erste bedeutet in Wirklichkeit die Verbindung mit dem unmanifesten *Sat* oder der absoluten Existenz. Aber da nur sehr wenige das tun können, müssen sie das Zweitbeste nehmen, nämlich die Verbindung mit dem manifesten *Sat*, d.h. dem Guru. Man sollte Gesellschaft mit den Weisen pflegen, weil die Gedanken so hartnäckig sind. Der Weise hat den Geist bereits überwunden und bleibt in Frieden. Seine Nähe hilft, dass auch andere diesen Zustand erreichen. Ansonsten hat es keinen Sinn, seine Gesellschaft zu suchen. Der Guru gibt die nötige Kraft, die von anderen nicht gesehen werden kann." [Talk 54]

„Der Dienst besteht in erster Linie darin, im Selbst zu verweilen, aber es gehört auch dazu, für die Bequemlichkeit des Gurus zu sorgen und sich um seinen Wohnort zu kümmern. Auch der Kontakt mit dem Guru ist nötig, aber das bedeutet spirituellen Kontakt. Wenn der Schüler den Guru innerlich findet, dann ist es egal, wohin er geht. Hier oder anderswo zu sein ist dasselbe und hat dieselbe Wirkung." [Talk 45]

„Ein *Jnani* fühlt sich nicht von seinem Körper unterdrückt. Sind jene *Jnanis*, die in Körpern lebten und heilige Bücher schrieben, keine *Jnanis* mehr?" [Talk 30]

„Der Guru ist letztlich das Selbst, aber er manifestiert sich als äußerer Guru auf einer niedrigeren Stufe der Entwicklung des Geistes. Ein spirituell gesinnter Mensch nimmt Gott als seinen Guru an und glaubt, dass Gott überall ist. Später bringt Gott ihn mit einem persönlichen Guru in Kontakt, dessen Gnade ihn fühlen lässt, dass sein Selbst die Wirklichkeit und der Guru ist."

F.: „Kann ein Guru uns die Verwirklichung nicht als Geschenk geben?"

A.: „Der Guru ist eine sehr mächtige Hilfe auf dem Weg, aber es bedarf auch deiner Anstrengung. Es ist wichtig, dass du die Sonne siehst. Kann eine Brille die Sonne für dich sehen? Du musst deine wahre Natur sehen." [Talk 28]

F.: „Wird ein kompetenter Guru nicht eine große Hilfe für mich sein?"

A.: „Ja. Arbeite weiter mit dem Licht, das du jetzt zur Verfügung hast, und du wirst deinen Guru treffen, denn er wird dich selbst suchen." [Talk 31]

„Wer will schon physische Unsterblichkeit? Wir sollten nur eines wollen: das Selbst zu erkennen, in ihm zu sein und diesen Körper zu verlassen. Warum also das Leben in ihm verlängern?"

Seine Hoheit, der Maharaja von Mysore, besuchte den Maharshi 15 Minuten lang und schwieg fast die ganze Zeit. Beim Mittagessen an diesem Tag, als die Devotees darüber sprachen, bemerkte der Maharshi: „Er ist eine hochentwickelte Seele. Er ist ein *Janaka*. Wozu soll man reden, wenn ein Wissender einen anderen Wissenden trifft? Es genügt, wenn sich ihre Augen begegnen. Als Antwort und Anerkennung wenden sie sich sofort nach innen. Eine Unterhaltung ist dann unnötig." [Talk 373]

„Was ist das für ein Gerede von der Gnade des Gurus? Nimmt dich der Guru bei der Hand und flüstert dir etwas ins Ohr? Du stellst dir vor, dass er dasselbe ist wie du. Weil du einen Körper hast, denkst du, dass er auch einen Körper hat, um etwas Greifbares für dich zu tun. Aber seine Arbeit liegt im Inneren.

Wie erhält man einen Guru? Wenn ein Verehrer selbstlos zu Gott betet, erbarmt sich Gott, der immanent ist, seiner in seiner Gnade und manifestiert sich als ein Wesen, das der Stufe des Verehrers entspricht. Der Devotee denkt, er sei ein Mensch, und erwartet eine Beziehung wie zwischen Körpern, aber der Guru, der Gott oder das inkarnierte Selbst ist, wirkt von innen heraus, hilft dem Menschen, den Irrtum seiner Wege zu erkennen, und führt ihn auf den richtigen Weg, bis er das Selbst in sich selbst erkennt. Nach einer solchen Verwirklichung spürt er: ‚Ich war vorher so besorgt. Ich bin doch das Selbst, derselbe wie vorher, aber von nichts betroffen. Wo ist derjenige, der unglücklich war? Er ist nicht zu finden.'

Was sollten wir jetzt tun? Handle nach den Worten des Meisters. Arbeite im Inneren. Der Guru ist sowohl innen als auch außen. So schafft er Bedingungen, um dich nach innen zu treiben, und bereitet das Innere vor, um dich in die Mitte zu ziehen. Er gibt dir einen Anstoß von außen und übt einen Sog von innen aus, damit du im Zentrum fixiert bist. Im Schlaf bist du innerlich zentriert. Gleichzeitig mit dem Aufwachen stürmt dein Geist nach außen und denkt dies, das und alles andere. Das muss kontrolliert werden.

Das ist nur für denjenigen möglich, der sowohl nach innen als auch nach außen wirken kann. Kann er mit einem Körper identifiziert werden? Wir denken, dass wir die Welt mit unseren Bemühungen erobern können. Wenn wir äußerlich frustriert und innerlich getrieben sind, spüren wir, dass es eine höhere Macht als den Menschen gibt. Die Existenz der höheren Macht muss zugelassen und anerkannt werden. Das Ego ist ein sehr mächtiger Elefant und kann von niemand geringerem als einem Löwen unter Kontrolle gebracht werden, der in diesem Fall kein anderer ist als der Guru, dessen Blick den Elefanten erzittern und sterben lässt.

Wir werden zu gegebener Zeit erfahren, dass unser Ruhm dort liegt, wo wir aufhören zu existieren. Um diesen Zustand zu erlangen, sollte man sich selbst hingeben und sagen: ‚Herr, Du bist meine Zuflucht.' Der Meister sieht dann, dass dieser Mensch in einem geeigneten Zustand ist, um Führung zu erhalten, und führt ihn." [Talk 398]

„Die beste Unterweisung ist die Rede von Herz zu Herz in der Stille."

F.: „Wenn jemand nach langem Ringen die Erkenntnis erlangt, ist das dann seine eigene Tat oder das Wirken des Geistes (Spirit)?"

A.: „Es ist die Wirkung der Strömung."

F.: „Man sagt, dass *Ishwaras* Gnade nötig ist?"

A.: „Wir sind *Ishwara*. Indem wir uns als Ihn sehen, haben wir Seine Gnade. Sein Wesen ist Gnade.

Das persönliche Beispiel und die persönliche Unterweisung sind die hilfreichsten Mittel auf dem Weg, und Praxis ist besser als Bücher." [Talk 28]

F.: „Erleichtert Bhagavan den Aspiranten den Weg, indem er selbst eine Art stellvertretendes *Tapas* übt, sodass sie sich nicht abmühen müssen?"

A.: „Wenn das so wäre, würde jeder das Ziel leicht erreichen! Jeder muss für sich selbst arbeiten." [Talk 257]

„Eine höhere Macht führt dich. Lass dich von ihr leiten. Sie weiß, was zu tun ist und wie. Vertraue auf sie." [Talk 265]

F.: „Habe ich deine Gnade und deinen Segen?"

A.: „Warum solltest du daran zweifeln?

Jnana wird durch *Satsanga* oder vielmehr seiner Atmosphäre erworben."

„Überlasse es Ihm. Gib dich vorbehaltlos hin, entweder weil du deine Unfähigkeit zugibst und eine höhere Macht brauchst, um dir zu helfen, oder um zu erforschen. Gehe in die Quelle ein, und verschmelze mit dem Selbst. Gott verlässt keinen, der sich ergeben hat." [Talk 363]

Ein Zwischenfall: (Der Maharshi ist auf einen Skorpion getreten.)

F. „Was ist geschehen?"

A.: „Ich bin unwissentlich auf den Skorpion getreten und habe ihn verletzt. Daraufhin hat er mich gestochen, um mich an seine Existenz zu erinnern."

F.: „Ist Gnade nötig?"

A.: „Gewiss. Aber die Gnade ist immer schon da. Sie ist das Selbst und muss nicht erworben werden." [Talk 354]

Swami Siddheswarananda von der Ramakrishna Mission erzählte mir: „Als ich eines Morgens um 7 Uhr in der Halle saß, fragte ich den Maharshi nach einem bestimmten Vers von *Nammalwar* über seine Sichtweise des kosmischen Bewusstseins. Der Maharshi antwortete: ‚Ich werde einige ähnliche Verse eines anderen tamilischen Dichters zitieren. Konzentriere dich auf meine Worte, und du wirst sie verstehen können, obwohl du ein Malayali von der Westküste bist. Der Vers bezieht sich auf die göttliche Liebe.'

Ein Sonnenstrahl fiel durch das Fenster auf sein Gesicht. Kaum hatte er zwei Zeilen vorgelesen, sah ich, wie ihm Tränen über das Gesicht liefen. Dann hörte er auf, als wäre die Bedeutung der Worte zu intensiv für ihn. Es herrschte eine Atmosphäre der Liebe um ihn herum. Zwei oder drei Stunden lang schwieg er in einer Trance göttlicher Ergriffenheit. Der Rest des Gedichts blieb ungelesen, das Buch lag auf dem Knie, die Augen standen offen."

Der Swami hatte früher den Eindruck gehabt, dass der Maharshi trocken, kalt und gleichgültig sei. Diese Erfahrung zeigte, wie tief er fühlen kann.

„Derjenige, der das Selbst sieht, hat die Macht, anderen zu helfen, ihr Selbst zu sehen. Er ist der wahre Guru, und das ist die einzige Einweihung."

F.: „Kann der Guru den Schüler dazu bringen, das Selbst zu erkennen, indem er seine eigene Kraft auf ihn überträgt?"

A.: „Der Guru bewirkt die Verwirklichung nicht. Er beseitigt lediglich die Hindernisse, die der Verwirklichung entgegenstehen, denn das Selbst ist immer verwirklicht." [Talk 282]

Die Aussage des Maharshi vor dem örtlichen Gericht in Bezug auf eine Klage von Perumal Swami im Dezember 1936.[1]

F.: „Zu welcher der vier *Asramas* (Lebensstufen) gehörst du?"

A.: „Zu einer, der die vier allgemein Lebensstufen überschreitet."

F.: „Gibt es außer dir noch andere?"

A.: „Das kann sein."

F.: „Du hast dem weltlichen Leben entsagt, aber hier, im Ramanashram, gibt es Eigentum (in deinem Namen). Warum ist das so?"

A.: „Ich strebe nicht danach. Der Besitz ist mir aufgezwungen worden. Ich liebe oder hasse ihn nicht."

F.: „Wurde er dir gegeben?"

A.: „Er wurde dem Swami gegeben, wer auch immer er sein mag. Aber der Körper wird als Swami in der Welt betrachtet. Dieser ist der Körper. Er reduziert sich auf mich selbst."

F.: „Gibst du *Upadesh* (Unterweisung)?"

A.: „Die Besucher stellen Fragen, und ich beantworte sie so, wie ich es weiß. Es ist an ihnen, mit meinen Worten zu machen, was ihnen gefällt."

F.: „Ist es *Upadesh*?"

A.: „Wie kann ich sagen, wie andere es auffassen?"

F.: „Hast du Schüler?"

A.: „Ich gebe kein *Upadesh* auf zeremonielle Weise, zum Beispiel, indem ich ein Ritual abhalte und der Person ein Mantra zuflüstere. Er kann sich als mein Schüler oder Devotee bezeichnen. Ich betrachte niemanden als meinen Schüler. Ich habe nie *Upadesh* bei irgendjemand gesucht, noch gebe ich

---

[1] Perumal Swami war in der Skandashram-Zeit eine Art Ashram-Manager. Als Chinnaswami, der jüngere Bruder Sri Ramanas, Ashram-Manager wurde, konnte er sich damit nicht abfinden und ging vor Gericht, um sein Recht auf den Posten einzuklagen. Als Hauptargument diente ihm, dass Ramana als *Sannyasin* keinen Besitz haben durfte und deshalb auch kein Recht hatte, seinen Bruder als Ashram-Manager einzusetzen. Anbei das Protokoll der Befragung. (Anm. d. Übers.)

147

zeremonielles *Upadesh*. Wenn Menschen sich als meine Schüler bezeichnen, kann ich das weder gutheißen noch missbilligen. In meinen Augen sind alle gleich. Was kann ich ihnen sagen? Ich bezeichne mich weder als Schüler noch als Guru."

F.: „Warum hast du den Bau des Skandashram auf dem Hügel, der Tempelland war, genehmigt, ohne vorher die Erlaubnis der Behörden einzuholen?"

A.: „Ich war von derselben Macht geleitet, die mich auf den Hügel kommen und wohnen ließ."

F.: „Du hast auf Geld verzichtet. Wie kommt es, dass Spenden im Ashram angenommen werden?"

A.: „Diese Praxis entwickelte sich später, weil einige Mitarbeiter begannen, meinen Namen zu benutzen, um Geld zu sammeln. Ich habe ihr Vorgehen nicht gebilligt und sie nicht kontrolliert. Deshalb geht es weiter damit. Ich möchte nicht, dass Spenden angenommen werden, aber die Leute hören nicht auf diesen Rat. Ich möchte keine unwirksamen Ratschläge geben. Deshalb kontrolliere ich sie nicht."

F.: „Warum unterschreibst du nicht mit deinem Namen?"

A.: „Mit welchem Namen bin ich bekannt? Das weiß ich selbst nicht. Die Menschen haben mir von Zeit zu Zeit verschiedene Namen gegeben, seit ich hier angekommen bin. Aber der Autor von Self-Realization hat seine Antwort auf diese Frage gegeben."

F.: „Du empfängst und berührst eine Art von Opfergaben (Früchte). Warum solltest du nicht auch Geld annehmen?"

A.: „Ich kann kein Geld essen. Was soll ich damit tun?"

F.: „Hast du keine Einwände gegen die Dauer des Aufenthalts von Besuchern?"

A.: „Nein. Wenn es mir nicht gefällt, gehe ich weg. Das ist alles."

F.: „Es gibt Gurus für jede Lebensstufe. Gibt es auch einen Guru für die Stufe, die über die vierte hinausgeht?"

A.: „Ja."

F.: „Aber du anerkennst keinen."

A.: „Es gibt für jeden einen Guru. Ich anerkenne auch einen Guru für mich."

F.: „Wen?"

A.: „Das Selbst."

F.: „Für wen?"

A.: „Für mich selbst. Der Guru kann innen oder außen sein. Er kann sich innerlich offenbaren oder äußerlich kommunizieren."

F.: „Können diejenigen, die sich auf dieser transzendenten Stufe befinden, Eigentum besitzen?"

A.: „Für sie gibt es keine Beschränkungen. Sie können tun, was sie wollen. Von *Suka* heißt es, dass er geheiratet und Kinder gezeugt hat."

F.: „Dann ist er wie ein *Grihasta* (Haushälter)?"

A.: „Ich habe bereits gesagt, dass er über den vier anerkannten *Asramas* steht."

F.: „Aber wenn sie heiraten können, Eigentum besitzen usw., sind sie nur *Grihastas*."

A.: „Das mag deine Ansicht sein."

F.: „Können sie ihr Eigentum auf andere übertragen?"

A.: „Sie mögen es tun oder nicht. Alles hängt von ihrem *Prarabdha* ab."

F.: „Gibt es ein *Karma* für sie?"

A.: „Ihr Verhalten ist nicht durch irgendwelche Regeln oder Kodizes geregelt."

F.: „Wenn Besucher hierbleiben wollen, brauchen sie dann deine Erlaubnis?"

A.: „Die Erlaubnis der Leitung ist meine Erlaubnis. Die Besucher sind meinetwegen hierhergekommen. Die Leitung ist für mich da. Wo immer es ein gegenseitiges Einverständnis gibt, mische ich mich nicht ein. Wenn Besucher hierherkommen und ich sie aufnehme, werden andere es dann wagen, meinem Willen zu widersprechen? Mein Einverständnis ist stillschweigend." [Talk 281]

Wenn der Maharshi einem Devotee *Trataka* [Auge-zu-Auge-*Darshan*] gibt, schielt er manchmal, da das rechte Auge nach vorne schaut, während das linke Auge in einem schrägen Winkel blickt. Der Effekt ist ziemlich seltsam und mysteriös. Zuerst hebt er seinen Blick zur Decke und senkt ihn dann langsam auf die Ebene des Devotees, bevor er *Trataka* vermittelt.

„Der kosmische Geist, der sich in einem seltenen Wesen manifestiert, ist in der Lage, in anderen die Verbindung zwischen dem individuellen (schwachen) und dem universellen (starken) Geist in der inneren Tiefen herzustellen. Ein solches seltenes Wesen wird der manifestierte Guru oder Gott genannt."

F.: „Darf ein Mensch sein Wissen lehren, auch wenn es noch so unvollkommen ist?"

A.: „Wenn es sein *Prarabdha Karma* ist.

Der *Jnani* sagt: ‚Ich bin der Körper', der *Ajnani* sagt: ‚Ich bin der Körper.' Worin besteht der Unterschied? ‚Ich bin' ist die Wahrheit. Der Körper ist die Begrenzung. Der *Ajnani* begrenzt das Ich auf den Körper. Das Ich im Schlaf ist unabhängig vom Körper. Das gleiche Ich ist auch jetzt im Wachzustand da.

Obwohl man denkt, dass das Ich im Körper ist, ist es ohne den Körper. Die falsche Vorstellung ist: ‚Ich bin der Körper.' Das Ich sagt es. Der Körper ist empfindungslos und kann es nicht sagen.

Der Fehler liegt darin zu denken, dass das Ich das ist, was es nicht ist. Das Ich kann kein träger Körper sein. Die Bewegungen des Körpers werden mit den Bewegungen des Ichs verwechselt, und das Ergebnis ist Elend. Ob der Körper arbeitet oder nicht, das Ich bleibt frei und glücklich.

Das Ich des *Ajnani* ist nur mit dem Körper identifiziert. Darin liegt der ganze Irrtum. Das Ich des *Jnani* umfasst den Körper und alles. Ein Zwischenwesen entsteht und stiftet Verwirrung." [Talk 248]

F.: „Ist Gnade nicht wirksamer als *Abhyasa* (ständige Praxis)?"

A.: „Der Guru hilft dir einfach bei der Auslöschung der Unwissenheit." [Talk 398]

F.: „Ich kann dich nicht so oft besuchen wie ich möchte?"

A.: „Du brauchst nicht zu kommen. Du brauchst dich nicht entmutigen zu lassen. Wo immer du bist, weiche nicht von dir selbst ab."

F.: „Hast du Gedanken?"

A.: „Normalerweise habe ich keine Gedanken."

F.: „Aber wenn du liest?"

A.: „Dann habe ich Gedanken."

F.: „Und wenn dir jemand eine Frage stellt?"

A.: „Auch dann habe ich Gedanken, wenn ich antworte, sonst nicht."

„*Krishnas* Aussage, dass er von Zeit zu Zeit wiedergeboren wird, wenn die Welt es braucht, ist eine Beschwichtigung für die Unwissenden die ihn mit dem Körper verwechselt. Er ist die Wirklichkeit und daher ungeboren."

Einmal, nachdem ich mich niedergeworfen hatte, sagte der Maharshi: „Warum tust du da? Es ist nur eine Äußerlichkeit. Es ist nicht nötig. Ich muss jede Frage beantworten, denn wenn ich das nicht tue, bin ich nicht groß. Ich kann nicht hellsehen. Gott hat mir diese Gabe nicht geschenkt. Was soll ich also tun? Wie kann ich alle Fragen beantworten? Die Menschen nennen mich Maharshi und behandeln mich auch so. Aber ich sehe mich nicht als Maharshi."

„In der (christlichen) Dreifaltigkeit ist der Sohn Gottes der Guru oder der manifestierte Gott, der einem Gläubigen erklärt, dass der Heilige Geist allem innewohnt."

F.: „Wie kann ich die Vorstellung von diesem wahren Zustand immer vor Augen haben?"

A.: „(Du tust es nicht,) weil du nicht in der Lage bist, diesen einen Gedanken zu bewahren, weil du nicht standhaft bist, weil du denkst, du seist ein Körper! Die Vorstellung, dass du nach Tiruvannamalai gehen und den Maharshi sehen musst, ist nur eine Tätigkeit des Verstandes. Es ist keine Hilfe erforderlich. Du bist bereits in deinem ursprünglichen Zustand. Wie kann dir jemand helfen, dorthin zu gelangen, wo du bereits bist? Die Hilfe, die dir gegeben wird, besteht in Wirklichkeit darin, deine falschen Vorstellungen zu beseitigen. Die großen Männer, die Gurus, können nur helfen, indem sie die Hindernisse auf deinem Weg beseitigen."

„Ein Kind und ein *Jnani* sind sich in mancher Hinsicht ähnlich. Das Kind hört auf, an Ereignisse zu denken, nachdem sie vorüber sind. Das zeigt, dass sie keine tiefen Eindrücke im Geist des Kindes hinterlassen haben. So ist es auch bei einem *Jnani*." [Talk 9]

F.: „Sind Heilige, die in abgelegenen Wäldern und tibetischen Bergen leben, noch hilfreich für die Welt?"

A.: „Durchaus. Die Verwirklichung des Selbst ist die größte Hilfe, die der Menschheit zuteilwerden kann, ganz gleich, wo der Heilige lebt."

F.: „Sollte ein Heiliger sich nicht unter die Menschen mischen, um ihnen zu helfen?"

A.: „Das verwirklichte Wesen sieht die Welt nicht als von sich selbst verschieden. Die von ihm geleistete Hilfe ist nicht wahrnehmbar, aber sie ist dennoch da. Ein Heiliger hilft der ganzen Menschheit, ohne dass sie es merkt. Das Schweigen eines Weisen bringt der Menschheit dauerhaften Nutzen und Belehrung, während Vorträge den Einzelnen für ein paar Stunden unterhalten, ohne ihn zu verbessern. Stille ist unaufhörliche Beredsamkeit. *Dakshinamurti* ist das Ideal. Er lehrte seine *Rishi*-Jünger durch Schweigen."

F.: „Aber wäre es nicht effektiver, wenn er sich unter sie mischen würde?"

A.: „Es gibt keine anderen, unter die man sich mischen könnte. Das Selbst ist die einzige Wirklichkeit."

F.: „Aber muss man sich heutzutage nicht Schüler beschaffen und nach ihnen suchen?"

A.: „Das ist ein Zeichen von Unwissenheit. Die Kraft, die dich erschaffen hat, hat die Welt erschaffen und kann sich auch um beides kümmern. [Talk 20]

F.: „Brauche ich nicht einen Führer, um Gott zu sehen?"

A.: „Wer war dein Führer, um Ramana Bhagavan zu sehen? Mit wessen Führung siehst du täglich die Welt? So wie du in der Lage bist, die Welt zu sehen, bist du auch in der Lage, dein Selbst zu sehen, wenn du dich ernsthaft darum bemühst, wobei dein Selbst allein dein Führer auf dieser Suche ist."

F.: „Ist der Guru unbedingt nötig?"

A.: „Nimm den Guru als das wahre Selbst und dein Selbst als das individuelle Selbst. Solange die Dualität in dir fortbesteht, ist der Guru nötig. Weil du dich mit dem Körper identifizierst, hältst du den Guru für jemanden, aber weder du bist der Körper noch ist es der Guru. Dieses Wissen, dass du das Selbst bist und der Guru auch, wird durch das erlangt, was du Verwirklichung nennst." [Talk 282]

F.: „Wie kann man einen kompetenten Guru erkennen?"

A.: „Durch den Frieden des Geistes in seiner Gegenwart und durch den Respekt, den du für ihn empfindest." [Talk 282]

F.: „Was nützen Leute wie du, die still dasitzen und nichts tun, wenn die Welt in großen Schwierigkeiten steckt?"

A.: „Ein selbstverwirklichtes Wesen kann nicht anders, als der Welt zu nützen. Seine bloße Existenz schenkt der Welt das höchste Gut." [Talk 210]

„Du stellst dir den Guru als das vor, was du selbst bist. Weil du einen Körper hast, stellst du dir vor, dass er etwas Greifbares für dich tut. Seine Arbeit liegt im Inneren. Der Devotee denkt, der Guru sei ein Mensch und erwartet eine Beziehung wie zwischen Körpern. Aber der Guru, der sich selbst verkörpert, wirkt von innen heraus. Der Guru schafft Bedingungen, die dich nach innen treiben, und bereitet das Innere vor, um dich ins Zentrum zu ziehen. So gibt er einen Schub und übt eine Anziehungskraft von innen heraus, sodass du im Zentrum gefestigt wirst. Im Schlaf bist du innerlich zentriert, aber wenn du aufwachst, stürmt dein Geist nach außen und denkt dies und jenes. Das muss kontrolliert werden."

F.: „Swami Vivekananda spricht davon, dass der Guru Spiritualität überträgt?"

A.: „Gibt es eine Substanz, die übertragen wird? Übertragung bedeutet in Wirklichkeit das Auslöschen des Gefühls, der Schüler zu sein." [Talk 398]

F.: „Muss der Guru einen menschlichen Körper haben?"

A.: „Du stellst diese Frage, weil du dich mit deinem Körper identifizierst. Finde heraus, ob du der Körper bist. Die Gita sagt, dass diejenigen, die die transzendentale Natur Sri *Krishnas* nicht verstehen können, Narren sind, die durch Unwissenheit getäuscht werden. Der Meister erscheint, um diese Unwissenheit zu vertreiben." [Talk 398]

„Wie *Tayumanavar* es ausdrückt, erscheint er (der Guru), um die Unwissenheit eines Menschen zu zerstreuen, so wie ein Reh als Lockvogel dient, um den Löwen im Dschungel zu fangen. Er muss mit einem Körper erscheinen, um unsere Unwissenheit, die Vorstellung ‚Ich bin der Körper' auszurotten." [Talk 398]

F.: „Was soll das ganze Gerede von Meistern usw., die die Geschicke der Welt lenken?"

A.: „Heißt es nicht: ‚Diese Menschen haben ihre nach außen gerichteten Gedanken von der Welt abgewandt und sich nach innen gerichtet, um zu meditieren'? Das ist der Zweck der Erwähnung der Meister und ihrer Hierarchie durch die Theosophen.

Wenn ein *Rishi* an einem Ort sitzt, kann er alle Dinge tun, wenn er will. Er kann Kriege auslösen oder sie beenden. Aber er weiß, dass ein kosmischer und karmischer Prozess im Gange ist. Also wird er nicht so unklug sein und sich einmischen.

Was tut der Guru? Übergibt er die Verwirklichung an den Schüler? Ist das Selbst nicht immer verwirklicht. Indem der Mensch in Kontakt mit verwirklichten Weisen bleibt, verliert er allmählich die Unwissenheit, bis sie vollständig beseitigt ist. Auf diese Weise wird das ewige Selbst enthüllt. Die Verwirklichung ist ewig und wird nicht erst durch den Guru herbeigeführt. Er hilft lediglich bei der Beseitigung der Unwissenheit." [Talk 398]

„Der Schüler gibt sich dem Meister hin. Das bedeutet, dass der Schüler keine Spur der Individualität zurückbehält und somit keine Ursache für Elend. Ohne es richtig zu verstehen, denken die Menschen, der Guru lehrt den Schüler *tat tvam asi*, (‚Du bist das', d.h. *Brahman*) als etwas, das ihn mächtiger macht als alles andere. Der Mensch ist bereits eitel. Was wird geschehen, wenn dasselbe Ich gewaltig wächst? Er wird noch törichter und unwissender. Dieses falsche Ich muss untergehen. Seine Vernichtung ist die Frucht des Dienstes für den Guru." [Talk 350]

F.: „Wie kann ich meinem Meister näherkommen?"

A.: „Bist du die Persönlichkeit? Sagt das Selbst, dass der Meister weit weg ist?" [Talk 354]

F.: „Macht Bildung einen Weisen nützlicher für die Welt?"

A.: „Selbst ein gelehrter Mann muss sich vor einem ungebildeten Weisen verbeugen. Bildung ist erlernte Unwissenheit." [Talk 355]

F.: „Ist ein Kontakt zwischen spirituellen Führern aus Ost und West möglich? Ist Indien das Zentrum der spirituellen Welt?"

A.: „Der Geist ist unbegrenzt und formlos. Das spirituelle Zentrum ist dasselbe. Es gibt nur ein solches Zentrum. Ob im Westen oder im Osten, das Zentrum kann nicht verschieden sein. Es hat keine Örtlichkeit. Da es unbegrenzt ist, umfasst es die Führer, die Welt, die Kräfte der Zerstörung und des Aufbaus. Du sprichst von Kontakt, weil du an verkörperte Wesen als Führer denkst. Die geistigen Menschen sind keine Körper. Sie sind sich ihrer Körper nicht bewusst. Sie sind Geist (spirit), grenzenlos und formlos. Es gibt immer eine Einheit unter ihnen. Diese Fragen können nicht aufkommen, wenn das Selbst verwirklicht ist."

F.: „Meditieren Theosophen, um Meister zu suchen?"

A.: „Der Meister ist im Inneren. Die Meditation dient dazu, die Unwissenheit zu beseitigen, dass er außen ist. Wenn er ein Fremder ist, auf dessen Kommen du wartest, wird er auch wieder verschwinden. Welchen Nutzen hat ein solches vergängliches Wesen? Doch solange du denkst, du seist ein Individuum oder ein Körper, so lange ist der Meister nötig und wird mit einem Körper erscheinen. Wenn diese falsche Identifikation aufhört, wird der Meister als das Selbst gefunden." [Talk 363]

F.: „Hast du deiner Mutter auf dem Sterbebett die Erlösung geschenkt?"

A.: „Kann jemand einem anderen die Befreiung schenken? Nein. Nur das eigene *Jnana* kann einem Befreiung geben."

„Schweigen ist ständiges Sprechen. Gewöhnlich behindert das Sprechen das Herz-zu-Herz-Gespräch zwischen Guru und Schüler." [Talk 265]

„Solange du denkst, dass du das Individuum bist, glaubst du auch an Gott. Wenn du Gott verehrst, erscheint dir Gott als Guru. Gib dich demjenigen hin, von dem du Gnade suchst. Wenn du dem Guru dienst, manifestiert Er sich als das Selbst." [Talk 271]

„Dies ist das Grundprinzip, um Gnade zu erlangen.

Es gibt Methoden der Einweihung (*diksha*) oder der Taufe, bei denen der Guru den Schülern hilft. Doch der Guru tut dies nicht bewusst, da er von seinem Standpunkt aus eins mit dem Schüler ist. Er tut es unbewusst. Es kann durch Willenskraft, durch Sehen, durch das *Tejas* (Feuer, Glanz) des Gurus, durch eine Berührung des Kopfes geschehen. Aber wie auch immer es geschieht, es gibt eine Veränderung im Schüler, die später spürbar wird."

F.: „Meher Baba sagt, er sei der *Avatar* (Inkarnation Gottes). Stimmt das?"

A.: „Was habe ich dazu zu sagen? Dies ist eine Frage, über die Suchende nach der Wahrheit nicht nachzudenken brauchen. Menschen, die sich auf den unteren Sprossen der Leiter befinden, verschwenden ihre Energie mit solchen Fragen. Jeder ist ein *Avatar* Gottes. Jemand, der die Wahrheit kennt, sieht jeden anderen als eine Manifestation Gottes. Er sieht in jedem Gesicht Gott.

Der Guru sieht alle Menschen als das eine Selbst. Für ihn gibt es niemanden, der unwissend ist. Er findet keinen Unterschied zwischen ihnen und sich selbst. Der Verwirklichte denkt und plant nicht für die Zukunft. Er lässt die Zukunft für sich selbst sorgen. Für ihn liegt die Zukunft in der Gegenwart."

„Ja, der Guru ist nötig. Er zeigt den Weg zum Selbst und trägt ein Licht für dich."

„Ein Mensch der Verwirklichung schaut auf die Dinge, aber er sieht sie nicht."

„Menschen wie Buddha und Jesus waren keine gewöhnlichen selbstverwirklichten Menschen. Sie kommen von höheren Ebenen. Aber solche *Avatare* kommen für die Massen. Die wenigen Strebenden brauchen sie nicht."

F.: „Wie führt *Guru-Kripa* (die Gnade des Gurus) zur Selbstverwirklichung?

A.: „Ein Aspirant wird unzufrieden. Da er mit der Welt nicht zufrieden ist, sucht er nach Befriedigung seiner Wünsche. Er betet zu Gott, und sein Geist wird gereinigt. Er sehnt sich mehr danach, Gott zu erkennen, als seine fleischlichen Wünsche zu befriedigen. Dann beginnt sich die Gnade Gottes zu manifestieren. Er nimmt die Gestalt eines Gurus an und erscheint dem Verehrer. Er lehrt ihn die Wahrheit. Er reinigt den Geist durch seine Lehren, und durch den Kontakt mit ihm gewinnt der Geist des Verehrers an Kraft und kann sich nach innen wenden. Durch Meditation wird er noch weiter geläutert und bleibt ruhig, ohne die geringste Erschütterung. Diese Ausdehnung ist das Selbst. Der Guru ist sowohl äußerlich als auch innerlich. Von außen gibt er dem Geist einen Anstoß, sich nach innen zu wenden. Von innen zieht er den Geist zum Selbst und hilft ihm, zur Ruhe zu kommen. Das ist *Kripa* (Gnade, Gunst). Es gibt keinen Unterschied zwischen Gott, dem Guru und dem Selbst". [Talk 198]

„Die Hilfe eines Gurus ist nötig und nützlich, um dich auf die Suche zu schicken. Aber du selbst musst der Suche nachgehen."

F.: „Warum helfen die *Mahatmas* nicht?"

A.: „Woher weißt du, dass sie nicht helfen? Öffentliche Reden, körperliche Aktivität und materielle Hilfe werden durch das Schweigen der *Mahatmas* aufgewogen. Diese bewirken mehr als andere." [Talk 272]

F.: „Gibt es eine spirituelle Hierarchie aller ursprünglichen Religionsstifter, die über das spirituelle Wohlergehen der Menschen wacht?"

A.: „Es mag sie geben oder nicht. Es ist bestenfalls eine Vermutung. Erkenne den *Atman* und beende alle Spekulationen. Der eine mag eine solche Hierarchie anerkennen, der andere nicht. Aber niemand kann dem *Atman* widersprechen. Die Hierarchie kann nicht getrennt von der Selbstverwirklichung des Selbst existieren, die das einzige Ziel ist." [Talk 274]

F.: „Fühlst du es nicht, wenn du geschlagen wirst? Gibt es da keine Unterscheidung? Wo ist dann *Jnana*?"

A.: „Ein Mann, der unter Chloroform oder Alkohol steht, spürt nicht, dass er geschlagen wird. Ist er ein *Jnani*? *Jnana* ist nicht unvereinbar mit dem Gefühl einer Ohrfeige." [Talk 290]

F.: „Ich will deine Gegenwart nicht verlassen und in meine ferne Heimat zurückkehren."

A.: „Stell dir vor, dass du immer in meiner Gegenwart bist. Das wird dir das richtige Gefühl geben." [Talk 68]

17. Die Lehre der Nicht-Ursächlichkeit

„Die Frage nach dem Schicksal und dem freien Willen und danach, was stärker ist, stellt sich nur für diejenigen, die die Wurzel beider nicht erforschen. Wer die Ursache kennt, darf niemals Gedanken an das Schicksal oder den freien Willen hegen." (s. Ulladu Narpadu, V. 19)

„Der Körper wird immer wieder neu geboren. Wir identifizieren uns fälschlicherweise mit dem Körper und denken daher, dass wir ständig reinkarniert werden. Nein. Wir müssen uns mit dem wahren Selbst identifizieren. Der Verwirklichte erfreut sich eines ungebrochenen Bewusstseins, das weder durch den Tod – wie könnte er sterben? – noch durch die Geburt unterbrochen wird. Nur diejenigen, die denken ‚Ich bin der Körper', sprechen von Reinkarnation. Für diejenigen, die wissen ‚Ich bin das Selbst', gibt es keine Wiedergeburt."

„Reinkarnationen gibt es nur so lange, wie es Unwissenheit gibt. Es gibt keine Inkarnation, weder jetzt noch vorher oder nachher. Dies ist die Wahrheit." [Talk 363]

F.: „Die *Veden* enthalten eine Kosmogonie. Vom absoluten *Brahman* wird gesagt, dass es das *Akasa* erschaffen hat, aus dem später alle Elemente des Universums entstanden sind. Wie kann etwas aus dem Nichts entstehen? Als Swami Vivekananda nach dem Beginn der Zeit gefragt wurde, stellte er eine Gegenfrage: ‚Wie kann man einen Punkt festlegen, an dem die ewig laufende Zeit beginnen kann?' Er erklärte die Frage für unlogisch. Seine Antwort mag logisch sein, aber sie befriedigt den Geist nicht."

A.: „Die Kosmogonie, die du erwähnst, ist nicht das Wesen der Wirklichkeit des einen Absoluten und der Unwirklichkeit alles anderen. Was über den Ursprung der Welt gelehrt wird, ist nur eine ergänzende Begründung. Diese Stellen sind für Menschen gedacht, die sich ein umfassenderes Bild von der Welt machen wollen und nach ihrer Erschaffung und Zerstörung fragen, aber wenn es in deinen Augen einen Konflikt zwischen der wesentlichen Lehre und ihnen gibt, verwirf sie und akzeptiere die letztere. Die Schriften entstehen, um unterschiedliche Geistesverfassungen zu bedienen, aber ihr Geist ist derselbe. Die Fragen werden von einem bestimmten Standpunkt aus gestellt, und die Antworten werden von demselben Standpunkt aus gegeben.

Die Schriften sind nützlich, um auf die Existenz der höheren Kraft (des Selbst) und den Weg, sie zu erlangen, hinzuweisen. Das allein ist ihre Essenz, und wenn das erkannt wird, sind sie nutzlos. Sie sind umfangreich, weil sie der Entwicklung des Suchenden angepasst sind.

Wenn man in der Skala aufsteigt, findet man die Teile, die man überschritten hat, als Stufen zu einer höheren Ebene usw. Weil die Menschen die Wahrheit ihres ewigen Selbst nicht verstehen können, sind sie begierig zu erfahren, was jenseits liegt – Himmel, Hölle, Reinkarnation usw. Doch nachdem sie überall umhergewandert sind, müssen sie schließlich zum Selbst zurückkehren. Warum also nicht jetzt? Schließlich erfordern die anderen Welten das Selbst als Betrachter. Sie sind nur in dem Maße wirklich wie er es ist." [Talk 30]

„Im Absoluten gibt es weder Schöpfung noch Zerstörung. Nur wenn der Geist erscheint, erscheint die Welt. Sowohl Schöpfung als auch Zerstörung sind Bewegungen, aber nicht auf der Grundlage des Absoluten. Sie gehören der *Shakti* an und sind ewig."

F.: „Warum bringt Gott, der immer *Sat, Chit, Ananda* ist, uns in Schwierigkeiten? Warum hat Er erschaffen?"

A.: „Kommt Gott und sagt dir, dass Er dich in Schwierigkeiten gebracht hat? Du bist es, der das sagen. Das ist wiederum falsch. Wenn es verschwindet, gibt es niemanden mehr, der sagt, dass Gott erschaffen hat. Das, was ist, sagt nicht einmal: ‚Ich bin‘, und es entsteht auch kein Zweifel, dass ‚ich nicht bin‘. Nur in einem solchen Fall sollte man sich daran erinnern: ‚Ich bin‘, sonst nicht. Sagt zum Beispiel ein Mensch immer: ‚Ich bin ein Mensch‘? Er tut es nicht. Wenn dagegen ein Zweifel aufkommt, ob man eine Kuh oder ein Büffel ist, muss man sich daran erinnern, dass man keine Kuh usw. ist, sondern sagen: ‚Ich bin ein Mensch‘. Das passiert jedoch nie. Ähnlich verhält es sich auch mit der eigenen Existenz und Verwirklichung." [Talk 197]

F.: „Warum hat sich das Selbst als diese elende Welt manifestiert?"

A.: „Damit du es suchen kannst. Deine Augen können sich selbst nicht sehen. Stell einen Spiegel vor sie. Nur dann sehen sie sich selbst. Ähnlich verhält es sich mit der Schöpfung. Sieh zuerst dich selbst und dann die ganze Welt als das Selbst." [Talk 272]

18. Der Geist

„Es gibt keine Entität mit dem Namen ‚Geist‘ (mind). Aufgrund der Entstehung von Gedanken vermuten wir etwas, von dem sie ausgehen. Das bezeichnen wir als den ‚Geist‘. Wenn wir nachforschen, um zu sehen, was es ist, gibt es nichts dergleichen. Nachdem er verschwunden ist, wird man feststellen, dass der Frieden ewig bleibt. Das Denkvermögen (*Manas*) oder das Unterscheidungsvermögen (*Vijnana*) sind nur Namen. Ob es nun Ego, Geist oder Verstand heißt, es ist dasselbe. Wessen Geist? Wessen Verstand? Der des Egos. Ist das Ego real? Nein. Wir verwechseln das Ego und nennen es Verstand oder Geist.“ [Talk 238]

„Das Aussprechen von Worten ist keine Verehrung. Frei von Gedanken zu sein, ist *Jnana*. Es ist die absolute Existenz.“ [Talk 233]

„Die Menschen bestehen darauf, mir Fragen zu stellen, und so muss ich antworten. Aber die Wahrheit liegt jenseits der Worte.“

F.: „Wie kann man den Geist kontrollieren?“

A.: „Wird ein Dieb einen Dieb ausliefern? Wird der Geist sich selbst finden? Der Geist kann den Geist nicht suchen. Du hast ignoriert, was wirklich ist, hältst am Geist fest, der unwirklich ist, und versuchst, mit ihm zu finden, was er ist. War der Geist in deinem Schlaf da? Er war es nicht. Er ist jetzt hier. Er ist also unbeständig. Kann der Geist von dir gefunden werden? Der Geist ist nicht du. Du denkst, dass du der Geist bist, und fragst mich deshalb, wie er kontrolliert werden kann. Wenn er da ist, kann er kontrolliert werden. Aber er ist nicht da. Verstehe diese Wahrheit durch Suche. Die Suche nach der Unwirklichkeit ist nutzlos. Suche deshalb nach der Wirklichkeit, d.h. dem Selbst.

Das ist der Weg zur Beherrschung des Geistes. Es gibt nur eine Sache, die wirklich ist. Die anderen sind nur Erscheinungen. Die Vielfalt ist nicht ihre Natur. Wir lesen die gedruckten Zeichen auf dem Papier, ignorieren aber das Papier, das den Hintergrund bildet. In ähnlicher Weise bist du von den Manifestationen des Geistes eingenommen und beachtest den Hintergrund nicht. Wessen Schuld ist das?“ [Talk 238]

„Die Essenz des Geistes ist nur Gewahrsein oder Bewusstsein. Wenn das Ego ihn jedoch beherrscht, funktioniert er als Denk- oder Empfindungsvermögen. Der kosmische Geist, der nicht durch das Ego begrenzt ist, hat nichts, was von ihm getrennt ist, und ist daher nur bewusst. Das ist es, was die Bibel mit ‚Ich bin, der ich bin' meint." [Talk 188]

F.: „Warum predigst du nicht, um die Menschen auf den richtigen Weg zu bringen?"

A.: „Du hast bereits entschieden, dass ich nicht predige. Weißt du, wer ich bin und was Predigen ist? Woher weißt du, dass ich es nicht tue? Besteht das Predigen darin, sich auf ein Podest zu stellen und den Leuten Vorhaltungen zu machen? Predigen ist einfach die Vermittlung von Erkenntnis. Sie kann auch im Stillen erfolgen.

Was hältst du von jemandem, der sich eine Stunde lang eine Rede anhört und dann unbeeindruckt weggeht? Vergleiche ihn mit einem anderen, der in der heiligen Gegenwart sitzt und nach einiger Zeit mit einer völlig veränderten Einstellung zum Leben weggeht. Was ist besser: Laut zu predigen, ohne etwas zu bewirken, oder schweigend dazusitzen und intuitive Kräfte auszusenden, die auf andere wirken?

Noch einmal: Wie entsteht die Sprache? Es gibt ein nicht manifestes, abstraktes Wissen, aus dem das Ego Gedanken und dann Worte entstehen lässt. In dieser Reihenfolge sind die Worte also die Urenkel der ursprünglichen Quelle. Wenn das Wort eine Wirkung haben kann, wie viel mächtiger muss dann die Verkündigung durch Schweigen sein? Urteile selbst." [Talk 285]

„Der wahre Zustand ist das Bewusstsein ohne Inhalt. Die westlichen Psychologen, die dies leugnen und sagen, das Bewusstsein müsse ein Objekt haben, haben durchaus recht, was das individuelle und mentale Bewusstsein betrifft. Ohne den Geist hat das Bewusstsein keine Individualität, so wie der Körper etwas Inaktives ist. Aber sie liegen falsch, wenn sie dies auf das universelle Sein anwenden."

Als ihn jemand fragte: „Ich nehme an, du hast Gott erkannt?", blieb er stumm und blickte ins Leere. Als der verblüffte Fragesteller ging, erklärte der Maharshi seinen Schülern, dass die Beantwortung solcher Fragen nutzlos sei und zu endlosem Gerede führen würde.

„Der Sinn oder die Bedeutung von ‚Ich' ist Gott. Die Erfahrung von ‚Ich bin' bedeutet, still zu sein." [Talk 226]

„*Mouna* bedeutet nicht, den Mund zu verschließen. Es ist ewige Rede. Der Zustand, der Sprache und Gedanken transzendiert, ist *Mouna*." [Rede 231]

F.: „Wie kann man ihn erreichen?"

A.: „Halte etwas fest und führe es zu seinem Ursprung zurück. *Mouna* (Stille) entsteht durch Konzentration. Wenn die Praxis natürlich wird, endet sie in *Mouna*. Meditation ohne geistige Aktivität ist *Mouna*. Die Unterwerfung des Geistes ist Meditation. Tiefe Meditation ist ewige Rede." [Talk 231]

F.: „Wie kann man das alles tun?"

A.: „Das Fehlen des Gefühls, dass wir das Selbst sind, ist die Grundursache für die Probleme. Lass die Gedanken los und sei, sei einfach.

Es sind die Gedanken allein, die das Hindernis schaffen. Sie sind das Problem. Finde heraus, wem die Gedanken kommen. Solange du denkst, dass ein falsches Selbst existiert, wird es auch so erscheinen, aber finde heraus, wo es auftaucht, und es verschwindet.

Diejenigen, die große Wahrheiten entdeckt haben, haben dies in der stillen Tiefe des Selbst getan." [Talk 146]

F.: „Die Schwierigkeit besteht darin, den gedankenlosen Zustand beizubehalten und dennoch zu denken, wie es für die Pflichterfüllung nötig ist."

A.: „Derjenige, der denkt, ist man selbst. Lass das Handeln von selbst geschehen. Warum solltest du dich mit der Schwierigkeit verbinden? Wenn du nach draußen gehen musst, hebst du einfach deine Füße und gehst, ohne darüber nachzudenken. So wird der Zustand allmählich automatisch, und das Denken entsteht und verschwindet von selbst, wenn es nötig ist. Die Intuition funktioniert, wenn es keine Gedanken gibt, und sie wird dich leiten. Diejenigen, die große Entdeckungen gemacht haben, haben sie nicht gemacht, weil sie begierig darauf waren, sondern in der Stille, durch Intuition und nicht durch Denken.

Mit der Selbsterforschung hört die mentale Aktivität auf. Selbst wenn du über Gott nachdenkst, ist das immer noch eine Aktivität und muss aufgegeben werden. Die *Vichara*-Frage verschmilzt mit Gott, und man hört auf, an Ihn zu denken.

Selbstverwirklichung ist das Aufhören von Gedanken und aller geistigen Aktivität. Gedanken sind wie Blasen auf der Oberfläche des Meeres (des Selbst)."

„Das falsche Ego ist mit Objekten verbunden. Das Subjekt ist allein die Wirklichkeit. Die Welt wird durch das reflektierte Licht des Geistes gesehen. Der Mond leuchtet durch das reflektierte Licht der Sonne. Wenn die Sonne untergegangen ist, ist der Mond nützlich, um Objekte zu zeigen. Aber wenn die Sonne aufgeht, braucht niemand den Mond, auch wenn er am Himmel sichtbar ist. So ist es auch mit dem Geist und dem Herzen. Der Geist wird benutzt, um Objekte zu sehen." [Talk 46]

„Der Verstand ist ein Werkzeug des Selbst, das ihn benutzt, um die Vielfalt zu messen. Er ist nicht ohne das Selbst. Wie könnte es Manifestationen des Verstandes geben, ohne dass sein Same existiert?" [Talk 112]

F.: „Wo sind Gedächtnis und Vergesslichkeit angesiedelt?"

A.: „In *Chitta* (dem Verstand)." [Talk 19]

„Menschen wie Erfinder, die nach neuen materiellen Erfindungen suchen, machen ihre Entdeckungen in einem Zustand der Selbstvergessenheit. Diese Selbstvergessenheit entsteht in einem Zustand tiefer intellektueller Konzentration, und die Erfindung offenbart sich. Dies ist auch ein Weg, um Intuition zu entwickeln. Daher ist ein geschärfter, konzentrierter Verstand nützlich und in materiellen Angelegenheiten sogar unerlässlich, aber die Offenbarung oder Intuition braucht ihre eigene Zeit, um zu entstehen, und man muss sie abwarten.

Das Wertvollste im Meer liegt auf seinem Grund. Die Perle ist so klein und doch so wertvoll und so schwer zu beschaffen. Ähnlich ist es mit dem Selbst. Um es zu finden, muss man tief in die Stille hinabtauchen, tiefer und immer tiefer, bis man es erreicht."

F.: „Ist der Zustand der Unbewusstheit dem unendlichen Sein nahe?"

A.: „Bewusstsein allein existiert." [Talk 68]

„Derjenige, der das Selbst kennt, hat nichts mehr zu tun. Von nun an wird die unendliche Kraft alle weiteren Handlungen, die nötig sind, durch ihn ausführen. Auch hat er keine Gedanken mehr.

Während der Meditation, die auf das Selbst gerichtet ist, sterben die Gedanken tatsächlich von selbst ab. Die Meditation kann auf verschiedene Objekte gerichtet sein, aber wenn sie auf das wahre Selbst gerichtet ist, ist sie auf das höchste Objekt oder vielmehr auf das Subjekt gerichtet.

Die Gedanken sind unser Feind. Wenn wir frei von Gedanken sind, sind wir von Natur aus glücklich. Im Abstand zwischen zwei Gedanken ist unser wahrer Zustand. Er ist das wahre Selbst. Werde die Gedanken los, sei leer von ihnen, sei in einem Zustand ständiger Gedankenlosigkeit. Dann bist du bewusst selbst-existent. Gedanken, Begierden und alle Eigenschaften sind unserem wahren Wesen fremd. Der Westen mag einen Menschen als großen Denker preisen. Aber was ist das? Wahre Größe ist es, frei von Gedanken zu sein.

Die wahre Antwort auf die Frage ‚Wer bin ich?‘ kommt nicht in Gedanken. Alle Gedanken verschwinden – sogar der Denker selbst verschwindet.

Das Sein ist unser Wesen. Was haben wir also zu finden? Wenn wir uns selbst kennen, werden wir nicht mehr von Gedanken oder Wünschen geplagt. Sie sind nicht unser wahrer Zustand. Wir müssen nicht unser Selbst finden, sondern einfach wir selbst sein, das sein, was wir wirklich sind – frei von Gedanken und Egoismus.“

„Um diese Selbstverwirklichung zu erlangen, gibt es folgende Mittel:

(a) Der Geist sollte von seinen Objekten abgelenkt werden. Die objektive Sicht auf die Welt muss aufhören.

(b) Auch die innere Tätigkeit des Geistes muss beendet werden.

(c) Der Geist muss also eigenschaftslos werden und bleiben. Und schließlich:

(d) Er muss in reinem *Vichara* ruhen.“

„Stille ist ununterbrochene Rede. Lautes Sprechen behindert das stille Sprechen.“ [Talk 68]

„Durch die Stille wird mehr erreicht, und mehr Gedanken werden durch die Stille an eine größere Welt übermittelt. Alle Störungen durch mündliche Fragen und Antworten kommen zwar scheinbar dem Fragesteller und einigen wenigen Zuhörern in dieser Halle zugute, behindern, verzögern und unterbrechen aber in Wirklichkeit die stille Übermittlung von Gedankenwellen an Tausende von spirituellen Aspiranten auf der ganzen Welt. Jeder *Sadhaka*, der mich fragt und um Erklärung bittet, würde daher sich selbst und anderen reichlich nützen, wenn er schweigend und absolut sprachlos vor mir säße. Die größten und wirksamsten Kräfte sind jene, die unsichtbar sind, zum Beispiel der Äther, der elektrische Strom usw. Wenn du eine Frage stellen willst, gib sie deinem Geist oder deinen Gedanken, und du wirst ohne weiteres die Antwort in deinem eigenen Geist finden."

„Die wirksamste Hilfe ist die Stille."

„Gedanken sind Veranlagungen, die sich in unzähligen früheren Geburten angesammelt haben. Ihre Vernichtung muss das Ziel sein. Frei von ihnen zu sein, bedeutet Reinheit. Der Mensch wird durch die Vermischung des bewussten Selbst mit dem empfindungslosen Körper getäuscht. Diese Täuschung muss aufhören. Das allgegenwärtige Selbst braucht keine Anstrengungen zur Verwirklichung. Nur die Täuschung muss beseitigt werden." [Talk 80]

F.: „Die Gedanken sind also nicht wirklich?"

A.: „Ja, ganz recht."

„Wenn Kampfer verbrennt, bleibt kein Rückstand. Der Geist ist der Kampfer. Wenn er sich im Selbst aufgelöst hat, ohne die geringste Spur zu hinterlassen, ist das Verwirklichung." [Talk 152]

„Der Verstand ist ein Bündel von Gedanken, die ihren Ursprung im Bewusstsein oder Selbst haben. Die Gedanken sind nicht wirklich. Die einzige Wirklichkeit ist das Selbst." [Talk 221]

„Der beständige Hintergrund, der frei von Gedanken ist, die Ausdehnung, die frei von Gedanken ist, ist das Selbst. Der Geist in seiner Reinheit ist das Selbst." [Talk 293]

„Was du Geist nennst, ist eine Illusion. Er beginnt nach dem Ich-Gedanken. Der Geist ist nur ein Bündel von Gedanken. Die Gedanken haben ihre

Wurzel im Ich-Gedanken. Ohne die grob- oder feinstofflichen Sinne kannst du dir des Körpers oder des Geistes nicht bewusst sein. Dennoch kannst du ohne diese Sinne sein. In diesem Zustand schläfst du entweder oder bist dir nur des Selbst bewusst. Dieses Bewusstsein des Selbst ist immer da. Bleibe, was du bist, und deine Frage wird nicht auftauchen." [Talk 217]

„Das, was jenseits des Egos ist, ist das Bewusstsein, das Selbst. Im Schlaf ist der Geist neutral, aber nicht zerstört. Das, was neutral ist (*Laya*), taucht wieder auf. Aber der Geist, der zerstört wurde, kann nicht wieder auftauchen. Das Ziel muss sein, ihn zu zerstören und nicht in *Laya* zu versinken. In der Ruhe der Meditation geschieht *Laya*, aber das ist nicht genug. Die wahre Zerstörung besteht darin, dass der Geist nicht als etwas gesehen wird, das vom Selbst getrennt ist. Selbst jetzt existiert der Geist nicht. Erkenne das." [Talk 76]

F.: „Im Wirklichen gibt es nichts zu sehen?"

A.: „Weil du daran gewöhnt bist, dich mit dem Körper und das Sehen mit den Augen zu identifizieren, sagst du, dass du nichts siehst. Was gibt es denn zu sehen? Wer soll sehen? Wie kann man sehen? Es gibt nur ein Bewusstsein, das sich als Ich-Gedanke manifestiert, sich mit dem Körper identifiziert, sich durch die Augen projiziert und die Objekte um sich herum sieht.

Das Individuum ist im Wachzustand begrenzt und erwartet, etwas anderes zu sehen. Der Beweis seiner Sinne ist das Siegel der Autorität. Aber es würde nicht zugeben, dass der Seher, das Gesehene und der Anblick Manifestationen desselben Bewusstseins, d.h. des ‚Ich-Ich', sind. *Dhyana* hilft einem, die Illusion zu beseitigen, dass das Selbst sichtbar sein muss.

Das Gefühl des Ichs ist im Wissen immer präsent. Seine Natur ist Wissen. Wissen setzt ein Ergebnis von Eindrücken im Bewusstsein voraus.

In Wahrheit gibt es nichts Sichtbares. Wie fühlst du das Ich, das du kennst? Hältst du dir einen Spiegel vor, um dein eigenes Wesen zu erkennen? Das Bewusstsein ist das Ich. Erkenne es. Das ist die Wahrheit." [Talk 196]

F.: „Sollten wir denken, dass wir nicht das Ego sind?"

A.: „Im Tiefschlaf denken wir nicht darüber nach, ob wir es sind. So können wir im Wachzustand ohne Gedanken leben. Unsere Wirklichkeit und unser

Dasein in diesem Zustand ist das absolute Glück. Es ist das Denken, das das Ego ausmacht. Das Ego ist nur ein Gedanke.

Wir sind ohne Gedanken. Die Quelle der Gedanken ist in uns selbst. Wenn wir beginnen, uns selbst zu erforschen, entdecken wir unser wahres Wesen. Nicht durch bloße Gedanken wird man das Ego los, sondern durch Erfahrung. Stelle dir den gedankenlosen Zustand nicht als Tiefschlaf, Trance, Ohnmacht usw. vor. So etwas wie Verwirklichung gibt es nicht. Es gibt nur das Abwehren von Gedanken. Sei die Wirklichkeit, und verschwende keine Zeit damit, tausendmal laut ‚Ich bin *Brahman*' zu wiederholen. Das Ego muss versuchen, die Quelle seiner eigenen Wirklichkeit zu erkennen."

F.: „Wie kann der Geist zum Verschwinden gebracht werden?"

A.: „Man sollte keinen Versuch unternehmen, ihn zu zerstören. Zu denken oder zu wünschen, ist an sich schon ein Gedanke. Wenn der Denker gesucht wird, werden die Gedanken verschwinden."

F.: „Werden sie von selbst verschwinden? Das sieht so schwierig aus."

A.: „Sie werden verschwinden, weil sie unwirklich sind. Die Vorstellung einer Schwierigkeit ist selbst ein Hindernis für die Verwirklichung. Sie muss überwunden werden. Als das Selbst zu bleiben, ist nicht schwierig. Dieser Gedanke an die Schwierigkeit ist das Haupthindernis. Ein wenig Übung, um die Quelle des Ichs herauszufinden, wird dich dazu bringen, anders zu denken. Absolute Freiheit von Gedanken ist der Zustand, der zu einer solchen Erkenntnis des Selbst führt." [Talk 244]

„Der Geist ist nur eine Ansammlung von Gedanken."

„Einige *Jnanis* können die Kraft der Unsichtbarkeit und Nichtgreifbarkeit des Körpers erlangen. Sie sind als *Siddhas* bekannt. Sie sind *Shiva* ebenbürtig und können sogar Wohltaten gewähren. Aber keine Kräfte können der Selbstverwirklichung gleichkommen. Die Menschen sind mit der Vorstellung von *Jnana* nicht zufrieden und wollen zudem *Siddhis* haben. Sie schauen nur auf den Körper. Sie sind geneigt, das höchste Glück von *Jnana* zu vernachlässigen und statt des königlichen Pfades Nebenpfade zu beschreiten und sich auf dem Weg zu verirren. *Jnana* umfasst alles. Ein *Jnani* verschwendet keinen Gedanken an die okkulten Kräfte." [Talk 57]

„Die Sprache ist nur ein Medium zur Mitteilung der eigenen Gedanken an andere. Sie wird eingesetzt, nachdem die Gedanken auftauchen. Sie tun dies nach dem Ich-Gedanken. Der Ich-Gedanke ist die Wurzel aller Gespräche. Man versteht den anderen, wenn man ohne Denken bei der universellen Sprache bleibt. Das Schweigen ist immerwährendes Sprechen. Es wird durch das Sprechen unterbrochen. Die Worte behindern diese stumme Sprache.

In einem Kabel fließt Strom. Wenn in seinem Durchfluss ein Widerstand auftritt, bringt er eine Lampe zum Leuchten oder stellt den Ventilator an. Das Kabel bleibt voller Strom. In ähnlicher Weise ist auch die Stille der ewige Fluss der Sprache, der durch Worte behindert wird. Was man durch ein jahrelanges Gespräch nicht erfährt, kann man im Handumdrehen in der Stille erfahren, oder vor der Stille, wie zum Beispiel bei *Dakshinamurti* und seinen vier Schülern. Das ist die höchste und wirksamste Sprache." [Talk 246]

„Die okkulten Kräfte liegen nur im Bereich des Geistes. Was die Telepathie betrifft, was ist der Unterschied zwischen dem Hören aus der Ferne und aus der Nähe? Telepathie kann nicht ohne den Empfänger sein, noch Hellsichtigkeit ohne den Seher. Es ist nur er, auf den es ankommt. Ohne den Empfänger kann es keine Telepathie geben, ohne den Seher keine Vision. Telepathie und das Radio ermöglichen es, in die Ferne zu sehen und zu hören. Sie sind alle dasselbe Hören und Sehen. Es gibt keinen Unterschied in der Funktion. Der grundlegende Faktor ist das hörende Subjekt. Ohne es kann es kein Hören und kein Sehen geben. Letztere sind Funktionen des Geistes.

Die Kräfte sind nur im Geist. Sie sind nicht natürlich für das Selbst. Das, was nicht natürlich ist, sondern erworben wurde, kann nicht ewig sein. Sie sind es nicht wert, dass man sich um sie bemüht. Wenn jemand, der über begrenzte Kräfte verfügt, unglücklich ist, möchte er seine Kräfte erweitern, um glücklich zu sein. Aber überlege, ob es so sein wird. Mit begrenzten Wahrnehmungen ist er unglücklich. Das Elend muss proportional mit erweiterten Wahrnehmungen zunehmen. Okkulte Kräfte werden kein Glück bringen. Wozu sind sie außerdem gut? Um andere dazu zu bringen, das eigene Ego zu loben! Gott, das Selbst, ist die höchste Kraft und am meisten wert, gesucht zu werden. Die höchste okkulte Kraft ist das, was zum Frieden führt." [Talk 18]

F.: „Wie hat das Selbst seine wahre Natur vergessen?"

A.: „Sowohl das Vergessen als auch die Erinnerung sind nur Gedankenformen. Sie wechseln sich ab, solange es Gedanken gibt. Erinnerung und Vergessen hängen vom Ich ab, das nicht gefunden wird, wenn man es sucht, weil es unwirklich ist.

Diese Wahrheiten werden nicht verwirklicht, weil die *Samskaras* nicht zerstört worden sind. Die Wurzeln des Zweifels und der Verwirrung sind *Samskaras*, die durchtrennt werden müssen. Letzteres geschieht, indem man die vom Guru vorgeschriebene Übung befolgt. Der Guru überlässt es dem Suchenden, diesen Teil zu tun, damit er selbst die Wahrheit herausfinden kann. Die Übung macht die Samen der *Vasanas* unwirksam." [Talk 289]

„Deine Erklärung in ‚The Secret Path' (ein Buch von Brunton), dass der Verstand etwas ist, das dem Selbst später hinzugefügt wurde, etwas, das durch die Evolution das Selbst überlagert hat, ist vom höchsten Standpunkt aus gesehen nicht ganz richtig. Er muss immer im Selbst existiert haben, um sich manifestieren zu können. Daher war er latent mit dem Selbst verbunden und kam nicht später hinzu. Der Baum muss im Samen enthalten gewesen sein, sonst hätte er nicht aus ihm hervorgehen können. So muss auch der Verstand von Anfang an im Selbst enthalten gewesen sein."

F.: „Warum hilft der Maharshi den Massen nicht, indem er Vorträge hält?"

A.: „Ist Gott nicht am Werk? Hält Er Reden? Kann Arbeit nur durch Reden erledigt werden? Weißt du, wie viel Arbeit in aller Stille und ohne Sprache verrichtet werden kann?"

„Betrachte den Geist. Du stehst abseits von ihm. Wenn du nicht der Geist bist, bleibt das Selbst übrig."

Der Maharshi sagte zu Dandapani Swami, nachdem dieser einen lebhaften hellsichtigen Traum erzählt hatte, in dem der Maharshi ihm erschienen war und bestimmte Fragen beantwortet hatte: „Du warst sehr begierig, diese Antworten zu erfahren, und es war dein eigenes Selbst, das sie dir gab. Ich weiß nichts davon, dich besucht zu haben."

19. Das Höchste als Wirklichkeit

„Dieser Weg (*Atma Vichara*) ist der direkte Weg. Alle anderen sind indirekte Wege. Der erste führt zum Selbst, die anderen anderswohin. Und selbst wenn sie zum Selbst führen, dann nur, weil sie am Ende zum ersten Weg führen, der sie schließlich zum Ziel bringt. Wenn also die Aspiranten am Ende den ersten Weg einschlagen müssen, warum dann nicht jetzt? Warum Zeit verschwenden?"

F.: „Es läuft also darauf hinaus, dass ich immer nach innen schauen soll."

A.: „Ja."

F.: „Soll ich die Welt überhaupt nicht sehen?"

A.: „Du wirst nicht angewiesen, deine Augen vor der Welt zu verschließen. Wenn du dich als Körper betrachtest, erscheint die Welt als etwas Äußeres. Wenn du das Selbst bist, erscheint die Welt als *Brahman*." [Talk 272]

F.: „Die *Gita* sagt, dass die Welten wie Perlen an einer Schnur sind. Inwiefern?"

A.: „*Krishna* meint, dass sie nicht von MIR [i.e. *Krishna*] getrennt sind. Die Unterschiede sind physisch sichtbar, und deshalb betont die *Gita* die Einheit."

F.: „Aber diese Einheit gibt es erst nach der Verschmelzung mit dem Herrn?"

A.: „Wo sind wir jetzt? Die Illusion und wir sind alle in Ihm." [Talk 290]

„In Bezug auf *Maya* ist die Vorstellung, dass die Phänomene in allen Sinnen unwirklich sind, abzulehnen. Allein das, was beständig ist und sich nicht verändert, verdient den Namen der Wirklichkeit. Die Welt ist nicht wirklich, abgesehen von der verborgenen Wirklichkeit. Sie ist aber in einer anderen Weise tatsächlich die geistige Wirklichkeit."

„*Ananda* lebt in jedem Wesen."

F.: „Die Schwierigkeit besteht darin, es zu erreichen."

A.: „Man kann es nicht erreichen, weil es ewig ist. Wenn das Selbst neu erlangt werden würde, wäre es nicht von Dauer." [Talk 132]

F.: „Wie soll ich das Selbst erreichen?"

A.: „Es gibt kein Erreichen des Selbst. Wenn das Selbst erreicht werden könnte, würde das bedeuten, dass das Selbst nicht hier und jetzt da ist, sondern dass es neu erlangt werden müsste. Was neu erlangt wird, geht auch wieder verloren. Es ist also unbeständig. Was nicht beständig ist, ist es nicht wert, angestrebt zu werden. Ich sage also: Das Selbst wird nicht erreicht. Du bist das Selbst. Du bist es bereits. Tatsache ist, dass du von deinem glückseligen Zustand nichts weißt. Die Unwissenheit überwiegt und zieht einen Schleier über die reine Glückseligkeit. Die Versuche zielen nur darauf ab, die Unwissenheit zu beseitigen. Diese Unwissenheit ist nur falsches Wissen. Das Falsche liegt in der falschen Identifikation des Selbst mit dem Körper, dem Geist usw. Diese falsche Identität muss durch die Erforschung des Selbst verschwinden, und dort ist das Selbst." [Talk 251]

„Sie [die Wahrheit] ist jenseits der Dualität. Wenn es die Eins gibt, gibt es auch die Zwei. Ohne die Eins gibt es die anderen Zahlen nicht. Die Wahrheit ist weder die Eins noch die Zwei. Sie ist, wie sie ist.

Reflektiere und fühle immer das wahre Sein. Sei Das. Halte dich an ihm fest. Lass deine Suche beständig und anhaltend sein, bis du das Selbst ergreifst und dadurch ewiges Glück findest."

F.: „Wie wird man von *Maya* befreit?"

A.: „Bemühe dich nicht, *Maya* zu überwinden. Sei in deinem wahren Zustand, und *Maya* wird von selbst verschwinden. Wenn du versuchst, sie zu besiegen, wird sie dich durch viele Schwierigkeiten führen.

SEI! Wenn du irgendwelche anderen fremden Gedanken hast, finde heraus, wer sie hat. Ob du denkst, dass du das wahre Selbst bist oder nicht, du bist es immer. Für ein so einfaches, offensichtliches Ding wie die Selbstverwirklichung gibt es so viele Sorgen, so viele Yogas! Warum eigentlich? Du bist das wahre Selbst. Wie kannst du davon verschieden sein?"

F.: „Wir sind unwissend. Zeige uns den Weg, wie wir das Meer der Illusion überqueren können."

Der Maharshi antwortete nicht. Eine halbe Stunde später wiederholte der Fragesteller seine Bitte. Der Maharshi sagte: „Du sagst, dass du weißt, dass du unwissend bist. In der Tat bist du der Wissende von allem! Und doch sagst du, du wüsstest nichts."

„Indem wir das Eine erkennen, erkennen wir die vielen Götter."

„Das Bewusstsein des Selbst ist der normale Zustand. Unsere gegenwärtige Verstrickung ist der anormale Zustand. Wir stellen uns vor, dass wir uns zu einem vollkommenen Zustand entwickeln müssten, obwohl wir uns bereits in diesem Zustand befinden, ihn aber mit Anhaftungen von äußeren Dingen und Gedanken bedeckt haben. Die Menschen sprechen davon, das Überbewusstsein zu erlangen. Das ist falsch. Dieses Selbst ist unser normales Bewusstsein. Wir stellen uns vor, dass wir es entwickeln und erlangen müssten, aber wir sind die ganze Zeit darin. Nur unsere Aufmerksamkeit ist davon abgelenkt und richtet sich auf den Intellekt und Objekte.

Was erlangt werden muss, ist nicht die Wirklichkeit, nicht die Wahrheit. Wir sind bereits die Wirklichkeit, die Wahrheit."

„Ich kam hierher, ohne zu wissen, warum. Ich war hier buchstäblich ‚verzaubert'. Aber wenn man den Seher erkennt, gibt es nichts anderes mehr zu sehen, keinen anderen Ort, den man aufsuchen möchte. Der Seher, das gesehene Objekt und der Akt des Sehens, all das verschmilzt nun im Einen, dem Substrat von allem."

„Der Zustand der Verwirklichung ist wie eine gerade Hauptstraße. Der Verstand und die Sinne sind der Dschungel. Wir alle irren im Dschungel umher. Es ist schwierig, die Hauptstraße zu erreichen, aber wenn man einmal dort ist, ist der Weg gerade und einfach. Deshalb sage ich, dass diese Verwirklichung des Selbst leicht ist."

F.: „Aber würdest du sagen, dass das stille Sitzen in der Meditation über das Selbst einen so großen Einfluss auf andere hat, dass diese Kraft in der Lage ist, die Leidenschaften und aufgeregten Gedanken der meisten Menschen zu überwinden?"

A.: „Ja, sie ist die höchste Kraft und überwindet alles andere.

In der wahren spirituellen Entwicklung gibt es keine zeitliche Abfolge. Du bist hier und jetzt spirituell. Schließe dich nicht in mentale Käfige von Ebenen, Wachstumsgraden, Seinszuständen usw. ein. Umarme diese falschen Begrenzungen nicht. Du bist das spirituelle Selbst. Sei das.

Die Vorstellung, dass du dich selbst finden musst, ist töricht. Was gibt es da zu finden? Demnach gäbe es zwei Personen – die eine sucht die andere. Du bist das wahre Selbst, aber du identifizierst dich fälschlicherweise mit dem Ego (*Ahankara*) und dem Körper.

Wir sprechen davon, das Selbst zu erlangen, Gott mit der Zeit zu erreichen. Es gibt nichts zu erlangen. Wir sind bereits selbst-existent. Es wird auch keine Zeit geben, in der wir Gott näher sind als jetzt. Wir sind jetzt immer glückselig, selbst-existent, das Unendliche. Unser Bewusstsein ist ungebrochen, kontinuierlich und ewig. Es ist *Maya*, Selbsthypnose, sich vorzustellen, dass wir jetzt anders sind. Enthypnotisiere dich. Es ist das Ego, *Ahankara*, das sich vormacht, es gäbe zwei Selbste, eines, dessen wir uns jetzt bewusst sind (die Person), und das höhere Selbst, das Göttliche, dessen wir uns eines Tages bewusst werden. Das ist falsch. Es gibt nur ein Selbst, und das ist jetzt und für immer voll bewusst. Für es gibt es weder Vergangenheit, Gegenwart noch Zukunft, denn es ist außerhalb der Zeit.

Ohne die unendliche Kraft, Gott, das wahre Selbst, würde dieser Weihrauch nicht brennen, würde diese Welt nicht existieren. Dieses Selbst existiert in allen Gestalten. Es allein gibt ihnen Wirklichkeit. Daher findet sich der Erleuchtete in allen anderen wieder, denn er hat die Einheit gefunden und nimmt die Vielheit nicht mehr wahr.

Das Universum existiert innerhalb des Selbst. Deshalb ist es wirklich, aber nur, weil es seine Wirklichkeit aus dem Selbst bezieht. Wir nennen es jedoch unwirklich, um auf seine wechselnden Erscheinungen und vergänglichen Formen hinzuweisen, während wir das Selbst wirklich nennen, weil es unveränderlich ist.

Nach der Verwirklichung werden der Körper und alles andere nicht vom Selbst verschieden erscheinen."

„Wissen setzt ein gewisses Ergebnis von Eindrücken auf das eigene Bewusstsein voraus."

„*Ishwara*, Gott, der Schöpfer, der persönliche Gott ist die letzte der unwirklichen Formen, die verschwindet. Nur das absolute Sein ist wirklich. Daher sind nicht nur die Welt, nicht nur das Ego, sondern auch der persönliche Gott unwirklich. Wir müssen das Absolute finden – nichts weniger.

Während die Menschen sich selbst als Körper betrachten und ihre wahre Natur als Geist (spirit) ohne Form ignorieren, verfallen sie natürlich dem Irrtum, den höchsten Gott als Wesen mit Form zu betrachten. Die Verwirklichung ist das Heilmittel für beides."

F.: „Kennt das Absolute sich selbst?"

A.: „Es ist stets bewusst und überschreitet Wissen und Unwissenheit. Deine Frage setzt ein Subjekt und ein Objekt voraus, aber das Absolute ist jenseits von beidem. Es ist das Wissen selbst."

Der Maharshi erzählte, dass der eigentliche Prozess der Erlangung seiner spirituellen Selbstverwirklichung als Jugendlicher nicht länger als zwanzig Minuten gedauert habe. Die nächsten Jahre wurden lediglich damit verbracht, diese Verwirklichung zu festigen und sich ihr allmählich anzupassen.

„Es gibt wirklich nichts zu erreichen. Es ist jetzt da."

F.: „Ich behaupte, dass der physische Körper eines Menschen, der durch ununterbrochene Kontemplation des Selbst in *Samadhi* versunken ist, aus diesem Grund nicht bewegungslos werden muss. Er kann aktiv oder inaktiv sein. Ein anderer Mann behauptet, dass körperliche Bewegung sicherlich *Nirvikalpa Samadhi* oder die ununterbrochene Kontemplation verhindert. Was ist deine Meinung dazu?"

A.: „Ihr habt beide recht. Du beziehst dich auf *Sahaja Nirvikalpa* und der andere auf *Kevala Nirvikalpa*. In letzterem ist der Geist in das Licht des Selbst eingetaucht. Das Subjekt unterscheidet das eine vom anderen – *Samadhi*, das Aufwachen aus *Samadhi* und die Aktivität danach. Die Unruhe des Körpers, des Sehvermögens, der Lebenskraft und des Geistes, das Erkennen von Objekten und Aktivität sind für ihn Hindernisse.

Im *Sahaja* hat sich der Geist jedoch im Selbst aufgelöst und ist verloren. Die oben erwähnten Unterschiede und Hindernisse gibt es hier also nicht. Die Aktivitäten eines solchen Wesens sind wie das Füttern eines schläfrigen Jungen, wahrnehmbar für den Beobachter, aber nicht für das Subjekt. Der Fahrer, der in seinem fahrenden Wagen schläft, ist sich der Bewegung des Wagens nicht bewusst, weil sein Geist in Dunkelheit versunken ist. In ähnlicher Weise ist sich der *Sahaja Jnani* seiner körperlichen Aktivitäten nicht bewusst, weil sein Geist tot ist. Er ist in der Ekstase von *Chidananda* (ewiger Glückseligkeit) aufgelöst.

(Die beiden Worte Kontemplation und *Samadhi* wurden in der Frage nur sehr lose verwendet. Kontemplation ist ein erzwungener geistiger Prozess, während *Samadhi* jenseits der Anstrengung liegt).

Schlaf	*Nirvikalpa Samadhi*	*Sahaja Samadhi*
lebendiger Geist	lebendiger Geist	toter Geist
versunken in Vergessenheit	versunken im Licht	aufgelöst im Selbst
	wie ein Eimer mit einem Seil, der im Wasser eines Brunnens liegt	wie ein Fluss, der ins Meer mündet und seine Identität verliert
	Der Eimer wird heraufgezogen, indem man am Seil zieht.	Ein Fluss kann nicht wieder aus dem Meer geführt werden.

(Talk 187)

„Frieden ist das innere Wesen des Menschen. Wenn du ihn in dir selbst findest, wirst du ihn auch überall finden.

Der Frieden, den du in deinen vorübergehenden spirituellen Erfahrungen entdeckt hast, wurde in deinem Selbst gefunden. Er wurde dir nicht aufgezwungen. Es wird eine Zeit kommen, in der wir über unsere eigenen Bemühungen um Erkenntnis lachen. Denn wir werden feststellen, dass das, was wir vorher und nachher waren, dasselbe ist."

F.: „Wie wird man die Angst los?"

A.: „Alle Angst ist nichts anderes als ein Gedanke. Wenn es nur einen gibt, kann es keinen zweiten geben (vor dem man Angst haben kann). Wenn wir auf unser Selbst schauen, dann gibt es keine zweite Person, vor der wir uns fürchten müssen. Der Gedanke, dass es etwas außerhalb von uns selbst gibt, ist die Ursache für Angst, aber wenn wir fest in unserer eigenen Realität verwurzelt sind, gibt es keine Angst, keinen Zweifel und keine unerwünschten Eigenschaften, da sie sich alle auf das Ego ausrichten.

Der Zustand des Gleichmuts ist der Zustand der Glückseligkeit." [Talk 146]

„Die Verwirklichung ist bereits hier. Der Zustand, der frei von Gedanken ist, ist der einzig wahre Zustand. Es gibt keine solche Handlung wie Verwirklichung. Gibt es jemanden, der das Selbst nicht verwirklicht? Leugnet jemand seine Existenz? Wie kommt es, dass wir unser Selbst nicht kennen? Es sind die Gedanken, die zwischen unserem Glück stehen. Wie können wir wissen, dass wir existieren? Wenn du sagst, wegen der Welt um uns herum, wie kannst du dann wissen, dass du im Schlaf existierst?" [Talk 146]

F.: „Was ist Befreiung?"

A.: „Zu wissen, dass du nicht geboren wurdest. ,Sei still und wisse, dass Ich Gott bin.' Still zu sein bedeutet, nicht zu denken. Du hast die Kontrolle über dich selbst verloren. Wende dich nach innen. Wenn man die Quelle des Geistes sucht, wird er verschwinden und das Selbst zurücklassen." [Talk 131]

„Du wirst dir dessen später bewusst, aber das bedeutet nicht, dass dein Wesen selbst jetzt von der Meditation verschieden ist."

„Stille oder Frieden ist Verwirklichung. Es gibt keinen Moment, in dem das Selbst nicht ist. Solange es Zweifel oder das Gefühl der Nicht-Verwirklichung gibt, muss man versuchen, sich von diesen Gedanken zu befreien. Die Gedanken sind auf die Identifikation des Selbst mit dem Nicht-Selbst zurückzuführen. Wenn das Nicht-Selbst verschwindet, bleibt das Selbst allein übrig.

Um Platz zu schaffen, genügt es, die Beengtheit zu beseitigen (d.h. die physischen und mentalen Objekte). Der Raum wird nicht neu geschaffen. Nein, mehr noch, Raum ist sogar in der Beengtheit vorhanden."

„Die Abwesenheit von Gedanken bedeutet nicht Leere. Es muss einen geben, um die Leere zu erkennen. Wissen und Unwissenheit gehören zum Geist. Sie sind aus der Dualität geboren. Aber das Selbst ist jenseits von Wissen und Unwissenheit. Es ist selbst-leuchtend. Es besteht keine Notwendigkeit, das Selbst mit einem anderen Selbst zu sehen. Es gibt keine zwei Selbste. Was nicht das Selbst ist, ist das Nicht-Selbst. Das Nicht-Selbst kann das Selbst nicht sehen. Sehen oder Hören kann es nicht geben. Das Selbst liegt jenseits – ganz allein als reines Bewusstsein."

„So wie eine Frau, die ihre Halskette um den Hals trägt und sich einbildet, sie sei verloren gegangen, und so lange danach sucht, bis sie von einer

Freundin darauf hingewiesen wird, ihre Verlustangst und dann ihre Freude darüber, dass sie nichts verloren hat, geschaffen hat, so ist das Selbst da, ob du danach suchst oder nicht.

So wie die Frau sich freut, als wäre das Wiedererlangen der verlorenen Halskette etwas Neues, so offenbaren auch die Beseitigung der Unwissenheit und das Aufhören der falschen Identifikation das Selbst, das ewig existiert. Dies wird Verwirklichung genannt. Aber die Verwirklichung ist nicht neu. Sie bedeutet die Beseitigung der Unwissenheit und nichts anderes."

„Der Geist muss aus dem Sein gelöscht werden. Erkenne, wer der Denker, wer der Sucher ist. Verweile als der Denker, der Sucher. Dann verschwinden alle Gedanken.

Dieses Ego ist das reine, von Gedanken gereinigte Ego. Es ist dasselbe wie das Selbst. Solange die falsche Identifikation fortbesteht, werden auch die Zweifel fortbestehen. Es werden Fragen auftauchen, und sie werden kein Ende nehmen. Die Zweifel werden erst dann aufhören, wenn das Nicht-Selbst beseitigt ist. Das führt zur Verwirklichung. Dann gibt es niemanden mehr, der zweifelt oder Fragen stellt. All diese Zweifel sollten innerlich gelöst werden. Keine Worte, wie viele auch immer, werden befriedigen. Halte den Denker fest. Wenn der Denker nicht festgehalten wird, erscheinen die Objekte oder es entstehen Zweifel." [Talk 245]

F.: „Wie kann man Gott sehen?"

A.: „Im Innern. Wenn der Geist nach innen gerichtet ist, manifestiert sich Gott als das innere Bewusstsein."

F.: „Aber ist Gott nicht in allen Objekten, die wir um uns herum sehen?"

A.: „Gott ist in allem und in dem, der es sieht. Wo kann Gott gesehen werden? Er kann nicht im Außen gefunden werden. Er sollte im Inneren gefühlt werden. Um die Objekte zu sehen, ist der Geist nötig. Gott in ihnen zu sehen, ist nur eine mentale Tätigkeit. Aber es ist nicht wirklich. Das Bewusstsein im Inneren, das vom Geist gereinigt ist, wird als Gott empfunden." [Talk 244]

F.: „Wenn ich unendlich bin, wie bin ich dann endlich geworden?"

A.: „Analysiere deine Worte. Du beginnst mit ‚ich'. Erkenne zuerst das Ich. Wenn die Frage danach immer noch besteht, kann sie in Betracht gezogen werden, aber nicht vorher."

„Das Selbst ist hier und jetzt und allein. Es ist nicht neu und etwas, das erworben werden muss. Es ist natürlich und dauerhaft.

Der Begriff ‚Selbst' bezieht sich auf das unbegrenzte, das unendliche Selbst. Schränke die Bedeutung nicht ein."

F.: „Warum existieren Leid und Böses im Universum?"

A.: „Das ist Gottes Wille!"

F.: „Warum?"

A.: „Das ist unergründlich. Dieser Macht kann kein Motiv zugeschrieben werden. Dieses allweise, allmächtige Wesen kennt kein Wünschen, kein Ziel, das erreicht werden soll. Gott ist wie die Sonne unberührt von den Aktivitäten, die in seiner Gegenwart stattfinden. Wenn der Geist aufgrund von Ereignissen unzufrieden oder unruhig ist, ist es gut, Gottes Willen als Lösung zu akzeptieren. Es ist weise, das Gefühl der Verantwortung und des freien Willens fallen zu lassen, indem wir uns als Werkzeuge Gottes betrachten, um zu tun und zu leiden, wie es Ihm gefällt." [Talk 28]

„*Shiva, Ganapati* und andere Gottheiten wie *Brahma* existieren vom menschlichen Standpunkt aus. D.h. wenn du dein persönliches Selbst als wirklich und existent betrachtest, dann existieren sie auch. So wie eine Regierung ihre hohen Beamten hat, um die Regierung zu führen, so hat auch der Schöpfer seine Götter. Aber vom Standpunkt des höchsten absoluten Selbst aus sind all diese Götter illusorisch und müssen in der einen Wirklichkeit aufgehen.

Paramatman und *Atman* sind ein und dasselbe, das Selbst. Das Selbst ist ewig verwirklicht. Wenn es nicht ewig wäre, müsste es einen Anfang haben. Was beginnt, muss ein Ende haben und ist vergänglich. Es ist sinnlos, nach einem vorübergehenden Zustand zu suchen. Tatsache ist, dass es der Zustand des mühelosen Friedens ist. Anstrengungslosigkeit, während man bewusst bleibt, ist der Zustand der Glückseligkeit." [Talk 295]

F.: „Du sagst, dass selbst der höchste Gott nur eine Vorstellung ist. Bedeutet das, dass es keinen Gott gibt?"

A.: „Nein. Es gibt einen *Ishwara*."

„Der Sitz der Verwirklichung ist im Inneren, weil der Suchende ihn nicht als Objekt außerhalb von sich finden kann. Dieser Sitz ist Glückseligkeit und der Kern von allem. Daher wird er das Herz genannt. Der einzig sinnvolle Zweck dieser Geburt ist, sich nach innen zu wenden und zu verwirklichen. Es gibt nichts anderes zu tun." [Talk 219]

F.: „Warum spricht *Krishna* von Evolution? Glaubt Bhagavan an die Evolution?"

A.: „Die Evolution muss von einem Zustand zum anderen übergehen. Wenn zugegeben wird, dass es keine Unterschiede gibt, wie kann dann Evolution entstehen? Wie beginnt die *Gita*? Es gibt, wenn man es genau betrachtet, keine Geburt, keinen Tod und keine Gegenwart. Die Wirklichkeit war, ist und wird sein. Sie ist unveränderlich. Später fragte *Arjuna Krishna*, wie er vor *Aditya* (der Sonne) gelebt haben konnte. Da *Krishna* sah, dass *Arjuna* ihn mit dem grobstofflichen Körper verwechselte, erklärte er es ihm entsprechend. Die Belehrung war also für jemanden, der die Vielfalt sieht, gedacht.

Vom Standpunkt des *Jnani* aus gibt es jedoch keine Bindung oder Befreiung, weder für ihn selbst noch für andere. Es gibt keine Befreiung. Das könnte nur der Fall sein, wenn es Bindung gäbe. Es gibt in Wirklichkeit keine Bindung, und daraus folgt, dass es auch keine Befreiung gibt. Es ist keine Frage von Jahren. Vermeide diesen Gedanken in diesem Moment. Du bist nur in deinem natürlichen Zustand, ob du nun Yoga praktizierst oder nicht."

F.: „Warum verwirklichen in diesem Fall nicht alle?"

A.: „Es ist dieselbe Frage in einer anderen Form. Warum stellst du sie? Wenn du die Frage nach der Anstrengung im Yoga stellst, zeigt das, dass du sie brauchst. Tu es. Aber bleibe ohne Fragen und Zweifel. Das ist der natürliche Zustand. Das Selbst ist nicht erreichbar, denn du bist das Selbst." [Talk 264]

„Das Selbst kennt kein Vergessen. Es ist dein Wesen. Das Selbst wird jetzt mit dem Nicht-Selbst verwechselt, und das lässt dich von Vergessen sprechen." [Talk 290]

„Wenn man fragt, ob der Geist existiert, wird man feststellen, dass er nicht existiert. Das ist die Kontrolle des Geistes. Wenn man dagegen annimmt, dass der Geist existiert, und versucht, ihn zu kontrollieren, läuft das darauf hinaus, dass der Geist den Geist kontrolliert. Auf diese Weise bleibt der Geist bestehen, entkommt sich aber selbst." [Talk 43]

F.: „Warum gibt es Unvollkommenheit in der Vollkommenheit?"

A.: „Für wen gibt es Relativität? Für wen gibt es Unvollkommenheit? Das Absolute ist nicht unvollkommen. Sagt dir das Absolute, dass es verdeckt ist? Es ist die individuelle Seele, die sagt, dass etwas das Absolute verdeckt." [Talk 132]

F.: „In den heiligen Schriften werden verschiedene Begriffe verwendet – *Atman*, *Paramatman*, *Para* usw. Was ist der Unterschied zwischen ihnen?"

A.: „Sie bedeuten dasselbe, werden aber von den Menschen je nach ihrer Entwicklung unterschiedlich verstanden."

F.: „Aber warum werden so viele Wörter verwendet, um die gleiche Sache zu bezeichnen?"

A.: „Das hängt von den Umständen ab. Sie alle bedeuten das Selbst. *Para* bedeutet ‚nicht relativ‘ d.h. das Absolute." [Talk 273]

F.: „Beinhaltet *Bhakti* nicht Dualität?"

A.: „*Bhakti* und Selbstverwirklichung sind dasselbe. Das Selbst der *Advaitins* ist der Gott der *Bhaktas*. So wie der individuelle Körper die Seele, das Ego und den grobstofflichen Körper umfasst, so umfasst auch Gott *Paramatman*, die Welt und die Individuen." [Talk 274]

„Wenn man das Selbst ist, warum sehnt man sich weiterhin nach Glück? Sich von diesem Verlangen zu befreien, ist selbst die Erlösung. Die Schriften sagen: ‚Du bist Das (*Brahman*).‘ Die Bedeutung dieser Erkenntnis ist ihr eigentlicher Zweck. Die Verwirklichung muss darin bestehen, dass du herausfindest, wer du bist, und als dieses Ich verweilst. Zu sagen: ‚Ich bin das oder nicht das‘ ist nur Zeitverschwendung. Für den würdigen Schüler liegt die Arbeit in seinem Inneren und nicht außerhalb." [Talk 277]

„Wenn man in Tiruvannamalai ist und nach dem Weg fragt, ist das lächerlich. Genauso ist es absurd, wenn man fragt, wie man das Selbst verwirklichen kann. Bleibe im Selbst. Das ist alles." [Talk 354]

„Das Ich ist die grundlegende Basis. Wenn man es kennt, wird alles andere erkannt." [Talk 362]

F.: „Warum werden so viele Götter erwähnt?"

A.: „Der Körper ist nur einer. Doch wie viele Funktionen werden von ihm ausgeführt? Die Quelle aller Funktionen ist nur eine. So ist es auch mit den Göttern." [Talk 371]

F.: „Wie kann ich mich an mein wahres Selbst erinnern? Was du sagst, gilt für Personen, die sich in der Position des Maharshi befinden."

A.: „Wie kannst du es vergessen? Wie unterscheidet sich der Maharshi von dir? Er ist nicht eine Person mit zwei Hörnern. Was auch immer mit deinem Körper geschieht, das Selbst bleibt immer bestehen."

F.: „Was ist dieses Selbst?"

A.: „Erkenne das Selbst, und Gott ist erkannt. Von allen Definitionen Gottes ist keine so gut formuliert wie die biblische: ‚Ich bin, der ICH BIN' in Exodus III. Und keine ist so direkt wie der Name JEHOVAH – ‚ICH BIN'. Das Absolute ist. Es ist das Selbst, Gott." [Talk 106]

F.: „Überzeuge mich von der Existenz Gottes."

A.: „Die Verwirklichung des Selbst läuft auf eine solche Überzeugung hinaus." [Talk 295]

An einen Hilfesuchenden: „Ich bin *Atman*. *Atman* ist der Guru, und *Atman* ist auch die Gnade. Keiner ist ohne *Atman*. Er ist immer in Kontakt. Nichts ist vertrauter." [Talk 104]

„Der Körper ist nicht ich. Der Körper könnte ohne unsere eigene Existenz nicht existieren. Warum sollten wir den Körper als etwas anderes als das Selbst betrachten? Das Selbst wird weder geboren noch stirbt es. Es gibt nichts Neues. Die Weisen sehen alles im und als das Selbst. Es gibt keine Vielfalt. Deshalb gibt es weder Geburt noch Tod." [Talk 244]

„Gnade zu geben, ist keine besondere Funktion Gottes. Es gibt auch keine besondere Zeit oder Gelegenheit, zu der Er gnädig ist, oder Gelegenheiten, wenn Er nicht gnädig ist."

F.: „Ist Gott persönlich?"

A.: „Ja, Gott ist immer die erste Person, die vor dir steht. Wir müssen alles aufgeben und Gott allein vor uns stehen lassen."

F.: „Ich erhalte keine Antwort auf meine Suche im Innern."

A.: „Der Fragende ist die Antwort. Es kann keine andere Antwort geben. Was kommt, kann nicht wahr sein. Was ist, ist wahr." [Talk 44]

„Der Mensch kann nicht anders, als in seiner eigenen Natur zu sein. Er muss es nur wissen."

F.: „Wie wird das Ich-Ich-Bewusstsein empfunden?"

A.: „Als ein ununterbrochenes Gewahrsein von Ich. Es ist einfach Bewusstsein. Das bist du schon jetzt. Es wird nicht zu verkennen sein, wenn es rein ist." [Talk 205]

F.: „Kann dieses Bewusstsein irgendeine Freude bereiten?"

A.: „Sein Wesen ist Freude. Es existiert allein Freude. Es gibt keinen Genießer, der die Freude genießt. Der sich Freuende und die Freude verschmelzen in ihm. Freude bedeutet, den Geist nach innen zu wenden und ihn dort zu halten. Schmerz bedeutet, ihn nach außen zu schicken. Die Abwesenheit von Freude wird Schmerz genannt. Die Natur des Menschen ist Freude, d.h. Glückseligkeit." [Talk 244]

„Es ist nicht die Seele, die sich nach Verwirklichung sehnt, denn sie ist immer da. Verleugnest du dich selbst? Nein. Dann existiert das Selbst. Es ist nur das Ego, das sucht.

Im *Yoga Vasishta* heißt es, dass das Wirkliche vor uns verborgen ist, aber das Falsche als wahr offenbart wird. Wir erfahren tatsächlich nur die Wirklichkeit. Dennoch kennen wir sie nicht. Ist das nicht das größte aller Wunder?" [Talk 146]

F.: „Wie wird man die Angst los?"

A: „Was ist Angst? Sie ist nur ein Gedanke. Wenn es außer dem Selbst nichts gibt, gibt es keinen Grund zur Furcht. Wer sieht das Zweite? Das Ego taucht zuerst auf und sieht das Objekt. Wenn das Ego nicht da ist, existiert das Selbst allein, und es gibt kein zweites. Für alles, was außerhalb von einem selbst liegt, ist die Quelle im Inneren. Wenn man sie sucht, wird es keinen Zweifel, keine Angst geben, und alle anderen Gedanken, die sich um das Ego drehen, werden zusammen mit dem Ego verschwinden." [Talk 146]

„Schwäche oder Stärke liegen im Verstand. Das Selbst ist jenseits des Verstandes."

F.: „Ist es nötig, weltliche Wünsche aufzugeben?"

A.: „Warum begehren wir? Erforsche es. Wenn du dort kein wirkliches Glück findest, dann wird dein Geist nicht dorthin gehen. Doch durch unbewusste Neigungen mag er dich dorthin locken, aber du wirst zurückkehren. Warum willst du das Leben in Freiheit? Die Tatsache, dass du dich danach sehnst, gibt zu erkennen, dass du in Knechtschaft bist. Aber in Wirklichkeit bist du immer frei. Wisse, dass das Ego und die Wünsche von selbst abfallen. Bringe alle Wünsche und Gedanken auf einen Punkt im Inneren. Das ist Verwirklichung. Der Geist sollte still sein. Die Biene schwirrt laut um die Blume und sucht nach Honig. Wenn sie ihn findet, ist sie still und ruhig. So ist es auch mit der Seele des Menschen, die durch ihr Verlangen den einzig wahren Honig sucht."

F.: „Was soll man tun, wenn man bald zum Ziel kommen will?"

A.: „Zeit ist eine Vorstellung in deinem Geist. Das Ziel existiert immer. Es ist nicht etwas, das neu gefunden werden muss. Das Absolute ist unser Wesen. Das Problem entsteht, weil man sich selbst beschränkt."

F.: „Führen unsere Versuche sicher zum Erfolg?"

A.: „Verwirklichung ist unser Wesen. Es ist nichts Neues, das wir erlangen. Was neu ist, kann nicht ewig sein. Daher gibt es keinen Grund zu zweifeln, ob man das Selbst verliert oder gewinnt." [Talk 401]

F.: „Wie lange wird es dauern, bis man das *Chintamani*, das himmlische Juwel, gewinnt, der seinem Besitzer alle Wünsche erfüllt?"

A.: „Das Beispiel vom *Chintamani* findet sich im *Yoga Vasistha*. *Chintamani* bedeutet die wahre Natur des Selbst. Die Geschichte ist wie folgt: Ein Mann übte *Tapasya* (Buße), um das *Chintamani* zu erlangen. Da fiel ein Edelstein auf mysteriöse Weise in seine Hände. Er dachte, dass es nicht das *Chintamani* sein könne, weil seine Anstrengung zu kurz und zu gering war, um den Edelstein zu erlangen. Er warf ihn weg und setzte sein *Tapas* fort.

Später legte ein *Sadhu* ein glänzendes Steinchen vor ihn, der in Form geschnitten war. Der Mann ließ sich von seinem Aussehen täuschen, stellte aber fest, dass er seinen Wunsch nicht erfüllen konnte, wie behauptet. In ähnlicher Weise sollte das Selbst, das immanent ist, nicht zuerst woanders gesucht werden." [Talk 40]

F.: „Wie ist *Purna Brahman* (das vollkommene *Brahman*) zu erreichen? Welche Methode eignet sich am besten für einen *Grihastha* (Haushälter)?"

A.: „Du hast *Purna* (d.h. Vollkommenheit) gesagt. Bist du von *Purna* getrennt? Wenn ja, wird es dann *Purna* sein? Wenn du nicht getrennt davon bist, wieso entsteht dann die Frage? Das Wissen, dass *Purna Brahman* und du nicht getrennt sind, ist die Endgültigkeit. Erkenne es, und du wirst feststellen, dass du kein *Grihasta* oder irgendein begrenztes Wesen bist. Diese Erkenntnis wird die anderen Dinge automatisch erklären." [Talk 395]

„Als ich als junger Mann die Erfahrung des Todes machte, ging ich in das Selbst ein, und seither habe ich mich nicht ein Jota weiterentwickelt oder bewegt. Es ist seither immer dasselbe geblieben – keine Entwicklung."

20. Die Notwendigkeit der Ultra-Mystik

„Alle metaphysischen Diskussionen sind nutzlos, wenn sie uns nicht dazu bringen, in unserem Selbst nach der wahren Wirklichkeit zu suchen.

Man kann zahlreiche Bücher durcharbeiten, vielleicht eine ganze Bibliothek, und hat am Ende doch nicht die geringste Erkenntnis, was man IST. Das Lernen erweist einem oft einen schlechten Dienst, wenn sich mit dem Studium der Egoismus und auch der Stolz entwickeln. Diese erweisen sich als ernsthafte Hindernisse für den Fortschritt."

„Die Wissenschaft erforscht das äußere Universum, wenn sie nicht das Selbst erforscht hat. Es werden ständig Erfindungen gemacht. Sie werden nie aufhören, da wir nach Belieben eine neue Sache nach der anderen erfinden können. Was ist das Gute daran? All das ist *Maya*. Wende dich nach innen und erkenne zuerst dein Selbst."

„All diese Notizen, die du von meinen Reden usw. machst, sind nützlich für Anfänger, für Freunde und um die Fragen anderer zu beantworten. Aber du selbst weißt, dass sie nur ein Stück Papier sind. Tauche in das Selbst ein und finde dort alles, was du wissen willst."

„Alle Kontroversen über die Schöpfung, die Natur des Universums, die Evolution, die Absichten Gottes, sind nutzlos. Sie tragen nicht zu unserem wahren Glück bei. Die Menschen versuchen, etwas über Dinge herauszufinden, die außerhalb von ihnen liegen, bevor sie versuchen, herauszufinden: ‚Wer bin ich?' Nur durch letzteres können sie Glück erlangen – nicht durch das Verstehen des gesamten Universums. Denn das Selbst ist Glück."

„*Ananda* ist die Glückseligkeit, von keiner geistigen Aktivität oder Eigenschaft gestört zu werden. Es gibt eine vorübergehende und eine dauerhafte Glückseligkeit. Der erste Zustand wird *Kevala Samadhi* genannt, der letzte *Sahaja Nirvikalpa Samadhi*, d.h. der Zustand von *Nirvikalpa*, der natürlich geworden ist.

Im ersten Zustand von *Kevala Samadhi* genießt der *Jnani* die Glückseligkeit von *Samadhi*, die durch das Aufhören der geistigen Aktivität und das Verschwinden äußerer Objekte entsteht. Aber nach einer Weile hört die Glückseligkeit auf, wenn die geistigen Aktivitäten wieder beginnen, und es gibt eine Zeit lang kein *Samadhi*. Aber der letzte Zustand von *Sahaja Nirvikalpa Samadhi* bedeutet, dass es keinen Rückfall in mentale Aktivitäten usw. und keinen daraus folgenden Verlust der Glückseligkeit mehr gibt. Sein Glück ist ungebrochen und immerwährend. Sein Körper, seine Sinne und sein Geist mögen zwar aktiv sein, aber der Mensch ist sich der Handlungen seines Körpers kaum bewusst."

„Der Lebensstrom hat seinen Ursprung im Herzen. Dieses Herz ist nicht das physische Organ, das diesen Namen trägt, sondern ein geistiges Zentrum in seiner Nähe. So berührt jeder, selbst ein Kind, egal welchen Glaubens oder welcher Ethnie, wenn er vom ‚Herz' als Metapher für die tiefsten Gefühle spricht, mit seinen Händen die Brust. Aber solche Diskussionen über das Innere oder Äußere des Körpers können bei der Selbstverwirklichung nicht aufkommen. Wenn du das Zentrum gefunden hast, wirst du feststellen, dass es sich auf den Umfang der ganzen Welt ausdehnt. Wenn du willst, kann der Radius auf deinen Körper oder auf die Welt ausgedehnt werden. Wir gehen von der falschen Annahme aus, dass der Kreis auf die menschliche Form beschränkt ist. Finde zuerst das Zentrum. Dorthin kehrst du immer zurück. In ihm bleibst du immer. Es ist das gemeinsame Zentrum für die ganze Menschheit, wenn sie es erkennt."

F.: „Nach einer gewissen Zeit der Meditation stelle ich fest, dass die Gedanken abklingen und Stille herrscht. In dieser Stille bin ich mir eines winzigen Samenkorns oder Punktes in meiner Brust oder meinem Herzen bewusst, auf den meine ganze Aufmerksamkeit gerichtet ist. Ist dies das Selbst, von dem du sprichst?"

A.: „Ja, das ist das Selbst, obwohl du tiefer gehen musst, um deine Erkenntnis zu vervollkommnen. Halte daran fest. Verliere die Strömung nicht. Verliere sie nicht, indem du die falsche Vorstellung: ‚Ich meditiere über das Selbst', ‚ich meditiere über etwas anderes' hast. Versuche, an einem solchen Punkt zu erkennen, dass du das Selbst BIST, dass diese Stille dein natürlicher Zustand ist. Sei daher wachsam, dass du nicht davon abfällst."

„Das verworrene Labyrinth der Philosophie verschiedener Schulen soll angeblich die Dinge klären und die Wahrheit offenbaren. Aber in Wirklichkeit stiftet es Verwirrung, wo keine Verwirrung zu herrschen braucht. Um etwas zu verstehen, muss es das Selbst geben. Das Selbst ist offensichtlich. Warum nicht das Selbst bleiben? Warum sollte man das Nichtselbst erklären?

Nehmen wir zum Beispiel das *Vedanta*. Es heißt, es gebe fünfzehn Arten von *Prana*. Der Schüler soll sich die Namen und ihre Funktionen einprägen. Die Luft geht nach oben und wird *Prana* genannt, sie geht nach unten und wird *Apana* genannt. Sie wirkt in den *Indriyas* (Sinnen) und wird wieder anders genannt. Wozu das alles? Warum klassifiziert ihr, gebt Namen, zählt die Funktionen auf und so weiter? Reicht es nicht zu wissen, dass ein *Prana* die ganze Arbeit macht? Das *Antahkarana* (das innere Instrument, das aus dem Verstand, dem Geist, dem Ego und dem Bewusstsein – *Manas*, *Buddhi*, *Ahankara* und *Chit* – besteht,) denkt, wünscht, will, begründet usw., und jede Funktion wird mit einem anderen Namen wie Geist, Verstand usw. belegt. Hat irgendjemand die *Pranas* oder die *Antahkaranas* gesehen? Haben sie ein wirkliches Wesen (*Sat*)? Sie sind nur Vorstellungen. Wann und wo werden solche Vorstellungen enden?

Betrachte das Folgende: Ein Mensch schläft. Beim Aufwachen sagt er, dass er geschlafen hat. Es wird die Frage gestellt: Warum sagt er im Schlaf nicht, dass er schläft? Die Antwort ist, dass er im Selbst versunken ist und nicht sprechen kann, wie ein Mann, der ins Wasser taucht, um etwas vom Grund zu holen. Der Taucher kann nicht sprechen. Wenn er den Gegenstand tatsächlich geborgen hat und herauskommt, spricht er. Was ist die Erklärung dafür? Da er sich im Wasser befindet, würde Wasser in seinen Mund fließen, wenn er den Mund zum Sprechen öffnen würde. Ist das nicht einfach? Aber der Philosoph gibt sich mit dieser einfachen Tatsache nicht zufrieden. Er erklärt, dass das Feuer die Gottheit ist, die der Sprache vorsteht, dass es dem Wasser feindlich gesinnt ist und daher nicht funktionieren kann. Das nennt man Philosophie, und die Lernenden mühen sich ab, all dies zu lernen. Ist das nicht reine Zeitverschwendung?

Es wird auch gesagt, dass die Götter den Gliedern und Sinnen des Menschen vorstehen, und weiter erklärt, was das *Hiranyagarba* (wörtlich: goldenes Ei, die kosmische Form des Selbst) ist usw. Warum sollte man Verwirrung stiften und sie dann weg-erklären? Glücklich ist der Mensch, der sich nicht in dieses Labyrinth verwickelt. Ich hatte in der Tat das Glück, dass ich mich nie darauf eingelassen habe. Hätte ich mich darauf eingelassen, wäre ich wahrscheinlich nirgendwo, immer in Verwirrung. Meine *Vasanas* führten mich glücklicherweise direkt zur Frage ‚Wer bin ich?‘ [Talk 392]

F.: „Was ist mit wissenschaftlicher Erkenntnis?"

A.: „Alles relative Wissen bezieht sich auf den Geist, nicht auf das Selbst. Es ist daher illusorisch und nicht dauerhaft. Ein Wissenschaftler, der zum Beispiel die Theorie aufstellt, dass die Erde rund ist, kann dies unumstößlich beweisen. Wenn er einschläft, verschwindet die ganze Idee. Sein Geist bleibt leer. Was spielt es für eine Rolle, ob die Welt rund oder flach ist, wenn er schläft? Du siehst also, wie sinnlos all dieses relative Wissen ist. Das wahre Wissen besteht darin, über all dieses relative Wissen hinauszugehen und im Selbst zu verweilen. Erkenne, dass das Selbst den Verstand übersteigt. Letzterer muss verschwinden, um das Selbst zu erreichen." [Talk 285]

F.: „Was ist besser: zu meditieren oder spirituelle Bücher wie die *Upanishaden* zu lesen?"

A.: „Das ist ganz und gar eine Frage des Temperaments. Wenn du feststellst, dass Meditation zu dir passt und dir hilft, Fortschritte zu erzielen, dann fahre damit fort. Andere Menschen finden, dass das Studium von Büchern besser zu ihnen passt als Meditation. Verschiedene Menschen müssen verschiedene Wege gehen. Es ist eine Frage des individuellen Geschmacks und Temperaments."

F.: „Gibt es im *Samadhi* Gedanken oder nicht?"

A.: „Es gibt nur das Gefühl ‚Ich bin‘ und keine anderen Gedanken."

F.: „Ist ‚Ich bin‘ nicht ein Gedanke?"

A.: „Das egolose ‚Ich bin‘ ist kein Gedanke. Es ist die Verwirklichung." [Talk 226]

„Geistige Ruhe ist leichter und früher zu erlangen, aber das letztendliche Ziel ist die Zerstörung des Geistes. Die meisten Wege führen zum ersten, während die Selbsterforschung schnell dazu führt und dann zum zweiten. Finde heraus, wo der Geist sich erhebt oder wer geistig ruhig ist, und du wirst Erfolg haben."

F.: „Welche besonderen Schritte sind für die Kontrolle des Geistes hilfreich?"

A.: „Das hängt von den Umständen eines jeden ab. *Bhakti, Karma, Jnana* und Yoga[1] sind alle eins. Man kann Gott nicht lieben, ohne Ihn zu kennen, noch Ihn kennen, ohne Ihn zu lieben. Liebe manifestiert sich in allem, was du tust. Die geistige Wahrnehmung (Yoga) ist die notwendige Vorstufe, bevor man Gott auf die richtige Weise kennen oder lieben kann."

„Die *Jnanis* weisen darauf hin, dass der Yogi von der Existenz des Körpers ausgeht, von seiner Getrenntheit vom Selbst, und deshalb rät er, sich durch die Praxis des Yoga um die Wiedervereinigung zu bemühen. Der Körper befindet sich im Geist, dessen Sitz das Gehirn ist, das wiederum durch das Licht funktioniert, das aus einer anderen Quelle stammt, wie die Yogis selbst in ihrer Quellentheorie zugeben.

Der *Jnani* argumentiert, dass das Licht, wenn es geliehen ist, aus seiner eigenen Quelle kommen muss. Gehe direkt zur Quelle, und verlasse dich nicht auf geliehene Mittel. So wie eine Eisenkugel getrennt von der Eisenmasse entsteht, wenn sie aus der feurigen Hitze genommen wird, später abkühlt und die Hitze abgibt, aber wieder erhitzt werden muss, um sich mit der Masse zu vereinen, so muss auch die Ursache der Trennung den Faktor der Vereinigung bilden.

Wenn ein Bild reflektiert wird, muss es auch eine Quelle und Dinge wie die Sonne, einen Eimer und Wasser für die Reflexion geben.[2] Um die Spiegelung rückgängig zu machen, kann man entweder die Oberfläche bedecken, was nach Ansicht der Yogis dem Erreichen der Quelle entspricht, oder das Wasser kann weggeschüttet werden, was als *Tapas* bezeichnet wird, d.h. die Gedanken oder die Gehirnaktivitäten werden zum Stillstand gebracht. Dies ist *Jnana Marga*. All dies geht jedoch von der Annahme aus, dass der *Jiva* vom Selbst oder *Brahman* getrennt ist. Aber sind wir getrennt? ‚Nein', sagt der *Jnani*. Das Ego ist einfach eine falsche Identität des Selbst mit dem Nicht-Selbst, wie im Fall eines farblosen Kristalls und seines Hintergrunds. Obwohl der Kristall farblos ist, erscheint er wegen seines Hintergrunds rot. Wird der Hintergrund entfernt, erstrahlt der Kristall in seiner ursprünglichen

---

[1] die vier klassischen spirituellen Wege im Hinduismus: der Yoga der Gottesliebe (*Bhakti*), des Handelns (*Karma*), der Erkenntnis (*Jnana*) und der klassische Yoga (Anm. d. Übers.)
[2] Hier wird das Beispiel von der Sonne, die sich in einem Eimer Wasser spiegelt, verwendet. (Anm. d. Übers.)

Reinheit. So ist es auch mit dem Selbst und den inneren Organen (*Antahka-ranas*)." [Talk 398]

F.: „Drei oder vier Mal in meinem Leben erfuhr ich große spirituelle Ekstasen. Sie kamen und gingen. Ich möchte sie dauerhaft haben."

A.: „Sie sind gekommen und gegangen, aber du bist nicht gegangen. Dein wahres Selbst ist immer noch da!

Es gibt in Wirklichkeit eine Einheit, aber der Verstand macht die Unterschiede. Trotzdem ist der Verstand eine Kraft (Fähigkeit) des Selbst. Aber das Prinzip, das hinter dem Verstand steht, kann vom Verstand nicht erkannt werden."

„Wie viel du auch lernst, das Wissen ist grenzenlos. Du ignorierst den Zweifler, aber versuchst, die Zweifel zu lösen. Halte vielmehr den Zweifler fest, und die Zweifel werden verschwinden.

Yoga und Meditation sind für gewöhnliche Menschen gedacht. *Vichara* ist für die Weisen gedacht. *Vichara* ist das Mittel, um Verwirklichung zu erlangen." [Talk 238]

„Es gibt Menschen mit einem riesigen Verstand, die ihr Leben damit verbringen, Wissen über viele Dinge zu erlangen, aber ihr ganzer Verstand ist nach außen gerichtet. Was nützt es, über alles Bescheid zu wissen, wenn man sich selbst noch nicht kennt? Frag diese Menschen, ob sie wissen, wer sie sind, und sie werden beschämt den Kopf hängen lassen."

F.: „Was ist der Unterschied zwischen Meditation und *Vichara*?"

A.: „Die Meditation kann auf ein äußeres oder ein anderes Objekt gerichtet sein. So unterscheiden sich Subjekt und Objekt. Bei *Vichara* sind Subjekt und Objekt ein und dasselbe – das Selbst." [Talk 174]

„Ich wusste nichts von diesen philosophischen Rätseln, Kontroversen und Problemen, bis ich nach Tiruvannamalai kam und die Leute anfingen, mich zu belästigen oder zu mir zu kommen. Bis dahin hatte ich mich nie mit ihnen befasst. Ich kannte kein Philosophie-System. All diese Systeme haben sich aus der einfachen Tatsache der Verwirklichung entwickelt. Deshalb suche die Verwirklichung, praktiziere *Vichara*, und kümmere dich nicht um Philosophien, Systeme und Probleme.

Alle diese Regeln bezüglich der Meditationszeiten usw. sind nur für Anfänger gedacht. Es wird eine Zeit kommen, in der du sagst: ‚Ich habe die Meditation aufgegeben.' Denn dann wirst du erkannt haben, dass Meditation Dualität beinhaltet, nämlich eine Person, die meditiert, und ein Objekt der Meditation, und du wirst den Standpunkt des wahren Selbst erkennen, das es nicht nötig hat, zu meditieren.

Lass uns nicht damit beginnen, unseren Verstand auf den *Atman* zu richten, indem wir versuchen herauszufinden, welcher Art das Selbst-Strahlen dieser *Atman* ist, ob sie von dieser oder jener Art ist. Es sind solche diskursiven Gedanken, die unsere Bindung ausmachen.

Erlaube keiner einzigen geistigen Aktivität, in dein *Dhyana* einzudringen. Man sollte die Praxis so lange fortsetzen, bis das Ego (*Ahankara*) oder das Besitz-Gefühl vollständig niedergeschlagen sind, d.h. bis man den Geist nach Belieben und ohne Anstrengung frei von Konzepten oder Aktivitäten halten kann. Andernfalls muss man mit der Praxis fortfahren."

F.: „Gehst du in *Nirvikalpa Samadhi* ein?"

A.: „Wenn die Augen geschlossen sind, ist es *Nirvikalpa*, wenn sie geöffnet sind, ist es *Savikalpa*. Der allgegenwärtige Zustand ist der natürliche, d.h. *Sahaja*." [Talk 17]

„Die ekstatische Erfahrung setzt die Assoziation eines sehr subtilen Geistes voraus. Was ist dein Zustand im Schlaf?

Weder Ekstase noch Schmerz, sondern jenseits von beidem. Der natürliche Zustand ist genau das, zuzüglich des Bewusstsein der Existenz.

Das letzte Hindernis für die Meditation ist die Ekstase. Du fühlst große Glückseligkeit und bleibst in dieser Ekstase. Gib ihr nicht nach, sondern geh weiter zur sechsten Stufe, die große Ruhe ist. Die Ruhe ist höher als die Ekstase, und sie geht in *Samadhi* über.

Erfolgreiches *Samadhi* bewirkt, dass sich ein wacher Schlafzustand einstellt, in dem du immer Bewusstsein bist, denn Bewusstsein ist deine Natur. Daher ist ein Mensch immer in *Samadhi*. Er weiß es nur nicht. Alles, was er tun muss, ist, die oben genannten Hindernisse zu beseitigen."

„Ja, der Verstand kann bis zu einer gewissen Stufe eine Hilfe zur Verwirklichung sein. Aber er muss verschwinden, um das Selbst zu erreichen."

F.: „Wie kann die Buchgelehrsamkeit helfen?"

A.: „Nur so weit, als sie den Menschen geistig streben lässt."

F.: „Wie hilft der Verstand?"

A.: „Nur insoweit, als er bewirkt, dass man seinen Verstand im Ego und das Ego im Selbst versenkt. Nach der Verwirklichung werden alle intellektuellen Lasten als Treibgut über Bord geworfen. Wem gehört der Verstand? Dem Menschen. Der Verstand ist nur ein Instrument." [Talk 23]

„Das Studium der heiligen Schriften reicht nicht aus, um die Wahrheit zu enthüllen." [Talks 226]

„Solange *Vasanas* im Geist verborgen sind, kann keine Verwirklichung erreicht werden. Das Studium der *Sastra* (Schriften) ist selbst ein *Vasana*. Verwirklichung gibt es nur in *Samadhi*." [Talk 230]

„*Samadhi* allein kann sie (die Wirklichkeit) offenbaren. Die Gedanken legen einen Schleier über die Wirklichkeit, und so kann sie in anderen Zuständen, außer im *Samadhi*, nicht klar sein." [Talk 226]

F.: „Yoga bedeutet Vereinigung. Aber die Vereinigung von was mit was?"

A.: „Ganz genau. Yoga impliziert Teilung – Vereinigung von einem mit einem anderen. Wer soll mit wem vereinigt werden? Du bist der Suchende, der die Vereinigung mit etwas sucht. Dieses Etwas ist getrennt von dir. Dein Selbst ist dir vertraut. Du bist dir deines Selbst gewahr. Suche es und sei es. Es wird sich als Unendlichkeit ausdehnen. Dann gibt es keine Frage von Yoga usw. Wem gehört *Viyoga* (Getrenntheit) an? Finde es heraus." [Talk 211]

„Das ‚Anhalten der geistigen Aktivitäten' gilt für alle Yogasysteme. Die Methoden sind unterschiedlich. Solange man sich um dieses Ziel bemüht, wird es Yoga genannt. Die Anstrengung ist Yoga. Die Beendigung kann auf so viele Arten herbeigeführt werden:

(1.) Durch die Suche nach dem Geist selbst. Wenn der Geist gesucht wird, hören seine Aktivitäten automatisch auf. Dies ist die Methode des *Jnana*. Der reine Geist ist das Selbst.

(2.) Die Suche nach der Quelle des Geistes ist eine weitere Methode. Man kann sagen, dass die Quelle Gott, das Selbst oder das Bewusstsein ist.

(3.) Wenn man sich auf einen Gedanken konzentriert, verschwinden alle anderen Gedanken. Schließlich verschwindet auch dieser Gedanke." [Talk 191]

F.: „Was ist der Sonnenpfad (*Ravi Marga*)? Was ist der Mondpfad (*Chandra Marga*)? Welcher von beiden ist einfacher?"

A.: „Der Sonnenpfad ist *Jnana*. Der Mondpfad ist Yoga. Die Yogis glauben, dass nach der Reinigung der 12.000 *Nadis* im Körper die *Sushumna* betreten wird, der Geist zum *Sahasrara-Chakra* aufsteigt und dort der Nektar fließt. Dies sind alles mentale Konzepte. Der Geist ist bereits von der Welt der Konzepte überwältigt. In Form dieses Yogas werden nun noch bessere Konzepte hinzugefügt.

Das Ziel all dessen ist es, den Menschen von Konzepten zu befreien – ihn dazu zu bringen, als das reine Selbst zu verbleiben, d.h. als absolutes Bewusstsein, das frei von Gedanken ist! Warum nicht direkt dorthin gehen? Warum neue Behinderungen zu den bereits vorhandenen hinzufügen?" [Talk 252]

21. Östliche und westliche Denker

Adi Shankara

F.: „Manche sagen, dass *Shankara* nur ein Intellektueller war, der nicht verwirklicht hat."

A.: „Warum sich über *Shankara* Gedanken machen? Verwirkliche dich selbst. Andere können sich um sich selbst kümmern." [Talk 20]

„*Shankaras* Bücher sind gut für Diskussionen und intellektuelle Auseinandersetzungen, aber es ist praktische Erfahrung nötig."

F.: „Ist die Lehre des Maharshi die gleiche wie die von *Shankara*?"

A.: „Maharshis Lehre ist nur ein Ausdruck seiner eigenen Erfahrung und Verwirklichung. Andere finden, dass sie mit der Lehre Sri *Shankaras* übereinstimmt."

F.: „Kann man es anders formulieren, um dieselbe Erkenntnis zu erreichen?"

A.: „Ein verwirklichter Mensch wird seine eigene Sprache benutzen. Schweigen ist die beste Sprache." [Talk 189]

„*Shankaras* Vivekachudamani Verse 170[1] fasst den gesamten *Jnana Yoga* zusammen."

Die *Mayavada*-Theorie von *Shankara*:

Der Meister sagte: „Wirklichkeit und Illusion sind ein und dasselbe." Ein Schüler fragte, wie das sein könne. Der Maharshi: „Die Tantriker und andere verurteilen Sri *Shankaras* Philosophie als *Mayavada*, d.h. als Philosophie der Illusion, ohne ihn richtig zu verstehen.

Was sagt er? (1) *Brahman* ist wirklich. (2) Das Universum ist unwirklich, ein Mythos. (3) *Brahman* ist das Universum. Die Tantriker hätten vielleicht

---

[1] „Im Traum, wenn es keinen tatsächlichen Kontakt mit der Außenwelt gibt, erschafft der Verstand allein das gesamte Universum, das aus dem Erlebenden usw. besteht. Ähnlich ist es auch im Wachzustand. Es gibt keinen Unterschied. Daher ist all dies (das phänomenale Universum) die Projektion des Geistes."
https://www.wisdomlib.org/hinduism/book/vivekachudamani/d/doc144616.html
(Anm. d. Übers.)

recht, wenn Sri *Shankara* bei seiner zweiten Aussage stehen geblieben wäre, aber er erweitert die ersten beiden Aussagen um die dritte. Was soll das bedeuten?

Es bedeutet, dass die Wahrnehmung falsch und illusorisch ist. Die Gegner verweisen auf die Illustration der Schlange im Seil[1] und meinen, sie hätten damit erklärt, was ein Irrglaube ist. Nachdem die Wahrheit des Seils bekannt ist, ist die Illusion der Schlange ein für alle Mal beseitigt.

Da diese Veranschaulichung diese Ansicht nicht vollständig erklärt, nimmt er eine andere Analogie zu Hilfe, nämlich die Fata Morgana. Deren frei erfundener Charakter wird relativiert. Eine Fata Morgana verschwindet nicht, selbst wenn man weiß, dass es eine Fata Morgana ist. Die Erscheinung bleibt bestehen, aber der Mensch läuft nicht mehr zu ihr, um Wasser zu holen. In ähnlicher Weise ist bekannt, dass sie (die Welt) unwirklich ist.

Die Debattierenden argumentieren weiter wie folgt: ‚Wenn man beide Analogien anerkennt, wie wird dann bewiesen, dass die Welt unwirklich ist? Das Wasser der Fata Morgana ist sicherlich unwirklich, weil es keinen nützlichen Zweck erfüllen kann. Aber die Phänomene der Welt unterscheiden sich davon, weil sie nützlich sind.'

Shankara argumentiert: ‚Ein Phänomen kann nicht als real anerkannt werden, nur weil es einem Zweck dient.'

Er bringt das dritte Beispiel des Traums ein. Die Traumschöpfungen haben einen Sinn und dienen dem Traumzweck, z.B. löscht das Traumwasser den Durst im Traum. Die Traumschöpfung wird jedoch im Wachzustand widerlegt. Was in einem Moment wirklich und im nächsten Moment unwirklich ist, kann nicht als wirklich bezeichnet werden. Wenn es wirklich ist, sollte es immer so sein. So ist es auch mit den erfundenen Schöpfungen. Sie erscheinen wirklich und sind doch illusorisch. Wenn nun der ernsthaft Suchende fragt, warum die Welt dennoch erscheint, antwortet er mit der Gegenfrage: ‚Für wen erscheint sie?' Deine Antwort muss lauten: ‚Für das Selbst.' Andernfalls kommt die Frage auf: ‚Kann die Welt in Abwesenheit des erkennenden Selbst erscheinen?' Daher ist das Selbst die letzte und einzige Wirklichkeit.

---

[1] Man hält in der Dämmerung ein Seil für eine Schlange. (Anm. d. Übers.)

Seine Schlussfolgerung lautet also wie folgt: Die Phänomene sind wirklich, wenn sie als das Selbst gesehen werden, und unwirklich, wenn sie getrennt vom Selbst gesehen werden. Was sagen nun die Tantriker? Sie sagen, dass die Phänomene wirklich sind, weil sie Teil der Wirklichkeit sind, in der sie erscheinen. Sind diese beiden Aussagen nicht dasselbe? Das ist es, was ich mit ‚Wirklichkeit und Illusion sind das Gleiche' meinte." [Talk 315]

Gaudapada

F.: „In der *Mandukya Karika* heißt es, dass es vom Standpunkt der absoluten Wirklichkeit keinen Unterschied zwischen den beiden Zuständen (Wachen und Träumen) gibt."

A.: „Ja, natürlich. Derjenige, der sagt, dass er wach ist, spricht vom Traum. In der Tat sind Wachsein und Traum vom Standpunkt des Absoluten gleichermaßen unwirklich." [Talk 399]

Buddha

„Buddha ist zu Unrecht beschuldigt worden, ein Atheist zu sein, weil er die Existenz einer Grundlage leugnete. Es ist wahr, dass das Selbst sowohl alles als auch nichts ist. Als Materie ist es jede Form, aber als das abstrakte Selbst, die Leere, aus der die Materie entspringt, ist es nichts. Die Materie ist relativ wirklich, wirklich in einem begrenzten Sinn, denn ihr Ursprung ist die Wirklichkeit selbst."

Krishna

„Dass *Krishna Arjuna* die universelle Sichtweise zeigte, diente nur dazu, *Arjuna* in die Lage zu versetzen, durch *Krishnas* Augen zu sehen wie ein Hypnotiseur. Bei dieser Gelegenheit sah *Arjuna* nicht durch seine, sondern durch *Krishnas* Augen. Die Sterne und Welten, die *Arjuna* sah, waren nicht wirklich. Der Raum ist nicht wirklich. Auch die Zeit ist nicht wirklich." [Talk 364]

Ein anderes Mal: „*Krishna* gab *Arjuna* die Sichtweise der universellen Form, aber das bedeutet nicht, dass *Ishwara* selbst das Universum so sieht. Er sieht nicht all die Individuen, er sieht nur das Selbst. *Krishna* hat *Arjuna* lediglich seine Augen geliehen, um ihm zu helfen, zu sehen."

Gandhi

Babu Rajendra Prasad, der Präsident des Indischen Nationalkongresses, besuchte den Maharshi. Als er ging, bat er um eine Botschaft für Gandhi. Der Maharshi sagte: „Wenn das Herz zum Herzen spricht, wozu braucht es dann noch Worte?"

Ramakrishna

F.: „Ramakrishna weinte vor Gott. Ist das nicht der Weg, dem man folgen sollte?"

A.: „Er hatte eine mächtige Kraft, die ihn durch all seine Erfahrungen zog. Er konnte darauf vertrauen, dass diese große Kraft ihn zum Ziel führen würde. Tränen werden oft als Zeichen der Schwäche angesehen, aber dieser große Mensch war nicht schwach. Diese Manifestationen des Weinens sind nur vorübergehende Zeichen des großen Stroms, der uns weiterführt. Wir müssen auf das Ziel schauen, das wir erreichen wollen. [Talk 32]

Jesus

F.: „Ist Selbsterkenntnis das, was Jesus mit dem Ausdruck ‚Himmelreich‘ meinte?"

A.: „Ja. *Vedantins* können ihn verstehen."

F.: „War Jesus ein *Siddha* (Meister mit okkulten Kräften)?"

A.: „Er kann sich seiner okkulten Kräfte (*Siddhis*) nicht bewusst gewesen sein. Er kann sich nicht bewusst gewesen sein, dass er Menschen von ihren Krankheiten heilte." [Talk 20]

„Im Christentum ist das Kreuz der Körper, Gott ist der Vater, das absolute Wesen. Wenn das Ego stirbt, wird der Vorgang Auferstehung genannt." [Talk 86]

„Der Ausruf Jesu am Kreuz ‚Mein Gott!‘ könnte eine Fürbitte für die beiden Diebe gewesen sein, die mit ihm gekreuzigt wurden. Ein *Jnani* kann scheinbar leiden, ein anderer kann in Trance sein, ein weiterer kann vor dem Tod verschwinden. Wie auch immer er den Körper verlässt, es ist unerheblich und macht keinen Unterschied in seinem Zustand. Der *Jnani*, der zu leiden scheint, tut dies nur in den Augen des Betrachters und nicht für sich selbst, denn er hat bereits die irrtümliche Identität des Selbst mit dem Körper transzendiert." [Talk 87]

Der heilige Paulus

„Nachdem Paulus sich seines Selbst bewusst geworden war, identifizierte er die Erleuchtung mit dem Christus-Bewusstsein. Erleuchtung ist absolut. Christus, Bewusstsein, *Ravana*, Selbst sind alle ein und dasselbe."

J. Krishnamurti

Maharshi sagte über einen Vortrag von Krishnamurti: „Wie hat er all diese Erleuchtung erlangt?", was bedeutet, dass Krishnamurti sich durch viele Geburten entwickeln musste, indem er Idole, Bilder, Lehrer, Yoga usw. benutzte, und nun die Leiter, über die er aufgestiegen ist, wegwirft und nicht so tolerant ist, um die Grenzen der Menschen zu verstehen.

Bucke

F.: „Welcher Art ist die selige Erleuchtung der Westler, die in Buckes Buch ‚Kosmisches Bewusstsein‘ erwähnt wird?"

A.: „Sie kommt wie ein Blitz und verschwindet auch so. Das, was einen Anfang hat, muss auch enden. Nur wenn das ewig existierende Bewusstsein erkannt wird, ist es von Dauer."

Der Maharaja von Mysore

Der Maharaja von Mysore hatte ein fünfzehnminütiges Gespräch mit dem Maharshi. Er sagte: „Ich bin kein freier Mensch. Ich kann nicht kommen und bleiben wie deine Schüler. Ich bitte also um deine Gnade." Er schwieg fünf Minuten lang, warf sich nieder und ging, wobei er den Ashram bat, seinen Besuch geheim zu halten. Danach meinte der Maharshi, dass der Maharaja eine höchst fortgeschrittene Seele sei und ein Gespräch zwischen ihnen nicht nötig gewesen war. [Talk 373]

Sri Aurobindo

F.: „Sri Aurobindo sagt, dass das Selbst-Licht, das im Kopf wohnt, zum Herzen hinuntergebracht werden muss."

A.: „Ist das Selbst nicht bereits im Herzen? Wie kann das Selbst von einem Ort zum anderen gebracht werden?" [Talk 159]

F.: „Er lehrt, man müsse die Herabkunft des Göttlichen herbeiführen."

A.: „Wenn das Selbst bekannt ist, wie kann es dann aufsteigen oder herabsteigen? Es ist immer an einem Ort."

F.: „Was ist Bhagavans Meinung zu Sri Aurobindos Yoga und seiner Behauptung, über die Erfahrung der vedischen *Rishis* hinausgegangen zu sein?"

A.: „Aurobindo rät zur vollständigen Hingabe. Lass uns das zuerst tun. Wir wollen die Ergebnisse abwarten und danach und nicht jetzt weiterdiskutieren, wenn es nötig ist. Es hat keinen Sinn, über transzendentale Erfahrungen von Menschen zu diskutieren, die ihre *Upadhis* (Anhängsel) nicht losgeworden sind. Lerne, was Hingabe ist. Sie ist die Verschmelzung mit dem Selbst. Wir überlassen unser Ego dem Selbst. Es ist die höchste Macht. Lassen wir das Selbst tun, was es will. Das Ego gehört bereits dem Selbst. Wir haben kein Recht über das Ego wie es ist. Nehmen wir an, wir hätten es, dann geben wir es auf."

„Wenn Aurobindo davon spricht, göttliches Bewusstsein von oben herab zu bringen, übersieht er, dass dieses bereits im Herzen ist. ‚Das Reich Gottes ist im Innern', sagt die Bibel. Was soll herabgebracht werden? Woher soll es kommen? Wer soll was bringen und warum? Die Verwirklichung besteht nur darin, die Hindernisse zu beseitigen und die ewige, immanente Wirklichkeit zu erkennen. Die Wirklichkeit ist. Sie muss nicht von Ort zu Ort gebracht werden."

F.: „Was ist mit Aurobindos Anspruch, von der Selbstverwirklichung auszugehen und sich weiter zu entwickeln?"

A.: „Wir wollen zuerst verwirklichen und dann sehen. *Vasishta* sagt, dass der *Atman* zuerst verwirklicht wird und der verwirklichte *Jivatman* dem *Paramatman* übergeben wird. Erst dann ist sie vollständig. Der *Anga* (individuelle Teil) wird dem *Angi* (demjenigen, der getrennte Glieder hat) übergeben. Das ist *Moksha* und *Sayujya* (Vereinigung mit Gott). Einfache Selbstverwirklichung endet bei *Kaivalya* (All-Eins-Sein, Zustand der Befreiung), sagt *Vasishta*.

Die *Siddhas* sagen, dass diejenigen, die ihren Körper als Leichnam zurücklassen, *Mukti* nicht erlangen können. Sie werden wiedergeboren. Nur diejenigen, deren Körper sich im Raum, im Licht oder ins Unsichtbare auflöst, erlangen die Erlösung (*Moksha*). Sie sagen, dass die *Advaitins* vom Typ *Shankara* (fälschlicherweise) bei der Selbstverwirklichung aufhören, als ob dies das Ende wäre. Es gibt andere, die ihre eigenen Lieblingstheorien als die besten anpreisen." [Talk 201]

Paul Brunton

Mehrere Male fragten Besucher den Maharshi, wie Paul Brunton zu der Erleuchtung kam, die in seinem Buch „Search in Secret India" beschrieben wurde, und warum sie sie nach vielen Jahren nicht bekommen konnten. Der Maharshi sagte, P.B. habe in früheren Geburten *Sadhana* bis zu einem sehr fortgeschrittenen Zustand praktiziert und sei daher reif für eine umfassendere Erleuchtung.

Jemand fragte auch, ob P.B.'s Arbeit nur journalistisch sei oder das Ergebnis echter Spiritualität. Der Maharshi antwortete: „Welchen Raum kann es für Zweifel geben?"

Eines Tages sagte der Maharshi zu P.B.: „Du sagst in deinen Büchern dasselbe, was ich sage, nur sagst du es auf eine moderne Weise."

Sri Ramana Maharshis persönliche Botschaft an P.B. (per Post nach England geschickt): „Fürchte dich nicht! Du bist das Selbst! Sei Das! Fern und nah sind bloße Vorstellungen. Im wahren Selbst ist kein Platz für Zweifel, daher brauchst du dich nicht zu sorgen, ob der Weg richtig ist oder nicht. Furcht und Zweifel existieren nur im unbekannten Weg. Der Weg selbst wird dich das Richtige lehren."

Als der Finanzminister der Regierung von Mysore fragte: „Ist Paul Bruntons Buch ‚The Secret Path' auch für Inder nützlich?", antwortete der Maharshi: „Ja, für alle."

Der Finanzminister fragte: „Die Lehre, dass der Körper, die Sinne usw. nicht ich sind, ist uns allen geläufig, aber wie kann man sie praktizieren, um sie zu verwirklichen?"

Der Maharshi antwortete: „Durch die dreifache Methode, die in Bruntons Buch erwähnt wird." Der Sekretär sagte: „Es gibt eine Leere dazwischen, wie es im Buch steht." Der Maharshi erwiderte: „Ja. Bleibe nicht dabei stehen. Sieh, wem die Leere erscheint. Es gibt *Laya*. Sogar Schüler werden in *Laya* bewusstlos und wachen nach einiger Zeit wieder auf."

Mussolini

Während des Abessinienkriegs bemerkte der Maharshi: „Es ist schade, dass ein Mann wie Mussolini, der kein gewöhnlicher Mensch ist und mit so ungewöhnlichen Gaben ausgestattet ist, sie nicht für einen höheren Zweck einsetzt, sondern sie für die Zerstörung seiner Mitmenschen missbraucht."

Glossar[1]

Abhyasa: ständige Übung

Advaita: Nicht-Zweiheit

Advaitin: ein Anhänger der Lehre der Nicht-Zweiheit

Aham: ich

Aham Brahmasmi: „Ich bin *Brahman*", eine der großen Aussagen der *Upanishaden*

Ahankara: das Ego

Ajnani: der Unwissende

Akasa: Äther, Raum

Antahkarana: das innere Organ, der Geist

Arjuna: Hauptfigur in der *Bhagavad Gita*, *Krishnas* Gesprächspartner

Arya Samaj: hinduistische Reformbewegung

Asramas: die vier Lebensstufen: Schüler, Familienvater, Rückzug aus der Welt und völlige Weltentsagung, um die Befreiung zu erlangen, *Sannyasin*

Asura: Dämon

Atman: das Selbst

Atma Vichara: Selbstergründung

Avatar: Inkarnation Gottes

Avidya: Unwissenheit

Bhagavad Gita: wörtl.: Gesang des Erhabenen; Gedicht aus 700 Versen, Teil des *Mahabarata*; *Krishna* belehrt *Arjuna* vor der Schlacht von Kurukshetra.

Bhagavan: Gesegneter, Erhabener, Gott; respektvolle Anrede eines Weisen; Ramana Maharshi wurde von seinen Devotees *Bhagavan* genannt.

Bhakta: Anhänger, Verehrer, jemand, der sich Gott durch Liebe und Verehrung nähert

Bhakti: Liebe, Verehrung

---

[1] Hinzufügung durch die Übers.

Brahma: Schöpfergottheit, einer der drei Hauptgötter *Brahma*, *Shiva* und *Vishnu*

Brahmacharya: Zölibat, Leben in *Brahman*

Brahman: das höchste Selbst, das Absolute

Chakra: Energiezentrum

Dakshinamurti: ein jugendlicher Guru, der seine vier älteren Schüler durch Schweigen lehrte

Deva: Gottheit

Dhyana: Meditation

Diksha: spirituelle Einweihung

Ganapati: die Elefantengottheit Ganesha

Gaudapada: Gelehrter des *Vedanta*

Grihasta: Familienvater

Hatha-Yoga: eine Form des Yoga mit Körperpositionen

Hridaya: das spirituelle Herz auf der rechten Seite des Körpers

Ishwara: persönliche Gottheit

Jagrat: Wachzustand

Janaka: ein König im indischen Epos Ramayana, der das Selbst verwirklicht hat, obwohl er ein Königreich regierte

Japa: Wiederholung eines heiligen Wortes, einer heiligen Silbe oder des Namens Gottes

Jiva: individuelle Seele, Ego

Jivatman: *Jiva*

Jnana: Erkenntnis

Jnana Yoga: Yoga der Erkenntnis

Jnana Marga: Weg der Erkenntnis

Jnani: Erkennender, der selbstverwirklichte Weise

Karma: Handeln, Kreislauf der Wiedergeburten

Karma Yoga: Yoga des Handelns

Kevala Nirvikalpa: vorübergehendes *Samadhi*

Khumbaka: Anhalten des Atems

Krishna: Gottheit, Hauptfigur in der *Bhagavad Gita*, in der er *Arjuna* belehrt

Kundalini: yogische Kraft, Schlangenkraft

Laya: schlafähnlicher Zustand

Mahabharata: großes indisches Epos (440 v. – 400 n. Chr.)

Mahatma: große Seele

Mahut: Elefantentreiber

Manas: Denkvermögen, Geist

Manolaya: zeitweilige Versenkung des Geistes

Maya: Illusion

Mayavada: Philosophie der Illusion

Moksha: Befreiung

Mouna: Schweigen

Mouni: einer, der ein Schweigegelübde abgelegt hat

Mukta: Befreiter

Mukti: Befreiung

Mandukya Karika: ein Kommentar *Gaudapadas* zur Mandukya Upanishad

Nada: Klang

Nada-Yoga: Yoga des Klangs

Nadi: Nerv im Yoga

Namaskar: die Verneigung vor Gott oder dem Guru

Nammalwar: berühmter Heiliger Südindiens, *Vishnu*-Verehrer

Nirvikalpa Samadhi: die höchste Stufe der Konzentration, Einheit mit dem universalen Selbst. Es ist ein zeitlich begrenzter Zustand, nach dem das Ich-Bewusstsein zurückkehrt.

Para: das Absolute

Paramatman: das höchste Selbst

Prakriti: Natur

Pralaya: kosmische Auflösung

Prana: Lebensenergie, Lebenskraft, Atem, aufsteigende Luft

Pranayama: Atemübung

Prarabdha: der Teil des *Karmas*, der in diesem Leben abgearbeitet wird

Prasad: Gnade; Opfergaben, die Gott oder einem Heiligen dargebracht und anschließend unter den Verehrern verteilt werden

Purna: voll

Puraka: Einatmung

rajastisch: leidenschaftlich

Ravana: Dämonenkönig

Rechaka: Ausatmung

Rishi: Seher, Weiser

Sadhaka: einer, der spirituelle Übungen macht

Sadhana: spirituelle Übung

Sadhu: Wandermönch, Asket

Sahaja: natürlich, der natürliche Zustand

Sahaja Samadhi: das natürliche *Samadhi*, das immer gegenwärtig ist und keine Trance oder Ekstase benötigt, sondern mit dem vollen Gebrauch der menschlichen Fähigkeiten vereinbar ist. Der Zustand des *Jnani*.

Sahasrara: das höchste Zentrum im Gehirn, Kronenchakra

Samadhi: Versinken in das Selbst mit oder ohne Trance, Verfügbarkeit der menschlichen Fähigkeiten und Wahrnehmung der Welt

Samkhya: eines der ältesten philosophischen Systeme Indiens

Samsara: die endlose Folge von Geburten und Tode, die nur durch die Selbstverwirklichung beendet werden kann; das menschliche Leben; die Sorgen und Bürden des Lebens

Samskara: innewohnende Neigung, Veranlagung

Sanat Kumara: einer der vier geistigen Söhne des Schöpfergottes *Brahma*; der höchste Lehrer

Sannyasin: Wandermönch, Asket

Sastras: die heiligen Hindu-Schriften

Sat: Sein

Satsanga: Gemeinschaft mit den Weisen

Savikalpa Samadhi: Zustand der Konzentration, in welchem der Unterschied zwischen dem Erkennenden, dem Erkannten und dem Gegenstand der Erkenntnis noch nicht verloren gegangen ist

Shakti: Kraft, Energie

Shankara: berühmter Vertreter des *Advaita* im 8. Jh.

Shiva: Gott, der Zerstörer (des Egos), einer der drei Hauptgötter *Brahma*, *Shiva* und *Vishnu*

Siddha: jemand, der übernatürliche Kräfte erlangt hat und Wunder wirken kann

Siddhi: übernatürliche Kräfte

Sita Upanishad: eine der kleineren *Upanishaden*

Sphurana: Manifestation, Pochen

Suka: ein Weiser aus der Hindu-Mythologie

Sushumna: eine Energieleitbahn im *Yoga*, die der Wirbelsäule folgt. Durch sie steigt die *Kundalini* auf.

Sushupti: traumloser Tiefschlaf

Swapna: Traum

Tapas: Buße, Enthaltsamkeit

tat tvam asi: Die große Aussage aus den Upanischaden: „Das (*Brahman*) bist du."

Tayumanavar: tamilischer Heiliger und Hymnendichter (1705–1742)

Turiya: der vierte Zustand jenseits von Wachen, Traum und Tiefschlaf

Upadesa Saram: „Die Quintessend der spirituellen Unterweisung", ein Werk Ramanas

Upadesh: spirituelle Unterweisung

Upanishaden: Geheimlehre, Basistexte des *Vedanta*

Vairagya: Leidenschaftslosigkeit, Entsagung

Vasanas: Neigungen

Vasishta: ein großer Weiser

Veda: Wissen, Offenbarung; älteste Hindu-Schriften

Vedanta: wörtl.: Ende des *Veda*, identisch mit *Advaita* verwendet

Vendantin: Anhänger des *Vedanta*

Veden: die frühen Hindu-Schriften, die den alten *Rishis* offenbart wurden

Vichara: Ergründung, Unterscheidung, Untersuchung

Vijnana: spirituelle Erkenntnis

Vishnu: Gott, der Erhalter, einer der Hauptgötter: *Brahma*, *Shiva* und *Vishnu*

Viveka: Unterscheidung

Yoga Vasistha: ein bedeutender advaitischer Text, der Valmiki zugeschrieben wird. Er enthält die Unterweisung des Weisen *Vasishta* an den Prinzen Rama.